2015

中国家用纺织品行业发展报告

中国家用纺织品行业协会　编著

中国纺织出版社

内 容 提 要

本书共分九个篇章。行业运行篇总结分析了2015年家纺行业的运行态势；国际动态篇对我国家纺进出口贸易及世界家纺出口产品与产地进行了深入的探讨和分析；国内市场篇从家纺零售市场、专业市场、消费者调查等多角度汇集了家纺内销市场信息；专家论坛篇探讨了当前的热点问题供给侧改革和TPP形势下对行业发展的影响及因应之策；两化融合篇揭示了信息、智能和互联网对家纺行业转型升级的重要意义和方式；上市公司篇着重介绍了家纺上市企业动向及家纺"新三板"上市公司的特点；研发创新篇从家纺的艺术与技术方面归纳总结了家纺创意设计大赛的新成果及家纺产品在科研和工艺领域的新进展；相关产业篇囊括了棉纺织、化纤及印染等产业链行业的年度运行情况。另外，附录部分收录了年度各奖项及相关经济数据。

本书是一部集中反映家用纺织品行业年度发展情况与趋势的研究报告，旨在为相关企业、部门机构科学决策和国家宏观经济管理提供具有权威性和指导性的参考依据。

图书在版编目（CIP）数据

2015中国家用纺织品行业发展报告 / 中国家用纺织品行业协会编著 .-- 北京：中国纺织出版社，2016.6
ISBN 978-7-5180-2623-4

Ⅰ.① 2… Ⅱ.①中… Ⅲ.①纺织工业—工业发展—研究报告—中国—2015 Ⅳ.① F426.81

中国版本图书馆 CIP 数据核字（2016）第 113694 号

策划编辑：孔会云　　责任编辑：范雨昕　　责任校对：寇晨晨
责任设计：何 建　　责任印制：何 建

中国纺织出版社出版发行
地址：北京市朝阳区百子湾东里A407号楼　邮政编码：100124
销售电话：010—67004422　传真：010—87155801
http://www.c-textilep.com
E-mail:faxing @c-textilep.com
中国纺织出版社天猫旗舰店
官方微博http://weibo.com/2119887771
北京盛通印刷股份有限公司印刷　各地新华书店经销
2016年6月第1版第1次印刷
开本：889×1194　1/16　印张：15
字数：290千字　定价：268.00元
京朝工商广字第8172号

凡购本书，如有缺页、倒页、脱页，由本社图书营销中心调换

序 Foreword

2016年是全面开启"十三五"规划的开局之年，"十三五"时期，中国的发展将面临国内外诸多矛盾交织和风险不断增多的严峻挑战，我国将把供给侧结构性改革作为主线，把结构调整引领新常态作为主攻方向，把提高发展质量和效益作为重心，把创新摆在国家发展全局的核心位置。家纺行业作为纺织工业的三大终端行业之一，在人民群众日常生活中起着不可替代的作用，在国家经济转型的关键时期，家纺行业同样是新常态的适应者和供给侧结构改革的参与者。重视国家宏观经济、政策前沿对家纺行业影响的分析，对行业发展起着重要的指引作用。

　　中国家用纺织品行业协会于2013年向全社会出版第一部《2012/2013中国家用纺织品行业发展报告》（以下简称《发展报告》）。三年以来，《发展报告》获得了业界和社会的多方关注和广泛好评。今年是协会第四次面向全社会公开出版发行《行业发展报告》，报告编撰人员广泛听取各方意见和建议，对过去一年行业发展进行了客观严谨的分析及有价值的探索。《发展报告》根据行业经济发展实际情况以及国家政策导向，在保持原有的风格基础上，增添了中国纺织的供给侧改革和中国纺织历史性角色、中国纺织业如何应对TPP、家纺行业转型升级的路径、互联网+家纺产业等方面的新内容，使全书的内容更加适应现实的需要。

　　《发展报告》的编著者做了大量工作，搜集整理行业信息数据，深入研究行业，探讨行业发展前沿热点问题，最后形成本书。《发展报告》不尽完美，但中国家用纺织行业协会一直在努力，力求把本书打造成一部集中反映行业年度发展情况与趋势的研究报告，为产业发展升级提供服务指南。倘若能够为相关企业、部门机构科学决策和国家宏观管理提供信息帮助，家纺企业及相关从业者能从此《发展报告》中得到收获和启迪，其价值便已超越我们的预期。

　　本书在编写过程中得到了社会各界人士的大力支持、真诚鼓励和热心帮助，在此书定稿付梓之际，本人代表中国家用纺织行业协会借此机会向相关单位及个人表示衷心的感谢！

中国家用纺织品行业协会会长

杨兆华

2016年3月

目录 Contents

行业运行

国际动态

国内市场

专家论坛

两化融合

上市公司

研发创新

相关产业

附　录

行业运行

2015年中国家用纺织品行业运行报告

杨兆华　魏启雄　陈润

从2015年行业经济运行数据来看，家纺行业总体规模稳定，全行业增速继续下降，行业质量和效益稳步提升，出口出现负增长，且地区分化较为明显，投资进展顺利。

一、增速放缓，总体平稳

在国民经济放缓以及国内外市场需求动力不足的前提下，行业增速逐渐下滑，但家纺行业总体运行尚处于平稳区间内。2015年，国家统计局统计的1847家家纺规上企业实现主营业务收入2606.4亿元，同比微增0.54%，增速较上年继续回落。资产合计为1474亿元，同比增长3.3%，行业总体发展平稳。2015年规上企业主营业务收入及增幅如图1所示。

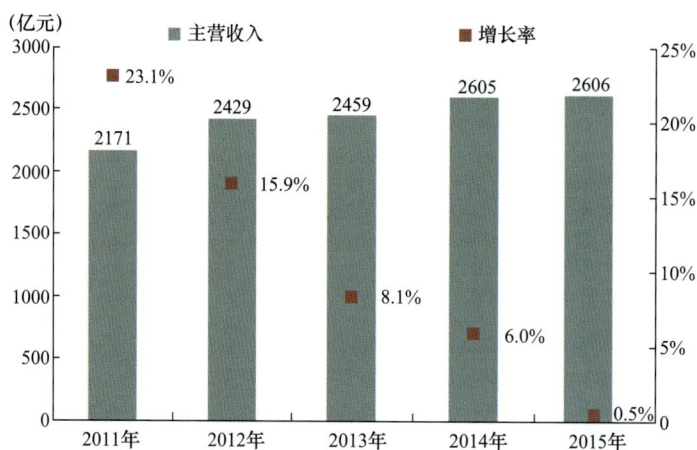

图1　2015年1847家规上企业主营业务收入及增幅
资料来源：国家统计局

二、效益向好，效率提高

2015年国家统计局统计的1847家家纺规上企业利润总额为149.3亿元，同比增长3.8%，利润总额保持持续稳定增长。利润率为5.9%，较上年增加0.2个百分点，三费比例为6.1%，较上年同比下降0.1个百分点。1847家规上企业中有189家企业亏损，亏损面为10.2%，亏损额为4.9亿元，同比下降7.6%。如图2所示。

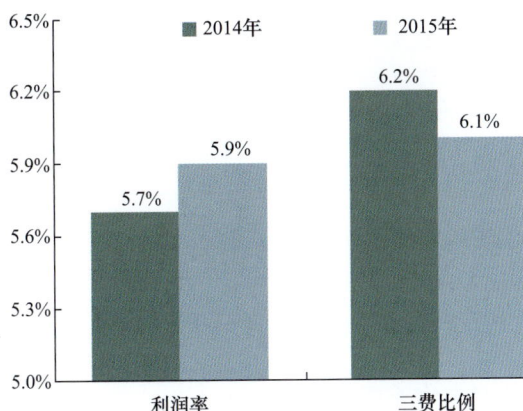

图2　2015年1847家规上企业效益情况
资料来源：国家统计局

　　行业企业通过加强内部管理和技术进步，提高生产效率，减少三项费用支出，进而提升运营效益。协会跟踪统计行业骨干企业和产业集群的数据也反映出行业效益、效率持续向好。2015年，家纺协会跟踪统计的200家企业实现利润44.9亿元，同比增长10.9%，13个产业集群实现利润总额173.7亿元，同比增长4.5%。利润率分别为5%和6.3%，较2014年分别提高0.6个百分点和0.1个百分点。职工人数较上年分别减少5.7%和4.4%，但生产量稳中有升，实现了效益和效率的提升，人均工业总产值和人均主营业务收入均较上年有所提高。见表1。

表1　2014年、2015年集群和跟踪重点企业人均主营业务收入　　　　单位：万元/人

项目	2015年	2014年	同比（%）
15产业集群	49.6	46.6	8.1
219家企业	77.4	75.0	3.1

资料来源：中国家纺协会

三、投资稳增，信心仍在

　　2015年，国家统计局统计的1847家规上企业实际完成投资774.6亿元，同比增长14.7%，其中，床品企业和布艺企业完成实际投资较好，同比分别增长21.4%和19.4%；毛巾类企业增长相对较慢，同比增长4.9%，增速较上年放缓较大。行业新开工项目数1223个，同比增长34.8%，增长平稳。其中，床品企业新开工项目增长最快，同比增长48.3%；窗帘布艺企业新开工项目同比增长28.1%；毛巾类企业新开工项目同比增长17.4%。投资持续良好增长，表明企业对自己有信心，对行业的发展未来有信心，具体投资情况如表2所示。

表2　2015年国家统计局统计的规上企业投资情况

行业	实际完成投资（万元）	同比（%）	施工项目数	同比（%）	新开工项目数	同比（%）	竣工项目数	同比（%）
全行业	7745748	14.7	1443	25.5	1223	34.8	1208	36.8
床品	3932773	21.4	784	38.0	685	48.3	676	51.2
毛巾类	1039747	4.9	184	10.2	142	17.4	149	25.2
窗帘布艺	590765	19.4	129	10.3	114	28.1	104	8.3
其他	2182463	7.5	346	16.1	282	20.0	279	26.2

资料来源：国家统计局

四、出口走低，价格回落

1. 外需加汇率影响，出口量价齐跌

中国海关统计数据显示，2015年，我国家纺产品出口402.3亿美元，同比下降4.4%。其中，出口数量同比下降1.8%，出口价格同比降低2.73%。出口疲软主要原因是国际市场需求下降以及汇率因素。2010~2015年家纺产品出口金额及增幅如图3所示。

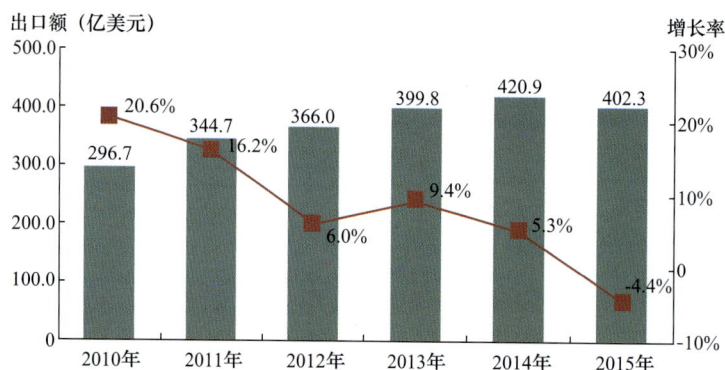

图3　2010~2015年家纺产品出口金额及增幅
资料来源：中国海关总署

2. 传统市场、新兴市场增长皆见分化

2015年，我国对美国、欧盟和日本三大传统市场出口200.5亿美元，同比下降0.7%。三大传统市场中，对美出口保持较高增长，对欧盟和日本继续出现下降。其中对美国出口额同比增长6.5%；对欧盟出口下降4.8%；对日本出口大幅下降11.4%。

受外部环境和内在经济结构调整双重影响，新兴经济体经济增速放缓，增长减速的势头短期内难以扭转。2015年我国对传统三大市场以外的其他国家和地区出口201.7亿美元，同比下降7.9%。其中，对东盟十国出口在前几年高增长的基础上实现了1.8%的增长，东盟稳居我国家纺第三大出口市场。另外，对南亚三国（印度、巴基斯坦和孟加拉国）出口也实现了15.2%的较快增长。主要下降的国家和地区是俄罗斯和中东，2015年，我国家纺产品对俄罗斯出口6.5亿美元，同比大幅下降59%；对中东十七国出口同比下降3.8%。

3. 大类产品出口下滑，价格回落为主因

2015年我国家纺产品的主要大类产品出口额较去年同期均出现下降，其中，床品出口额同比下降6.4%；毛巾同比下降12.6%，布艺产品同比下降3.4%，毯子同比下降10.8%。2015年家纺大类产品出口金额及增幅见图4。

出口价格下降是2015年家纺产品出口的普遍现象，除受市场需求影响外，原料价格走低是导致出口价格回落最主要的原因。2015年家纺产品出口价格同比下降2.3%，高出出口数量降幅0.5个百分点，是出口额下降最主要的原因。在大类产品中，除毛巾外的其他大类产品出口价格回落都是拉低出口额增长的主要因素（表3）。在出口数量方面，毛巾类产品问题严重，同比下降11.94%；地毯表现出较好态势，出口数量同比增长4%。

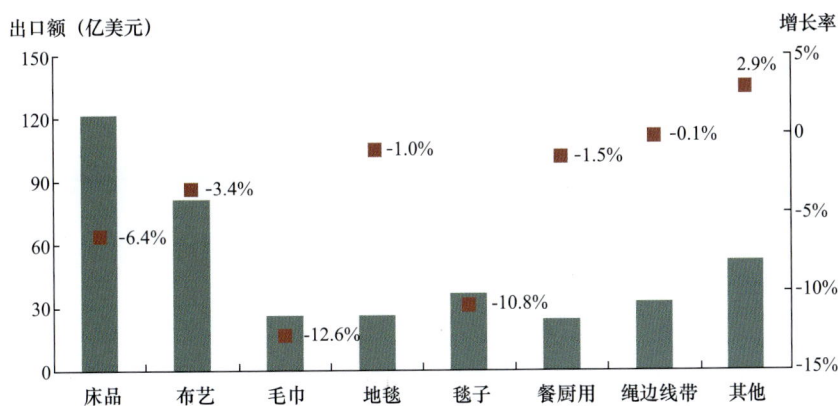

图4　2015年家纺大类产品金额及增幅

资料来源：中国海关总署

表3　2015年家纺大类产品出口数量、金额、价格同比增长情况

产品类别	数量同比（%）	金额同比（%）	价格同比（%）
家纺产品	-1.75	-4.43	-2.73
床上用品	-3.15	-6.41	-3.37
布艺产品	-0.72	-3.45	-2.74
毯子	-2.76	-10.79	-8.26
地毯	4.01	-1.02	-4.83
毛巾产品	-11.94	-12.62	-0.77
餐厨用纺织品	-2.05	-1.48	0.58
饰品辅料	0.10	-0.14	-0.23
其他制成品	2.88	2.92	0.05

资料来源：中国海关总署

4. 棉、化纤产品下降较明显，麻毛丝等产品小幅上升

2015年海关数据显示，从家用纺织品出口产品的原料来看，化纤产品出口额为199.8亿美元，同比下降5%，化纤产品出口占到我国家纺产品出口额近一半。棉制品出口72.3亿美元，

同比下降11.3%，降幅较大，棉制品占家纺总出口额的18%。羊毛、丝绸和麻制品出口份额所占比例较低，2015年分别出口9.5亿美元、1.5亿美元和2.7亿美元，较上年都有小幅上升。2015年家纺产品按原料分类出口情况见表4。

表4　2015年家纺产品按原料分类出口情况

原料组成	出口额（亿美元）	同比（%）	占比（%）
棉	72.3	-11.3	18.0
化纤	199.8	-5.0	49.7
丝绸	1.5	0.9	0.4
羊毛	9.5	2.4	2.4
麻	2.7	1.4	0.7
其他	37.8	-4.4	9.4
未分类	78.7	3.3	19.6

资料来源：中国海关总署

5. 出口出现负增长的原因

（1）外需低迷是影响今年我国家纺产品出口的最主要原因。全球经济维持低速增长，消费需求动力不足。发达市场中，欧元区和日本经济增长缓慢。而新兴经济体市场风险加剧，其中出口东盟在经历多年高增长之后，需要新动力转换。中东地区由于受战乱影响；俄罗斯受西方经济制裁，原油降价，卢布大幅贬值；巴西等诸多南美国家出现货币危机，对家纺产品的需求和贸易造成不利影响。

（2）汇率因素。欧盟日本等主要市场把贬值作为刺激增长的手段，导致人民币被动相对升值，一定程度上影响了中国出口产品在国际市场的竞争力。

（3）我国家纺产品占世界家纺市场出口份额的40%以上，份额比例非常大。在国际经济复苏乏力、外需不振的情况下出现负增长，是比较符合经济规律的现象。

五、内需维稳，总量有增

1. 内销总体低速前行

在产品价格趋低的背景下，内销收入增速放缓，国家统计局数据显示，2015年1847家规上企业实现内销产值2021亿元，同比增长1.7%。15个产业集群实现内销产值2240亿元，同比增长3.6%。协会跟踪的219家重点家纺企业内销产值548.5亿元，同比略增0.9%，与上年同期持平。2012~2015年家纺行业内销产值增速情况如图5所示。

床品内销增速放缓，尤其是床品传统零售渠道较2014年有所下降。国家统计局数据显示976床品企业实现内销产值999.3增长2.6%，5个床品集群内销产值704亿元，同比下降0.3%，协会重点跟踪的123家床品企业内销产值为276.2亿元，同比增长2.5%。据全国商业联合会监测的大型零售企业数据显示：2015年针纺织品同比下降8.1%，其中床上用品零售额同比下降

10.8%，反映出传统零售受到较大影响。

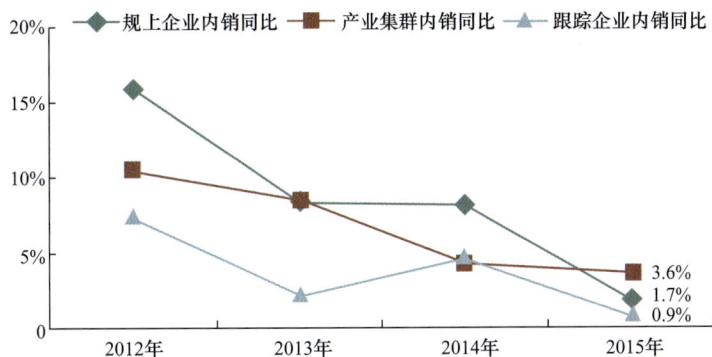

图5 2012~2015年家纺行业内销产值增速情况
资料来源：国家统计局、中国家纺协会

布艺内销增长相对较好，2015年206家布艺规上企业内销产值146.6亿元，同比增长9.8%。4个布艺集群内销产值为463亿元，同比增长0.25%，协会跟踪75家布艺企业内销53.5亿元，同比增长4.2%。

毛巾内销有所下降。2015年296家规上企业实现内销产值526亿元，同比下降5.8%。毛巾集群内销产值177.7亿元，同比增长1.3%，跟踪的14家毛巾企业内销产值114亿元，同比下降7.3%。

2. 渠道变化多面开花

家纺流通渠道正在趋向多元化，行业积极与相关行业合作，探索渠道新路径。目前，专业市场已经成为家纺企业市场渠道拓展的优势平台。同时，家纺产业品牌加盟店、直营店、旗舰店、专卖店、时尚生活馆、超市、网络销售等各类流通渠道不断涌现。互联网、移动互联网深刻改变了商业模式，带来了电商的高速增长。2015年，家纺企业通过微信商城、手机移动平台、公司门户网站直购以及家居"跨界"合作等方式扩大电商渠道市场份额。品牌企业积极参与渠道创新，在加快渠道转变的过程中起到了引领作用。

同时，家纺企业在线下渠道积极变革创新，探索多渠道相互融合的发展格局，确保了行业销售量的稳定增长。在线上、线下的双重努力下，家纺产品专业市场表现较好，交易额保持稳定增长。2015年，行业较具代表性的床品、毛巾、布艺专业市场成交额较2014年都有不同程度的增长，其中叠石桥市场成交额同比增长9.51%，高阳纺织商贸城成交额同比增长3%，海宁中国家纺城成交额同比增长22.6%。

六、2016年行业发展趋势预判

1. 出口市场

2016年，国际大环境仍然复杂。三大传统市场中，美国经济虽然在复苏中，但增长速度比较缓慢，欧洲和日本基本陷入停滞状态。新兴经济体良莠不齐，外需分化较大。加上汇率变化的不确定性，家纺产品出口压力短期内难以有所缓解。另外，国际市场大宗商品价格相对处于低位，预计2016年我国家纺产品出口总体持平或略有增长。2015年四季度《纺织服装企业经营者调查问卷报告》显示，调查的家纺企业在下期（2016年第一季度）国外订货需求量预计比本期（2015年第四季度）的选项中，选择增加的占30.6%，持平的占44.9%，减少的占24.5%。

2. 内需市场

内需是我国家纺产品的主要市场，也是拉动家纺产业增长的主要方面。2015年，我国居民人均可支配收入21966元，扣除价格因素实际增长7.4%；商品房销售面积128495万平方米，比上年增长6.5%，其中，住宅销售面积增长6.9%。同时，国家"十三五"规划建议指出，中国要推动城乡协调发展，推进以人为核心的新型城镇化，促进有能力在城镇稳定就业和生活的农业转移人口举家进城落户。以及加速商品房除库存，目前主要原料价格处于相对低位，这都有利于推进内需家纺市场的稳定与发展。《纺织服装企业经营者调查问卷报告》显示，调查的家纺企业在下期（2016年第一季度）订货需求量预计比本期（2015年第四季度）的选项中，选择增加的占40%，持平的占44%，减少的占16%。预计2016年家纺行业生产运营将持续平稳发展。

中国家用纺织品行业协会

国际动态

2014年世界家纺出口产品与产地分析

杨兆华　王舟　魏启雄

本文从联合国商贸统计数据库按HS编码分类，搜集到家用纺织品2014年的全球出口数据。内容涵盖了床上用品、地毯、毛巾、毯子、饰品、窗帘、刺绣装饰品、餐厨用纺织品、手帕及辅料十大品类。通过对这十大类家纺产品出口的主要国家及出口金额的研究分析，归纳出家纺产品出口贸易的发展趋势，利于读者把握国际市场变化，更好地开拓国际市场。

一、2014年世界家用纺织品出口概述

联合国商贸统计数据库对全球135个国家和地区的数据统计显示，2014年全球家用纺织品出口贸易总额为914亿美元，较上年同期增长4.21%。床上用品是家用纺织品出口最大的产品，占世界家用纺织品出口贸易的 34.4%。其次为地毯。这两类产品出口贸易额超过总额的二分之一。此外毛巾、毯子等产品也占有较大比重。各品类出口贸易份额如图1所示。

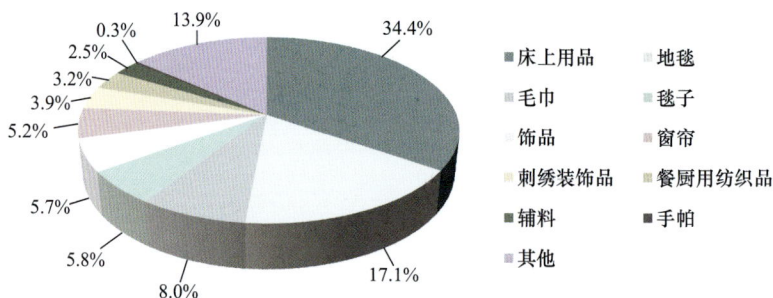

图1　2014年全球家纺主要品类出口额比重

从各国家出口贸易情况看，2014年家用纺织品出口贸易额排名前15位的国家占到总额的83.1%。中国是世界家用纺织品出口第一大国。2014年，中国出口家用纺织品占世界总量的41.73%，比上年上升0.58个百分点；实现出口贸易381.4亿美元，较上年同期增长4.99%，增速较上年略有下降。印度为第二出口国，占比为7.0%，2014年实现家用纺织品出口63.6亿美元，增速为-0.9%，较上年下降22.21个百分点，下降幅度较大。另外，土耳其、德国和巴基斯坦等国也是家用纺织品出口比重较大的国家，2014年实现出口额分别为47.5亿美元、40.1亿

美元和39.2亿美元，较上年分别增长5.2%、4.4%和4.3%。增速同比，除德国上升1.28个百分点以外，土耳其和巴基斯坦增速同比分别下降了6.6和0.07个百分点。2014年全球主要国家家纺出口国额占比如图2所示。

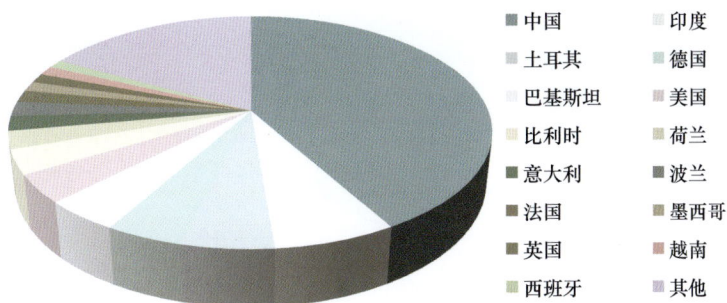

图2　2014年全球主要国家家纺出口额占比

从2014年排名前15个家纺主要出口国的贸易增长情况看，大部分国家出口较上年均有所增长。西班牙、波兰、英国和墨西哥四国增长幅度较大，金额较上年同期分别增长21.2%、14.8%、11.7%和13.5%，且增长速度较上年大都增长或持平，尤其西班牙同比增速较上年上升了8.8个百分点。

但是主要家用纺织品出口贸易的增长速度同比普遍回落，有些国家甚至出现负增长。2014年占世界家纺出口贸易7%的印度出口额较上年下降0.9%，增速下降22个百分点；占世界家纺出口贸易3.4%的比利时，出口金额较上年下降3.2%，增速下降10.59个百分点。另外，中国、土耳其、巴基斯坦、美国、荷兰、意大利、法国、墨西哥及越南这几个主要出口国家，在出口额保持增长的情况下增速均有不同程度的下降，其中越南降幅最大，增速同比下降超过22个百分点。各国增长情况见图3。

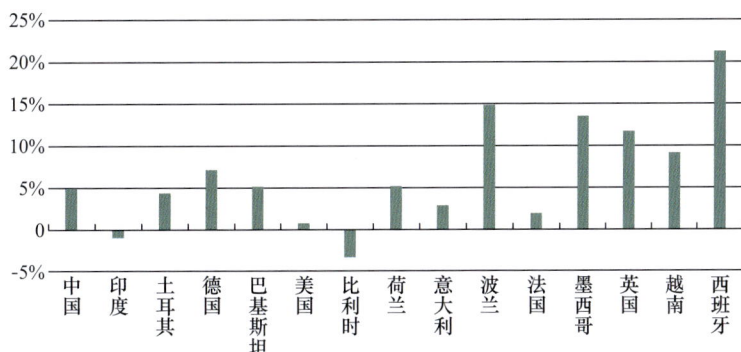

图3　2014年世界主要国家家用纺织品出口金额增长图

二、各类家用纺织品出口贸易分析

（一）床上用品

床上用品类涵盖了床品套件、单件及芯被类产品等。2014年世界出口床上用品贸易额达

314.33亿美元，较上年增长3.41%。排名前15位的国家占总额的86%。主要国家地区床上用品出口占比见图4。

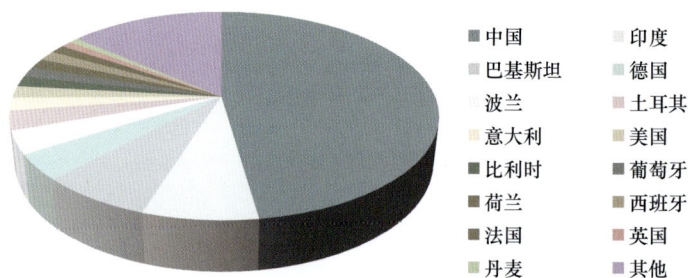

图4　2014年主要国家床上用品出口额占比图

在世界床上用品出口贸易中，中国所占比重最大，为47.7%，2014年中国实现出口贸易额149.79亿美元。其次为印度和巴基斯坦分别占有7.4%和7.2%的市场份额。

从世界排名前15国情况看，2014年西班牙、英国及波兰增长迅猛，较上年同期分别增长28.9%、23.2%和15.7%。德国和荷兰也有较大增长且增速稳中有升：分别实现出口增速8.2%和7.3%。中国较上年增长平稳，增速为2.8%，增速有所回落，较上年下降6.93个百分点。出口占比排名第二的印度2014年实现贸易额23亿美元，在上一年15.4%的高增长率情况下，有大幅度下降，增速为-7.7%，且该国占世界床上用品出口贸易的比重也下降0.85个百分点。2014年主要国家床上用品出口额增长幅度见图5。

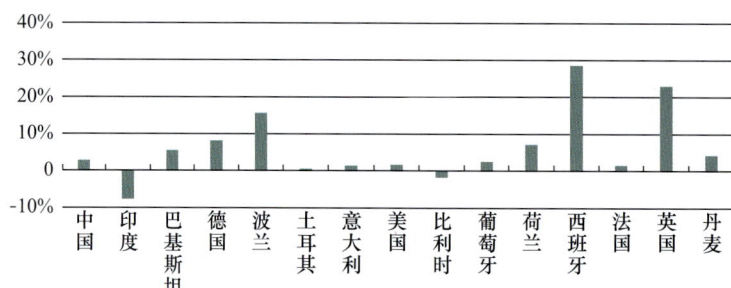

图5　2014年主要国家床上用品出口额增长幅度

（二）地毯

地毯类产品包括了机织地毯、簇绒地毯、栽绒地毯及毡毛地毯等。2014年，地毯类产品实现全球出口贸易额156.57亿美元，较上年同期增长3.18%。图6为该产品出口贸易排名前15国的占比情况，前15国地毯出口贸易额占全球的88%。中国、土耳其、比利时和印度为世界主要地毯出口国，四国出口贸易额占全球的55.84%。2014年中国地毯出口增势良好，实现出口额26.8亿美元，较上年同期增长7.0%，增速较上年增长2.77个百分点，是四国中唯一一个增速上升的国家，且占全球贸易的份额最大，为17.1%。另外三国土耳其、比利时和印度

2014年分别实现出口额23.5亿美元、19.1亿美元和18.0亿美元，增长率分别为7.3%、−3.1%和4.9%，增速同比分别下降2.21个百分点、9.83个百分点和22.4个百分点。

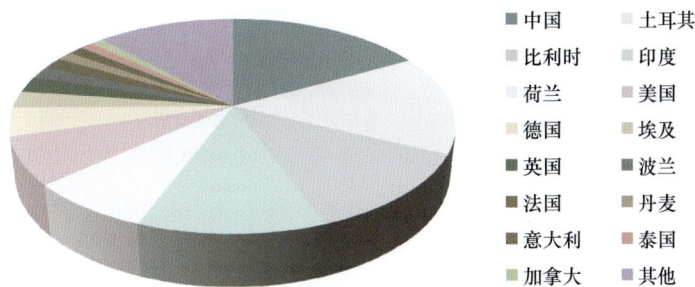

图6　2014年主要国家地毯出口额占比

此外，从图7中可以看出，世界排名前15国2014年地毯出口增长与上年变动较大。有5个国家地毯出口出现不同程度的下降，其中泰国出口额较上年下降3.5%，增速下降了10个百分点；埃及出口额较上年下降0.67%，增速下降4.7个百分点；美国出口额较上年下降0.56%，增速下降2.1个百分点；加拿大继上年负增长的情况下加剧下降7.8个百分点。与此同时，波兰该产品出口贸易却大幅增加，较上年增长17.5%，实现出口额2.87亿美元，增速较上年提高7.93个百分点，占世界地毯贸易比重也上升0.23个百分点。

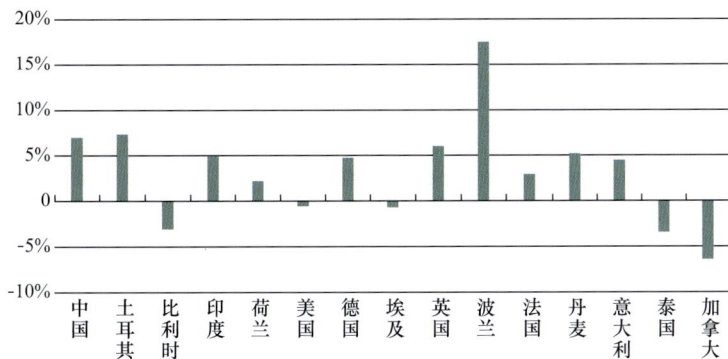

图7　2014年主要国家地毯出口额增长图

（三）毛巾

2014年世界毛巾出口72.79亿美元，较上年略降低了0.17%。中国毛巾出口占世界总量的41%，为世界毛巾出口最多的国家。其次印度、巴基斯坦、土耳其等国依次占13%、10.76%和8.94%。世界排名前15国出口额占总量的90.7%。主要国家毛巾出口额占比见图8。

从各国出口增长情况看，中国2014年毛巾出口下降5.65%，成为世界毛巾出口总额下降的主要原因。从世界前15国情况看，德国出口下降幅度最大，实现出口额1.52亿美元，同比下降15.67%。马来西亚和泰国出口额也有不同程度的下降，降幅分别为3.54%和2.84%。

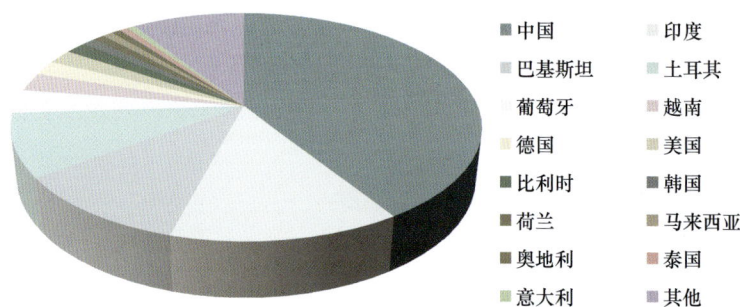

图8　2014年主要国家毛巾出口额占比

另一方面，2014年印度毛巾较上年增长7200万美元，增幅为8.04%，为世界毛巾出口增长最多的国家。世界前15国中，奥地利和荷兰增长幅度最大，分别增长22.35%和20.93%，实现出口额5391万美元和7161万美元。此外比利时和韩国2014年出口增幅也在10%以上，分别实现出口额1.25亿美元和7601万美元。2014年主要国家毛巾出口额增长见图9。

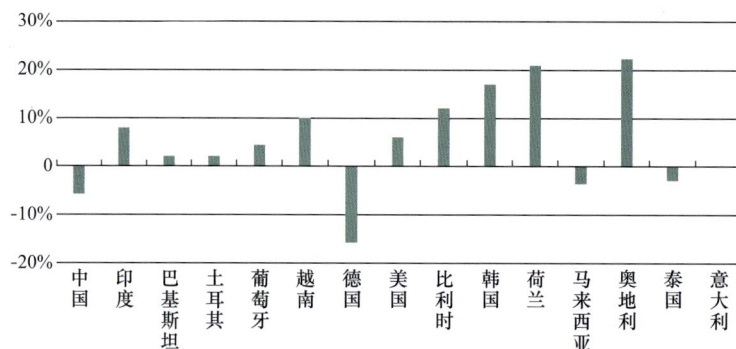

图9　2014年主要国家毛巾出口额增长图

（四）毯子

世界毯子类产品出口贸易主要来自中国。2014年中国出口毯子类产品40.86亿美元，占世界毯子出口贸易的77.7%，且依然保持较好增长，出口额较上年同期增长13%，增速高于全球平均增速2.49个百分点。2014年主要国家毯子出口额占比见图10。

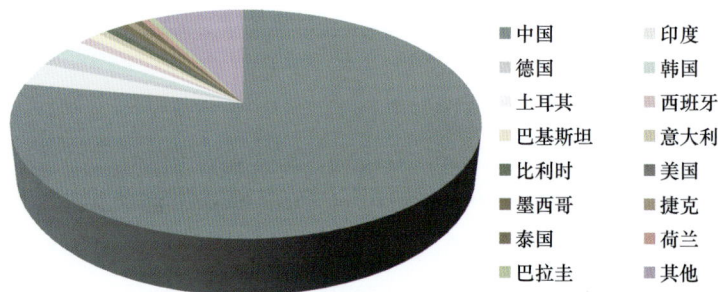

图10　2014年主要国家毯子出口额占比图

从世界其他国家增长情况看，巴拉圭是2014年增长幅度最大的国家，增幅为150.3%，出口金额比上年增加了1786万美元；印度较上年出口增长1337万美元，增幅为8.34%。另外墨西哥、荷兰、泰国及西班牙也有较大幅度增长，增幅分别为17.4%、17.1%、17.0%及9.7%。

与此同时，其他一些国家出现不同程度的下降。如韩国在上年度负增长的情况下增速继续下降，2014年出口金额7614万美元，增速为-16.5%，但降幅有所收窄；德国该产品2014年出口下降12.0%，实现出口额7638万美元。各国出口增长情况见图11。

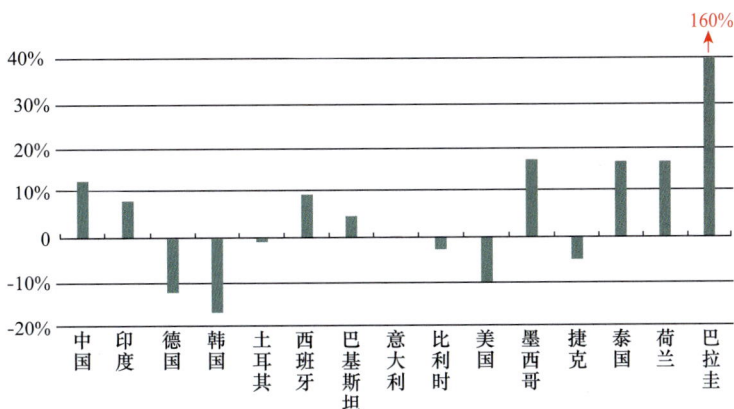

图11　2014年主要国家毯子出口额增长图

（五）窗帘

2014年世界窗帘出口贸易额达47.68亿美元，较上年同期增长7.22%。世界排名前15国贸易额占世界总量的89.35%，金额达42.6亿美元，较上年同期增长7.23%。

从各国占比情况看，中国2014年实现出口额25.20%亿美元，占世界该产品总量的52.84%，所占比重最大。出口排名前15个国家中，其他各国所占比重比较平均，且均未超过10%。德国2014年该产品出口3.10亿美元，为第二大出口国，占比6.45%，出口额较上年增长9.14%。2014年主要国家窗帘出口额占比见图12。

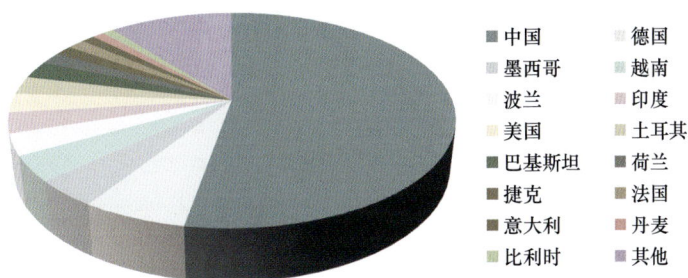

图12　2014年主要国家窗帘出口额占比

从各主要出口国家贸易额增长情况看，2014年大多数国家该产品出口呈增长态势。意大利丹麦和波兰增长强劲，较上年分别增长了26.9%、25.2%和21.2%，实现贸易额5384万美元、4779万美元和15234万美元；荷兰、巴基斯坦和比利时也有较好增长，出口额较上年分别增长16.7%、12.9%和11.9%，实现贸易额8076万美元、12716万美元和4559万美元。但上年增长势头良好的越南和印度两国2014年该产品出现增速下降的情况。尤其是越南在上年6倍增速的情况下，2014年下降2530万美元，降幅为12.24%；印度在上年度负增长7.13%的情况下，2014年继续有7.41%的降幅，实现贸易额1.46亿美元。各国增长情况见图13。

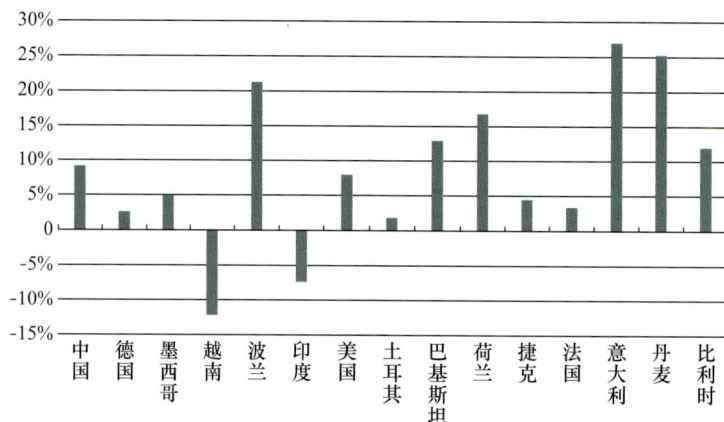

图13　2014年主要国家窗帘出口额增长图

（六）刺绣装饰品

2014年，全球刺绣类装饰品实现出口贸易额35.45亿美元，较上年增长7.22%。世界排名前15位的国家实现贸易额30.29亿美元，占全球的85%。主要出口国家和地区所占比重如图14所示。中国2014年该产品出口额达15.5亿美元，占全球贸易的43.80%，主要出口国家和地区额排名第一，较上年增长7.76%。其余14国所占世界贸易比重均为超过10%。印度2014年该产品实现出口贸易额3.01亿美元，占全球的8.49%，排名第二。再次为土耳其和韩国，贸易额分别占全球的4.99%和4.32%。

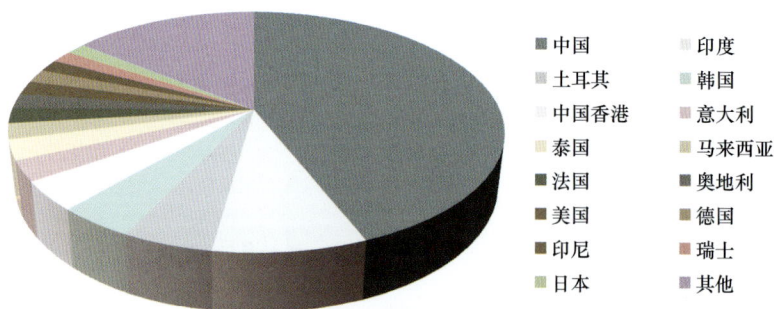

图14　2014年主要国家和地区刺绣装饰品出口额占比

从世界排名前15国的出口贸易增长情况看，2014年，该产品出口增长幅度最大的国家为马来西亚，出口额7417万美元，是上年的3.36倍，其贸易额占世界的2%。意大利、德国和印度尼西亚三国也有较大幅度增长，较上年分别增长18.98%、10.62%和22.93%，增长金额分别为1574万美元、606万美元和1070万美元。中国、中国香港、印度和土耳其四个国家及地区

增幅均高于全球平均增幅，分别为0.54个百分点、1.25个百分点、1.12个百分点和0.35个百分
点。主要国家和地区出口额增长情况见图15。

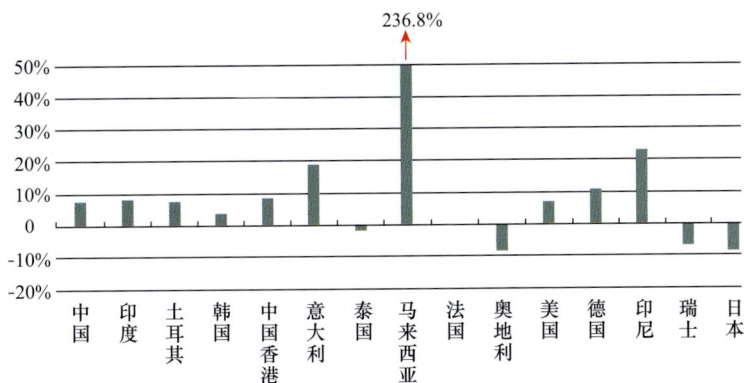

图15　2014年主要国家和地区刺绣装饰品出口额增长图

（七）餐厨用装饰品

餐厨用纺织品2014年共出口29.51亿美元，较上年增长2.82%。排名前15个国家占全球
的89.7%，金额为26.47亿美元。各国占比情况见图16。2014年中国该产品出口占世界总量
的50.23%，金额达14.83亿美元，较上年同期下降1.72%。另外14个国家贸易额占世界总量
的39.5%。其中埃及、印度和巴基斯坦所占比重相对较大，且有持续增长的趋势，2014年三
国分别实现贸易额2.13亿美元、1.63亿美元和1.22亿美元，在全球分别占到7.23%、5.53%和
4.13%的市场份额。各国该产品所占比重见图16。

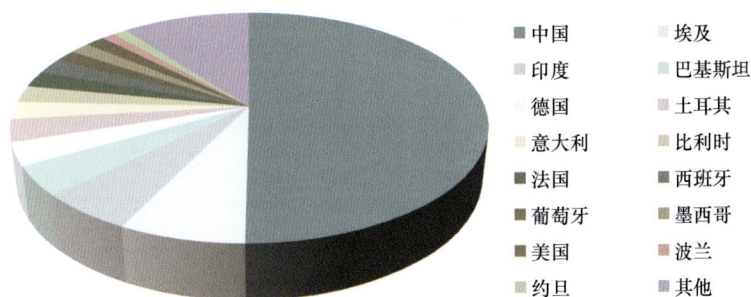

图16　2014年主要国家餐厨用纺织品出口额占比

从各国餐厨用纺织品增长情况看，埃及、印度和巴基斯坦三国该产品增长趋势良好，增
速较上年分别增长29个百分点、19个百分点和13个百分点。此外西班牙和美国出口额较上年
也有较大幅度增长，分别增长26.6%和19.3%，2014年实现贸易额6617万美元和4603万美元。
中国该产品出口额较去年下降1.72%。该产品出口下降较多的国家为意大利、比利时、墨西
哥及约旦，较上年分别下降了5.75%、11.24%、8.22%和10.66%。各国餐厨用纺织品增长情
况见图17。

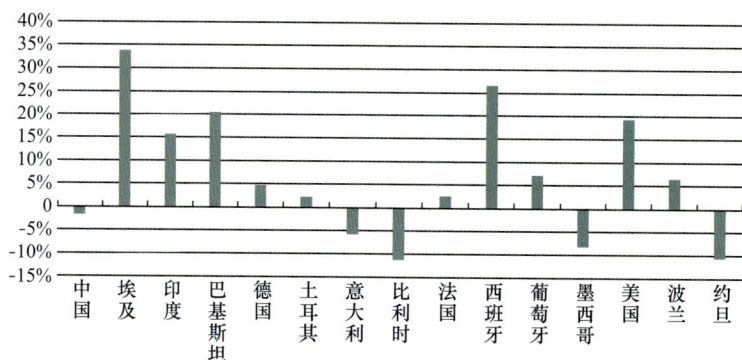

图17　2014年主要国家餐厨用纺织品出口额增长图

（八）手帕

2014年，世界手帕类产品共实现出口额2.62亿美元，主要由中国出口所贡献。2014年，中国该产品出口额占全球的70.6%，金额为1.85亿美元，较上年下降8.28%；出口排名第二的意大利实现出口额1372.2万美元，较上年下降9.41%；第三为印度，出口贸易额747.65万美元，较上年下降4.7%，见图18。三个主要国家该产品出口所呈现的下降幅度导致全球该产品出口较上年下降了5.46%。从图18、图19中可见，世界15个主要手帕出口国和地区的出口额

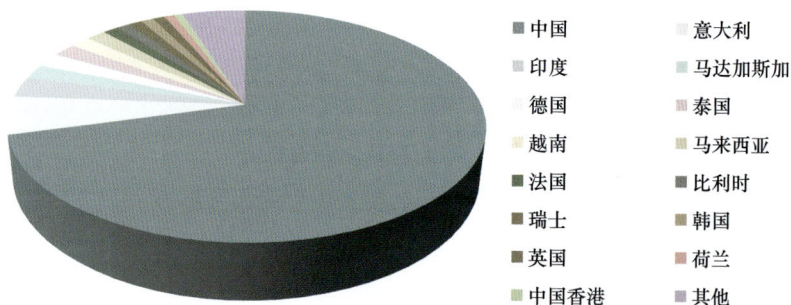

图18　2014年主要国家和地区手帕出口额占比

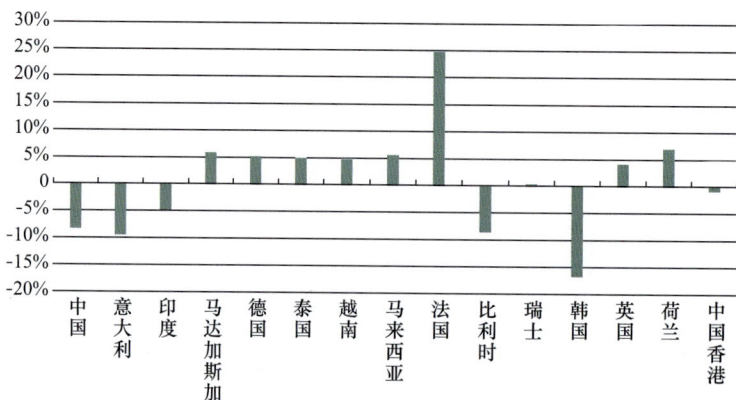

图19　2014年主要国家和地区手帕出口额增长图

占比及增长情况。德国、泰国、越南、马来西亚、法国、比利时、瑞士和韩国该产品出口占全球份额均为1%左右，但各国增长情况却不尽相同。韩国该产品2014年出口情况继续保持下降趋势，出口额同比下降16.65%，降幅比2013年扩大3.11个百分点。而法国扭转了2013年出口增速为−9.15%的局面，2014年出口332.24万美元，同比增长24.91%。

（九）辅料（缝纫线、绣花线）

辅料产品主要包含家居用纺织品所需的缝纫线和绣花线等。2014年辅料产品共实现出口额23亿美元，较上年增长1.27%。中国、德国、美国及中国香港等为世界主要出口国家和地区。2014年四个主要国家和地区共实现出口额14.65亿美元，占全球的63.6%。其中中国出口该产品9.6亿美元，较上年增长0.57%；德国出口2.4亿美元，较上年下降0.88%；美国出口1.6亿美元，较上年增长幅度较大，为15.53%；中国香港出口1.1亿美元，较上年下降4.85%。2014年主要国家和地区辅料出口额占比见图20。

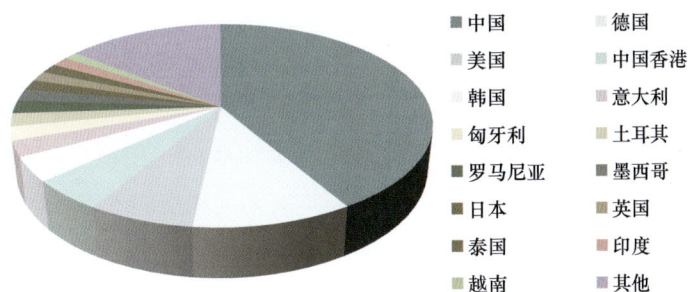

图20　2014年主要国家和地区辅料出口额占比

从各主要出口国和地区增长图中可以看出，辅料产品2014年出口增长幅度最大的国家为墨西哥，增长61.93%，实现出口额4376万美元；匈牙利出口增长38.2%，金额为4875万美元。韩国、印度出口下降幅度较大：韩国2014年出口下降4.85%，金额为8777万美元；印度出口下降15.8%，金额为3470万美元。见图21。

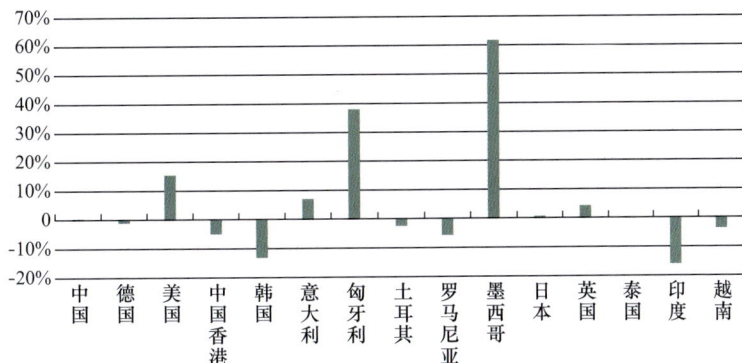

图21　2014年主要国家和地区辅料出口额增长图

（十）饰品

饰品类产品主要包含花边及装饰带产品。2014年，该产品的全球出口贸易额达52.1亿美元，较上年同期略降低了0.42%。世界出口排名前15国家和地区共出口41.76亿美元，占全球的80%。中国为该产品出口最多的国家，占全球的23.6%。2014年中国实现该产品出口额12.34亿美元，较上年同期增长13.73%，增长强劲。2014年主要国家和地区饰品出口额占比见图22。

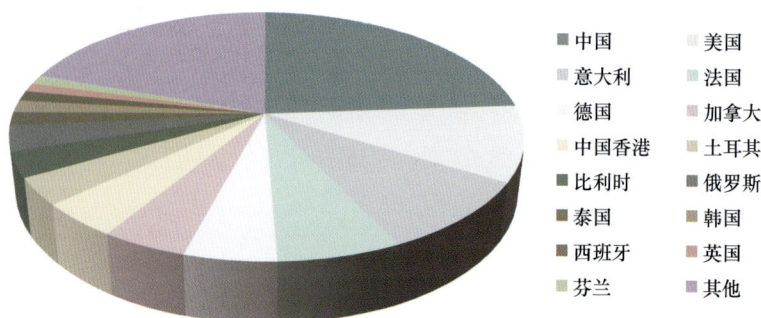

图22　2014年主要国家和地区饰品出口额占比

从图23中可以看出，排名第二至第九位的国家和地区，出口分别占全球市场份额的3%~10%。2014年，这8个国家和地区该产品出口均有不同程度的下降，其中降幅最大的为美国、加拿大和比利时。美国2014年实现出口额5.1亿美元，为该产品世界第二出口国，降幅为9.42%；加拿大为第六出口国，2014年出口2.36亿美元，较上年下降9.45%；比利时为第九大出口国，2014年该产品下降13.95%，金额为1.7亿美元。

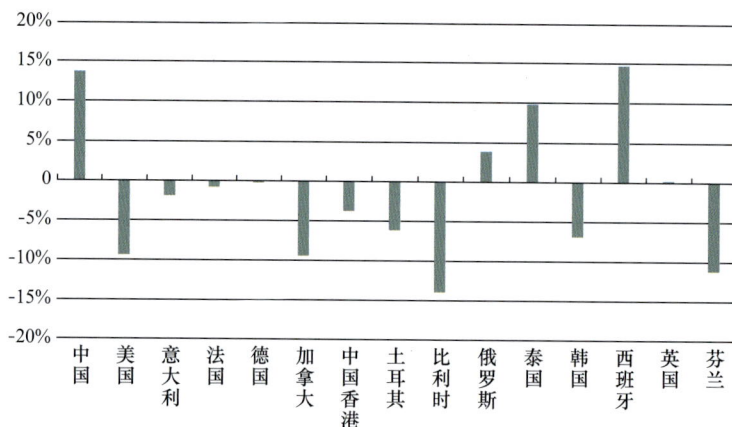

图23　2014年主要国家和地区饰品出口额增长图

三、2014年世界家纺产品出口的特点

第一，中国总体优势继续扩大。中国是世界家用纺织品出口第一大国，2014年中国出口

家用纺织品占世界总额的41.73%，比上年仍有 0.58个百分点增长。说明中国出口市场仍在稳中扩大。虽然增速有所减缓，但总体平稳且呈上升趋势，市场发展健康平稳。

从图24中可知，2014年中国出口各家纺品类中，床品依旧是所占比重最大的部分，其次是毯子、毛巾和窗帘等。

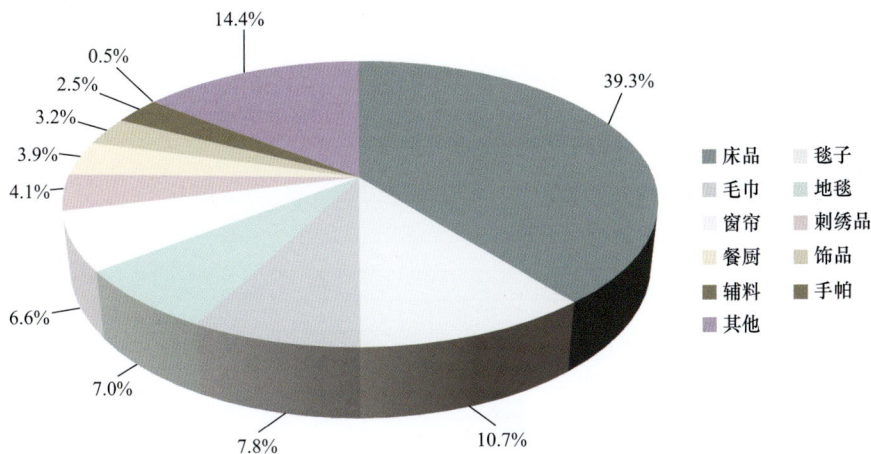

图24　2014年中国出口各家纺产品分布

从占世界出口41%的中国出口情况来看，四类产品出口占世界贸易的50%以上，分别为窗帘、毯子、餐厨用纺织品和手帕。其中，毯子类和手帕类产品毯子类和手帕类均占到世界出口贸易的70%以上。床品、毛巾和刺绣类装饰品均占到世界的40%以上。中国各产品出口占比见图25。

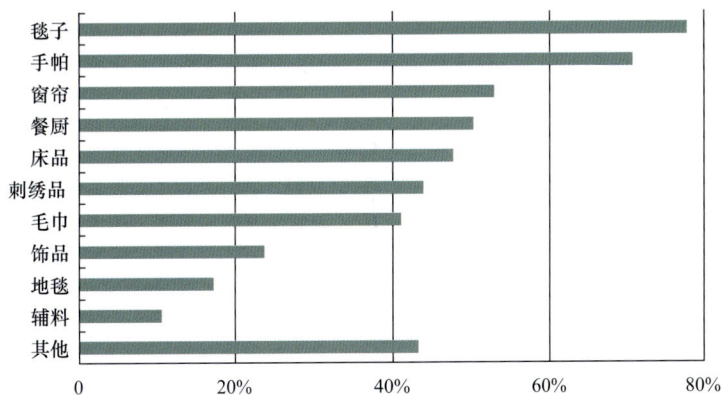

图25　中国出口各家纺品类占世界贸易的比重

第二，印度出口品类差异化趋势。世界家纺出口第二的印度在2014年呈总体下降趋势，且出现不同类别产品差异化增长。2014年印度家纺出口整体下降0.89%，床品、地毯增速下降幅度最大，较上年同期均下降22个百分点以上。窗帘、手帕和辅料缝纫线也均有下降。但毛巾、毯子、刺绣类装饰品和餐厨用纺织品增长良好。尤其是毛巾，印度是世界第二大毛巾出口国，2014年出口占世界的13.3%，在往年的基础上又增加1个百分点，市场前景看好。在中国毛巾出口下降5.65%的2014年，印度毛巾实现了8.04%的增长，增长金额7206.53万美元。

可见印度毛巾出口对中国出口贸易的挑战。

　　第三，欧盟国家增长快速。欧盟国家中，德国是家纺产品出口最大的出口国，2014年实现贸易额40.14亿美元，且增长态势良好，较上年同期增长7.14%。此外，波兰、荷兰、英国和西班牙也有较大幅度增长。床上用品是欧盟国家家纺产品出口的最大宗产品，德国床品2014年实现12.54亿美元贸易额，波兰实现10.87亿美元，分别实现出口增速8.2%和7.3%，增长金额最多且增速稳中有升。西班牙、英国及波兰增长迅猛，较上年同期分别增长28.9%、23.2%和15.7%。体现出欧盟国家重新对家纺产品出口贸易的重视。2014年欧盟主要国家家纺产品出口金额及增幅见图26。

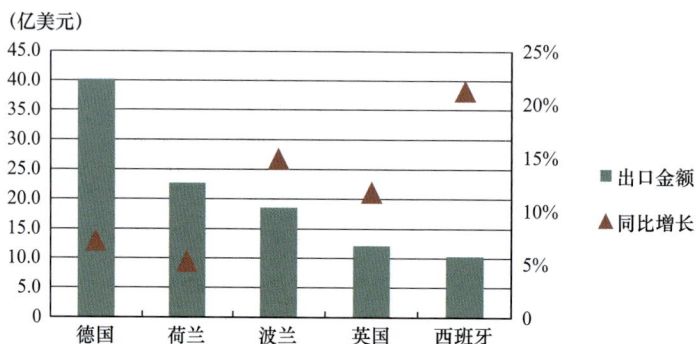

图26　2014年欧盟主要国家家纺产品出口金额及增长图

　　综上所述，虽然中国家纺产品在世界出口贸易中稳居第一，占世界出口额的比重稳中有升。但是，发达经济体的复苏和新兴经济体的日渐强大，且对制造业倍加重视，家用纺织品国际市场竞争还将日趋激烈。中国家纺出口贸易在当前乃至将来的国际形势下，还应积极应对新形势，采取新对策，续写家纺出口贸易新篇章。

中国家用纺织品行业协会

2015年家纺产品出口贸易综述

魏启雄

在世界经济增速放缓，消费需求乏力，大宗商品价格继续下降，国际贸易增长下滑的背景下，2015年我国家纺进出口贸易418.8亿美元，同比下降4.41%。其中，进口贸易16.6亿美元，同比下降3.56%；出口贸易402.3亿美元，同比下降4.44%，出口占到总贸易的96%，2015年我国家纺产品进出口贸易顺差为385.6亿美元。

一、2015年我国家纺进口贸易

2015年我国家用纺织产品进口16.6亿美元，同比下降3.56%。其中，进口数量同比下降1.41%，进口价格同比下降2.18%。近两年我国家纺产品进口贸易有所下降，如图1所示。

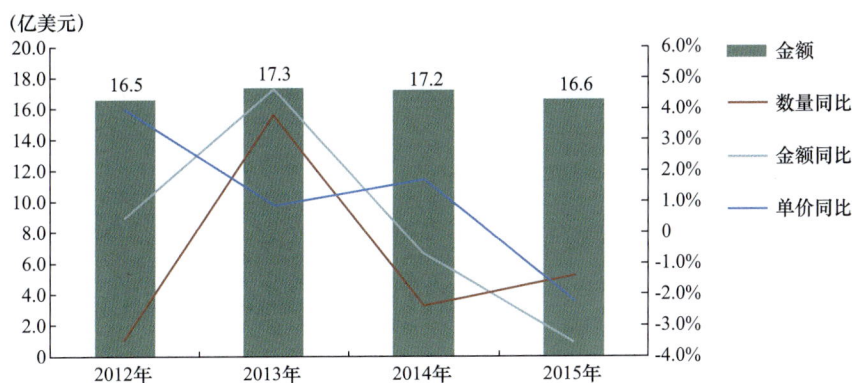

图1　近几年家纺产品进口金额及增长图

1. 主要进口贸易方式

我国家纺产品进口最主要的贸易方式为进料加工贸易和一般贸易，这两种方式的贸易额占到家纺总进口额的七成，且占比均较2014年有所提高。2015年家纺产品进口贸易中，进料加工贸易额6.4亿美元，同比下降1.9%，占比为38.6%，占比较上年提高了0.7个百分点；一般贸易额5.1亿美元，同比增长4.2%，占比为31%，较上年提高了1.3个百分点。另外，来料加工贸易和保税库进出境货物额合计占比为26.2%，进口贸易额分别为2.8亿美元和1.5亿美元，同比分别下降了13.5%和11.2%。2015年家纺产品主要出口贸易方式金额占比如图2所示。

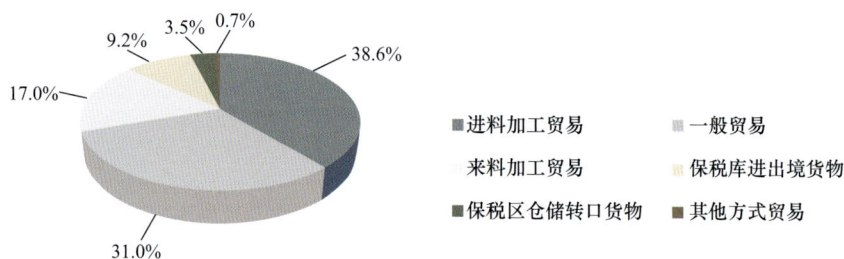

图2　2015年家纺产品主要进口贸易方式金额占比图

2. 主要进口来源地

我国家纺产品进口来源地比较集中，且相对均衡。前五个来源国家和地区占到我国家纺进口总额的73.6%，前五个来源地的金额占比都在13%~17%，中国（原产地）取代日本成为家纺进口的第一来源地。2015年，我国进口原产地为中国的家纺产品2.8亿美元，同比下降2.6%，金额占比提高了0.2个百分点，达到了16.9%。来自日本的家纺产品2.6亿美元，同比下降10.1%，占比为15.9%，较2014年下降了1.3个百分点。其他主要国家和地区中，来自韩国、欧盟、土耳其、中国香港和巴基斯坦的进口额同比分别下降了4%、4.6%、13.5%、35.2%和23.9%；而来源中国台湾、美国、印度、泰国和越南的进口额同比则分别增长了5.7%、0.8%、1.8%、45.4%和33.8%，显示出东盟国家与我国的家纺贸易快速增长。2015年主要进口来源地家纺产品金额占比如图3所示。

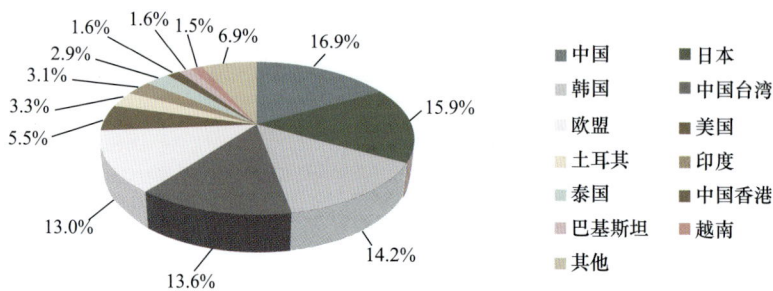

图3　2015年主要进口来源地家纺产品金额占比图

3. 主要进口产品分析

进口的家纺产品中，布艺产品（含装饰布）和床上用品合计占到进口总额的一半。地毯产品占进口总额的8.8%，餐厨用纺织品、毛巾产品和毯子合计进口8000多万美元，仅占总进口额的5%。线、带、花边等辅料进口额占比相对较高，达到了21.8%。2015年家纺大类产品出口额占比如图4所示。

（1）布艺产品进口。2015年，我国布艺产品进口6.1亿美元，同比增长2.8%。进口的布艺产品主要为装饰布，进口额达到5.2亿美元，同比增长2.2%；其次为窗帘产品，进口额

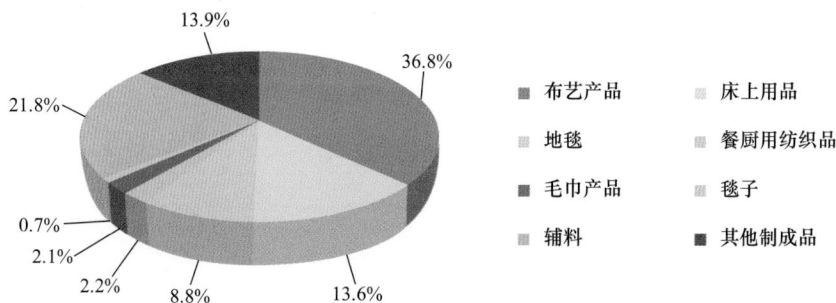

图4　2015年家纺大类产品进口金额占比图

为2930万美元，同比增长27.8%。我国布艺产品进口来源地集中度较高，来自原产地中国大陆、日本、中国台湾和韩国的产品占进口总额的74.4%。进口额增长较快的主要国家和地区有中国台湾、土耳其和美国，进口额较2014年分别增长17.9%、34.8%和82.2%。2015年布艺产品进口主要来源地金额及增长见表1。

表1　2015年布艺产品进口主要来源地金额及增长

国家／地区	金额（万美元）	同比增长（%）	金额占比（%）
中国大陆（原产地）	12704	2.66	20.81
日本	11876	-7.72	19.45
中国台湾	11853	17.94	19.41
韩国	8986	2.34	14.72
土耳其	2774	34.85	4.54

（2）床上用品进口。进口的床上用品包括单件和套床品、床罩及被类产品，2015年，我国床上用品进口2.25亿美元，同比增长1.6%。其中，被子进口7432万美元，同比增长36.9%；床上用织物制品进口4718万美元，同比下降21.8%；床罩进口595万美元，同比增长44.3%。值得关注的是，主要来源地为日本和巴基斯坦的产品进口额明显下降，而从泰国进口的产品进口额同比增长2.7倍。见表2。

表2　2015年床上用品进口主要来源地金额及增长

国家／地区	金额（万美元）	同比增长（%）	金额占比（%）
日本	2684	-14.74	11.94
泰国	1842	269.96	8.20
巴基斯坦	1820	-32.07	8.10
韩国	1794	8.37	7.98
美国	1619	9.32	7.20

（3）地毯进口。2015年，我国进口地毯1.46亿美元，同比下降11.1%。其中，栽绒地毯进口1290万美元，同比增长26.8%；机织地毯进口4214万美元，同比下降22.6%；簇绒地毯进口7342万美元，同比下降5.7%；毡呢地毯进口226万美元，同比下降33.2%。主要进口来源国

中，从土耳其的进口下降幅度较大，降幅达到42.1%，减少进口额1182万美元。2015年地毯进口主要来源地金额及增长见表3。

表3　2015年地毯进口主要来源地金额及增长

国家/地区	金额（万美元）	同比增长（%）	金额占比（%）
韩国	2889	-1.40	19.78
美国	2118	-0.51	14.50
印度	1640	26.19	11.23
土耳其	1623	-42.14	11.11
埃及	930	-23.87	6.37

（4）餐厨用纺织品进口。我国每年进口餐厨用纺织品不多，2015年进口餐厨用纺织品3688万美元，同比增长24.6%。其中，进口餐桌用织物制品415万美元，同比增长2.3%；进厨房用织物制品338万美元，同比增长3.9%；进口各类擦布2934万美元，同比增长31.3%。进口主要来源国中，从韩国和印度的进口额增长较大，同比分别增长49.4%和43.2%。2015年餐厨用纺织品进口主要来源地金额及增长见表4。

表4　2015年餐厨用纺织品进口主要来源地金额及增长

国家/地区	金额（万美元）	同比增长（%）	金额占比（%）
韩国	1335	49.40	36.20
日本	658	6.45	17.83
美国	338	3.65	9.17
印度	276	43.18	7.50
中国	215	-3.88	5.82

（5）毛巾类产品进口。2015年，我国进口毛巾类产品3561万美元，同比下降17.4%。毛巾成品的进口额不到进口总额的一半，主要为盥洗及厨房用毛巾和浴巾。2015年进口盥洗及厨房用毛巾855万美元，同比增长8.2%；进口浴巾693万美元，同比下降37.5%。半成品毛圈织物的进口较2014年明显下降，也是造成我国毛巾类产品进口减少的主要原因之一。从日本、印度、美国等主要进口来源国的进口额同比都出现较大幅度的下降。2015年毛巾类产品进口主要来源地金额及增长见表5。

表5　2015年毛巾类产品进口主要来源地金额及增长

国家/地区	金额（万美元）	同比增长（%）	金额占比（%）
日本	663	-21.24	18.61
印度	541	-50.85	15.19
美国	493	-22.16	13.83
韩国	377	-1.73	10.59

续表

国家/地区	金额（万美元）	同比增长（%）	金额占比（%）
孟加拉国	276	15.56	7.76

（6）毯子进口。2015年，我国进口毯子1216万美元，同比增长4.16%。其中，进口电暖毯241万美元，同比增长1.9倍；进口毛毯275万美元，同比下降28.5%；进口棉毯214万美元，同比增长6.2%；进口合成纤维毯436万美元，同比下降1.7%。进口原产地为中国的产品同比增长25%，并成为第一来源地；印度下降为第二大来源地，进口额同比下降27%；从韩国的进口增长2.1倍，韩国也跃升为第三大来源地。2015年毯子进口主要来源地金额及增长见表6。

表6　2015年毯子进口主要来源地金额及增长

国家/地区	金额（万美元）	同比增长（%）	金额占比（%）
中国（原产地）	245	25.05	20.17
印度	230	-26.97	18.93
韩国	212	214.08	17.44
意大利	126	7.55	10.39
泰国	88	-10.14	7.26

（7）辅料进口。2015年我国进口纺织辅料3.6亿美元，同比下降8.9%。进口辅料的主要产品有缝纫线、花边、标签和装饰带，进口额分别为8470万美元、9171万美元、7185万美元和1347万美元，进口额同比分别下降13.3%、4.9%、10.4%和9.2%。前五位进口来源地中，除美国增长14.48%外，原产地中国、日本、韩国和中国台湾都出现了不同程度的下降。2015年辅料进口主要来源地金额及增长见表7。

表7　2015年辅料进口主要来源地金额及增长

国家/地区	金额（万美元）	同比增长（%）	金额占比（%）
中国（原产地）	10099	-5.09	27.98
日本	6134	-19.16	16.99
韩国	4032	-11.87	11.17
中国台湾	3205	-10.75	8.88
美国	1995	14.48	5.53

二、2015年我国家纺出口贸易

2015年我国家用纺织产品出口402.3亿美元，同比下降4.4%，其中，出口数量同比下降1.8%，出口价格同比下降2.7%。出口额增速较2014年下降9.7个百分点，近三年来家纺出口呈现较明显的放缓态势。如图5所示。

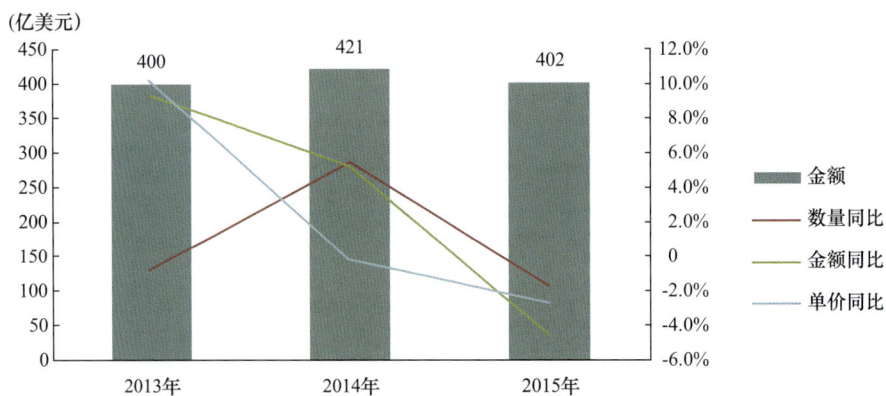

图5 近三年家纺产品出口金额及增长情况

1. 主要出口贸易方式

一般贸易、进料加工贸易和边境小额贸易是我国家纺出口的三种主要贸易方式。随着我国家纺产业实力的增强及纺织产业链的完善，在出口贸易中，一般贸易所占的比重不断提高。2015年家纺出口贸易中，一般贸易额为344亿美元，占比达到85.6%，较2014年提高2.1个百分点；进料加工贸易额为24.2亿美元，同比下降17.9%，占比较上年下降一个百分点；边境小额贸易额为9亿美元，同比下降42.5%，占比下降1.5个百分点。其他方式贸易出口额24.9亿美元，同比增长2.7%，占比为6.2%。如图6所示。

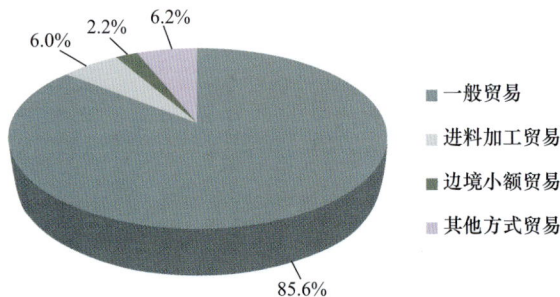

图6 2015年家纺产品出口主要贸易方式金额分布图

2. 大类产品出口情况

在家纺产品的出口额中，床上用品和布艺产品位于前两名，两大类产品出口额合计占家纺出口总额的1/2。2015年床上用品出口121.7亿美元，同比下降6.4%；布艺产品出口81.7亿美元，同比下降3.5%。2015年家纺大类产品出口额分布如图7所示。

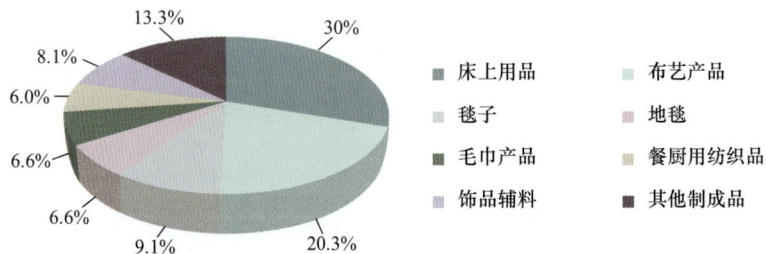

图7 2015年家纺大类产品出口额分布图

2015中国家用纺织品行业发展报告

出口额减少较大的大类产品是毛巾和毯子，2015年毛巾类产品和毯子分别出口26.4亿美元和36.4亿美元，同比分别下降了12.6%和10.8%。两类产品出口额下降的主要原因有所不同，毛巾主要受出口数量减少的影响，而毯子则是因出口价格的走低。2015年家纺大类产品出口数量、金额、价格同比增长情况见表8。

表8 2015年家纺大类产品出口数量、金额、价格同比增长情况

产品类别	数量同比（%）	金额同比（%）	价格同比（%）
家纺产品	-1.75	-4.43	-2.73
床上用品	-3.15	-6.41	-3.37
布艺产品	-0.72	-3.45	-2.74
毯子	-2.76	-10.79	-8.26
地毯	4.01	-1.02	-4.83
毛巾产品	-11.94	-12.62	-0.77
餐厨用纺织品	-2.05	-1.48	0.58
饰品辅料	0.10	-0.14	-0.23
其他制成品	2.88	2.92	0.05

出口价格下降是2015年家纺产品出口的普遍现象，除受市场需求影响外，原料价格走低也是重要的影响因素。进入2015年后，虽然美棉期货价格在波动中温和回升，但走势延续了近两年的下降态势。2015年，美棉期货平均价格为63.25美分/磅，与上年同期相比下降17.23%。国内的棉花和化纤原料价格也呈现下降的态势。如图8、图9所示。

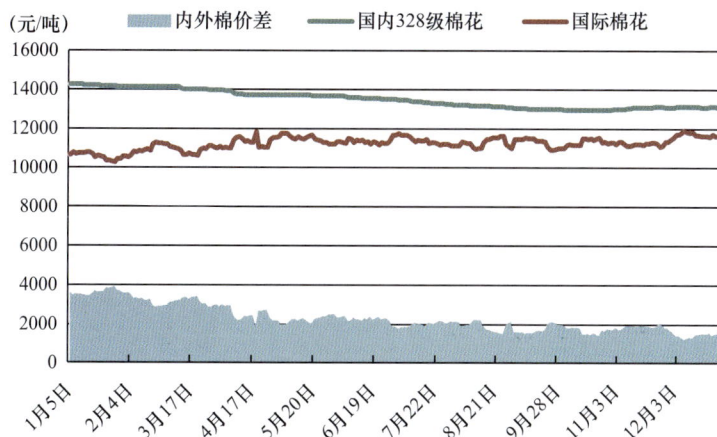

图8 2015年国内外棉花价格走势图

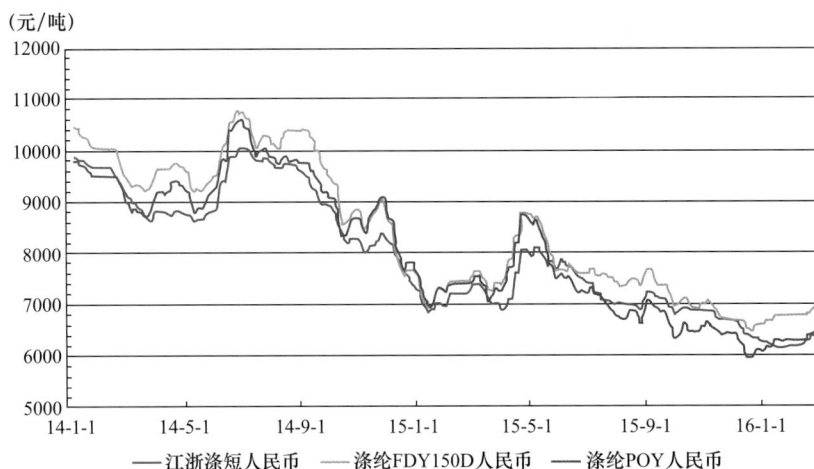

(元/吨)

图9　2015年国内化纤原料价格走势图

图例：—— 江浙涤短人民币　—— 涤纶FDY150D人民币　—— 涤纶POY人民币

3. 地方海关出口额分布

家纺产品出关口岸集中度较高，位于前五位的是浙江、江苏、山东、广东、上海五省（市），出口额合计为328.3亿美元，同比增长0.68%，占比达到81.6%，较2014年提高4.18个百分点，其中，位于首位的浙江省出口额占比超过30%。前五个省（市）的出口增长情况均好于全国平均水平，优势更加明显。

出口实现增长的地方海关有五个，广东、福建、重庆、广西和青海，2015年分别出口43.5亿美元、11.13亿美元、3.68亿美元、2.65亿美元和7361万美元，同比分别增长15.3%、1.3%、25.1%、19.2%和14.1%。

出口额下降幅度较大的地方海关有新疆、黑龙江、湖南、内蒙古、吉林、西藏、宁夏和海南，2015年分别出口6.52亿美元、1.52亿美元、1.11亿美元、5816万美元、4241万美元、1828万美元、2705万美元和1538万美元，同比分别下降37.4%、83.1%、40.6%、56.6%、47.8%、72.1%、49.4%和49.6%。见表9。

表9　2015年地方海关出口家纺产品综合情况

排序	趋势	地区	金额（万美元）	同比（%）	占比（%）	排序	趋势	地区	金额（万美元）	同比（%）	占比（%）
1	—	浙江	1232598	-0.97	30.64	10	↑	江西	53342	-10.49	1.33
2	—	江苏	843618	-1.70	20.97	11	—	天津	50076	-24.54	1.24
3	—	山东	446767	-1.62	11.11	12	↑	湖北	37040	-4.39	0.92
4	—	广东	434950	15.26	10.81	13	↑	重庆	36821	25.14	0.92
5	—	上海	324672	-0.46	8.07	14	↓	辽宁	33957	-25.28	0.84
6	—	福建	111345	1.31	2.77	15	↑	广西	26508	19.16	0.66
7	↑	河北	81571	-20.80	2.03	16	↑	北京	26392	-3.71	0.66
8	↑	安徽	79030	-5.11	1.96	17	↓	四川	24777	-28.16	0.62
9	↓	新疆	65152	-37.36	1.62	18	↓	河南	23602	-14.71	0.59

排序	趋势	地区	金额 （万美元）	同比 （%）	占比 （%）	排序	趋势	地区	金额 （万美元）	同比 （%）	占比 （%）
19	↑	云南	17773	-9.74	0.44	26	↓	吉林	4241	-47.77	0.11
20	↓	黑龙江	15192	-83.10	0.38	27	↑	陕西	4140	-22.01	0.10
21	—	湖南	11111	-40.57	0.28	28	—	宁夏	2705	-49.38	0.07
22	—	贵州	10395	-24.65	0.26	29	↓	西藏	1828	-72.07	0.05
23	↑	甘肃	7638	-3.86	0.19	30	↓	海南	1538	-49.57	0.04
24	↑	青海	7361	14.05	0.18	31	—	山西	825	-25.46	0.02
25	↓	内蒙古	5816	-56.58	0.14						

4. 主要出口市场分布

家纺出口前四大市场为美国、欧盟、东盟和日本，对四大市场的出口额占到我国家纺出口总额的六成，其中，对美国、欧盟、日本这三大传统市场的出口额比重仍保持在50%左右。2015年，美国市场表现较为突出，在国际市场普遍不景气的情况下实现了较好的增长，对出口总量的稳定发挥了积极作用，美国市场出口额的比重也重回1/4以上。日本市场收缩较快，出口额比重锁定在个位数（8.68%）。近几年东盟市场贸易量一路上升，在我国家纺出口市场中已坐稳第三的位置，出口额占比也达到了10%。2015年家纺产品出口主要市场金额占比如图10所示。

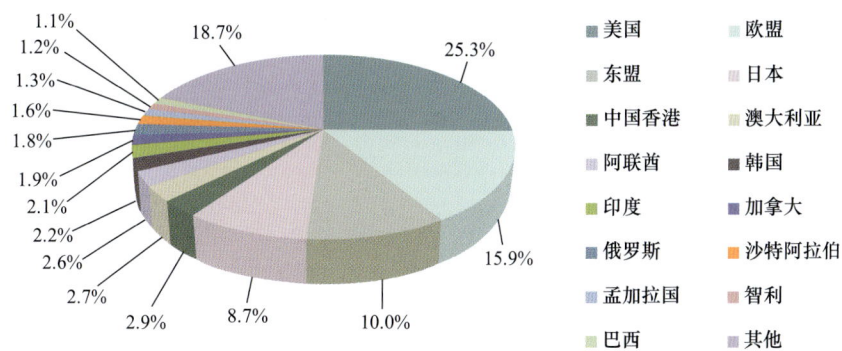

图10　2015年家纺产品出口主要市场金额占比图

（1）出口美国市场产品概况。美国是世界重要的家纺产品消费市场，也是我国家纺产品最大的出口市场。2015年，美国年度GDP实现了2.4%的增长，虽低于此前的预期，但仍是近几年较好的增速。2015年，美国个人消费支出规模同比增长3.1%，增幅创10年来最高。2015年，美国个人消费支出对GDP增长贡献率为88.3%；私人固定资产投资拉动经济增长0.7个百分点，其中住宅投资拉动0.3个百分点；个人商品消费支出拉动增长0.9个百分点，其中耐用品消费拉动0.5个百分点，非耐用品消费拉动0.4个百分点；个人服务消费拉动1.2个百分点。

2015年，我国对美国出口家纺产品101.57亿美元，同比增长6.5%，增速较2014年提高1.8个百分点，近三年我国家纺对美国市场的出口呈现较稳定的增长。大类产品中，除毛巾（-0.9%）出口同比负增长外，床上用品（5.9%）、布艺产品（5.4%）、地毯（3.1%）、毯子（8.4%）、餐厨用纺织品（5.4%）等均实现了不同程度的增长，出口额较2014年分别增加2.1亿美元、8479万美元、1579万美元、6841万美元、2786万美元。近三年对美国市场出口家纺产品金额及增速见图11。

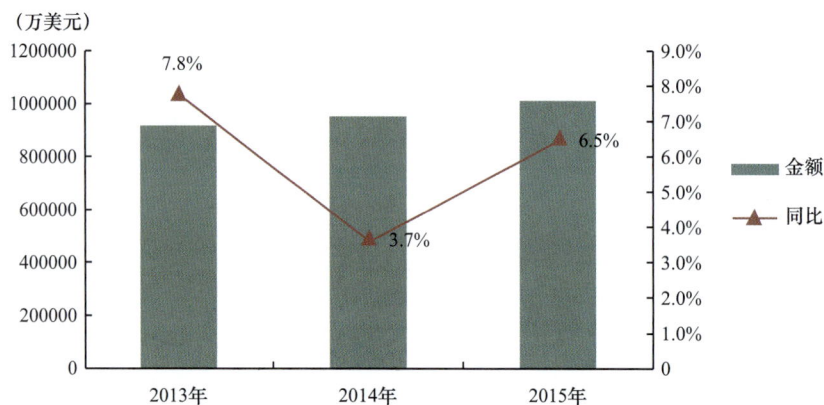

图11　近三年对美国市场出口家纺产品金额及增速图

（2）出口欧盟市场产品概况。受欧盟经济增长乏力和欧盟贬值的影响，需求动力不足，家纺产品出口在前两年回升的基础上，2015年出现了较明显的下滑。2015年，我国对欧盟出口家纺产品63.99亿美元，同比下降4.8%，增速较2014年下降了15.4个百分点。大类产品出口额均有不同程度下降，床上用品、布艺产品、毛巾类产品、地毯、毯子、餐厨用纺织品等大类产品出口同比分别下降了7.8%、2.6%、6.3%、7.2%、3.5%和1.5%。近三年对欧盟市场出口家纺产品金额及增速见图12。

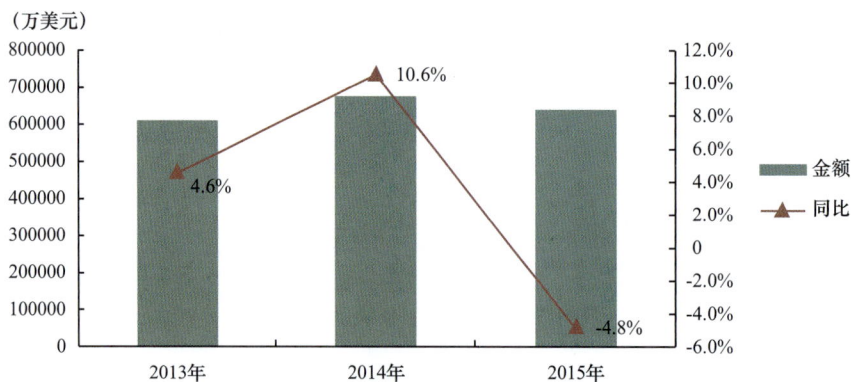

图12　近三年对欧盟市场出口家纺产品金额及增速图

（3）出口东盟市场产品概况。从2014年开始东盟成为我国家纺产品出口的第三大市场，对东盟的出口在经历了前几年的快速扩张后，增长速度逐渐趋于平缓。2015年，对东盟出口家纺产品40.29亿美元，同比增长1.8%，增速较上年下降15.5个百分点。在出口的大类产品中，出口额同比床上用品增长3%，毛巾类产品增长21.9%，地毯增长4.9%，餐厨用纺织品增长2.9%。布艺产品出口额与2014年基本持平，毯子出口额降幅较大，同比下降25.2%。近三年对东盟市场出口家纺产品金额及增速如图13所示。

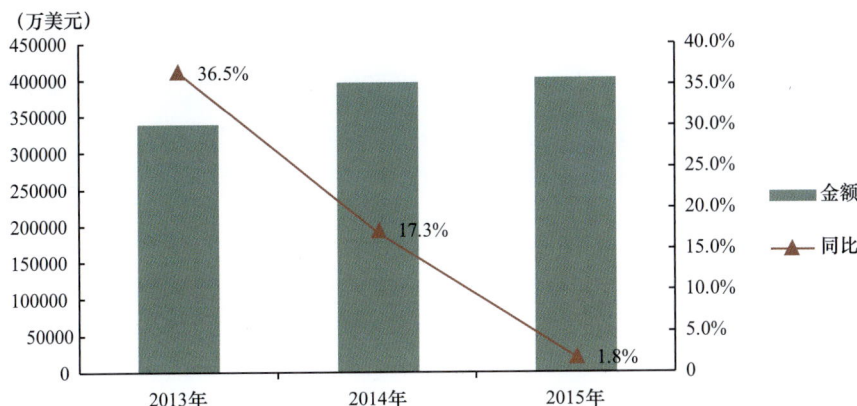

图13　近三年对东盟市场出口家纺产品金额及增速图

（4）出口日本市场产品概况。日本市场受其经济放缓及订单转移的影响，近几年我国对日本的出口额持续下降，日本市场所占的比重也明显减少，对我国家纺产品的整体出口，特别一些类别的产品产生了不利的影响。2015年，对日本出口家纺产品34.9亿美元，同比下降11.4%，降幅较2014年加大6.4个百分点。大类产品出口额的降幅都是超过了10%，其中毛巾类产品降幅最大，出口额较2014年下降21.2%，日本是我国毛巾出口的主要市场，对日本毛巾出口的快速下降，对毛巾企业生产造成了较大影响。其他大类产品，床上用品、布艺产品、地毯、毯子、餐厨用纺织品等产品的出口额同比分别下降11.1%、13.4%、14.8%、16.9%和10.4%。近三年对日本市场出口家纺产品金额及增速见图14。

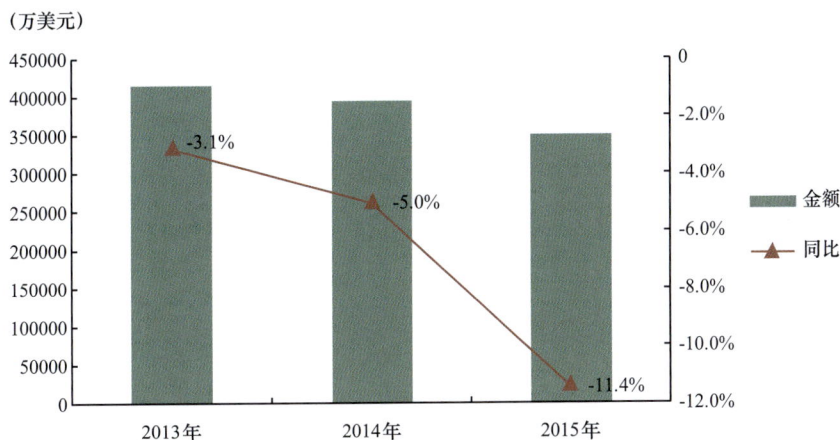

图14　近三年对日本市场出口家纺产品金额及增速图

（5）出口俄罗斯市场产品概况。2015年是俄罗斯经济尤为困难的一年，西方对其经济打压，卢布大幅贬值，需求能力减弱。随着石油价格从2014年6月的每桶110美元暴跌至2016年2月的每桶30美元上下，俄罗斯的出口和财政收入都受到重创。2015年，俄罗斯的GDP萎缩了3.7%，通胀率接近13%。自2013年起到2016年初，卢布对美元贬值超过60%。经济下行严重制约了消费需求。

　　2015年，我国对俄罗斯出口家纺产品7.4亿美元，同比下降59%，出口额较2014年减少10.7亿美元，是我国家纺产品2015年出口下降的最主要原因。在我国家纺出口市场的排位中，俄罗斯市场从2014的第5位大幅下降到2015年的第11位。下降最为显著的床上用品，2015年床上用品出口额较上年减少5亿美元，降幅达到70.6%。其他大类产品出口额也都出现了较大幅度的下降，其中，布艺产品出口额同比下降48.5%，毛巾类产品下降55%，地毯下降30%，毯子下降63.5%，餐厨用纺织品下降58.9%。近三年对俄罗斯市场出口家纺产品金额及增速见图15。

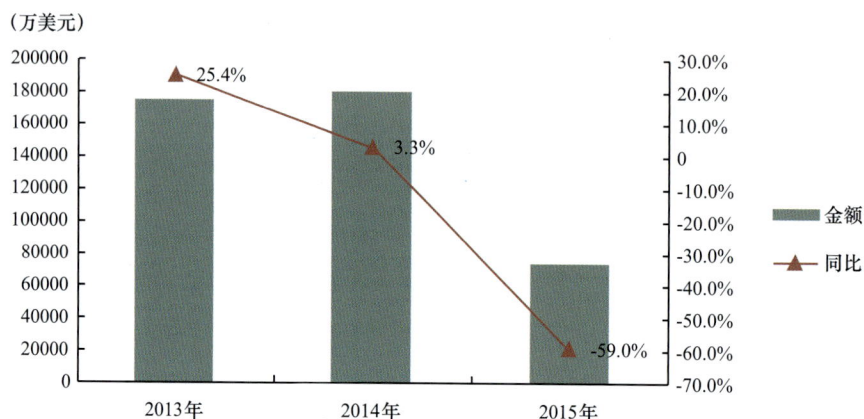

（万美元）

图15　近三年对俄罗斯市场出口家纺产品金额及增速图

　　2016年，我国外贸发展及家用纺织品出口面临的形势依然复杂严峻，家纺行业对外贸易必须坚持稳中求进，立足当前、着眼长远，加快外贸结构调整、动力转换，着力推进供给侧改革，全力以赴做好新常态下的家纺对外贸易，巩固出口传统优势，加快培育竞争新优势，为行业的稳定发展做出积极贡献。

中国家用纺织品行业协会

国内市场

2015年我国家纺零售市场运行情况及未来发展趋势展望

中华全国商业信息中心

一、2015年家纺大型零售实体店销售情况

（一）零售额增速连续四年下滑

根据中华全国商业信息中心数据，2015年，全国重点大型零售企业针纺织品零售额同比下降8.1%，相比上年增速下滑13个百分点；床上用品零售额增速在上年下降3.9%的基础上继续下降10.8个百分点，针纺织品和床上用品零售额增速均连续四年下滑，且创2006年以来的最低增速。如图1所示。

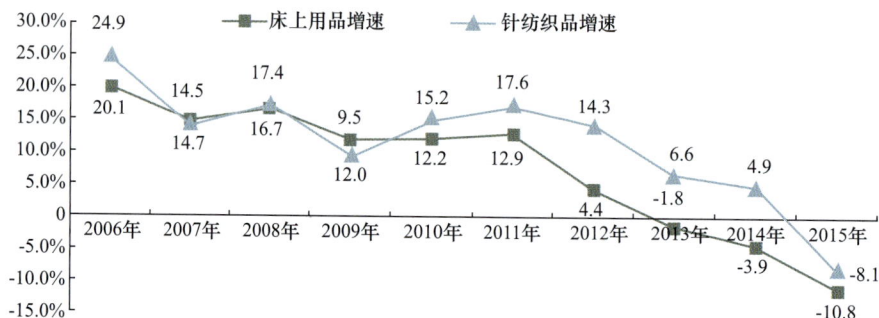

图1　2006～2015年全国重点大型零售企业商品零售额和床上用品零售额增长情况

消费个性化、需求多元化、电商的飞速发展、新技术的应用、店面租金和人工成本的不断上涨以及宏观经济结构的调整趋势都制约家纺零售业的发展，家纺零售行业进入结构性调整和经营创新的阶段。

（二）各线城市销售增速均呈现负增长

2015年，一、二、三线城市重点大型零售企业床上用品零售额增速均呈现负增长，其中一线城市零售额增速从上年的9.0%下降到-10.9%，二线城市在上年增速下降7.0%的基础

上再次下降11.5个百分点，三线城市降幅略有收窄，零售额增速从上年的-9.0%，略微上升至-7.6%。如图2所示。

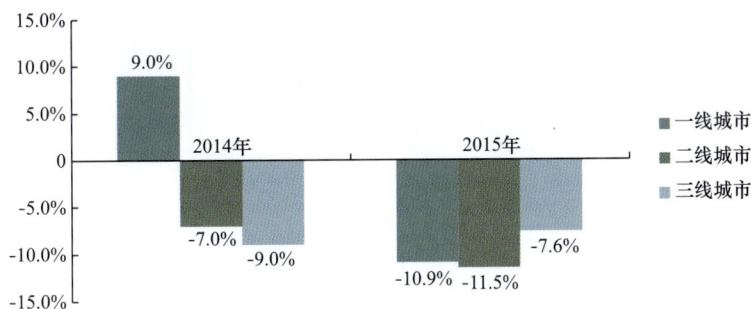

图2　2014~2015年全国重点大型零售企业一、二、三线城市床上用品零售额增速

（三）品牌集中度出现分化

2015年，我国家纺各行业品牌集中度出现分化，其中床上用品市场品牌格局基本稳定，套件和各种被前十品牌集中度变化较小，2015年相比上年略有上升。毛巾市场集中度则呈现明显的下降趋势，毛巾前十位品牌市场综合占有率之和从2012年的69.4%连续下降至2015年的55.7%。如图3所示。

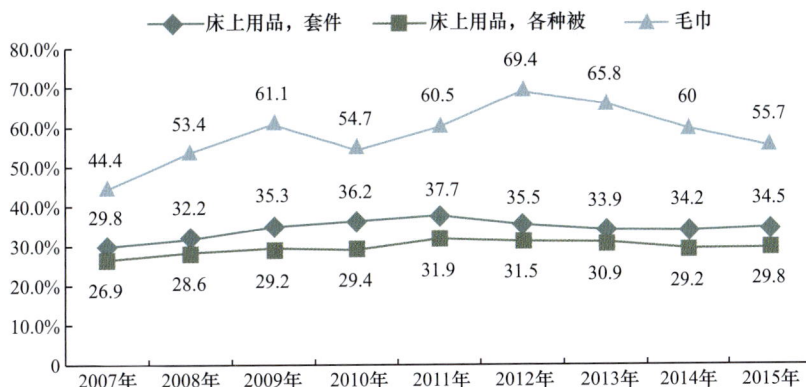

图3　床上用品套件、各种被和毛巾销售前十位品牌市场综合占有率合计

（四）品牌家纺价格略有下降

2015年全国重点大型零售企业床上用品套件平均单价为614元，比上年下降10元；各种被平均单价为525元，比上年下降56元；2015年家纺产品销售单价有所回落，主要是受到网上低价的冲击。如图4所示。

（元）

图4　床上用品套件、各种被连续七年平均单价

（五）国产品牌仍占据主要地位

目前，我国家纺本土品牌经过多年发展，日益成熟和壮大，占据主导地位，相比之下，国外品牌暂时落后，家纺市场上还鲜有被消费者广为接受的外资家纺品牌。根据中华全国商业信息中心数据，2015年，床上用品套件和各种被前十品牌均为国产品牌，床上用品套件前20的品牌中仅有来自美国的ESPRIT以1.3%的市场综合占有率排名第14位。如图5、图6所示。

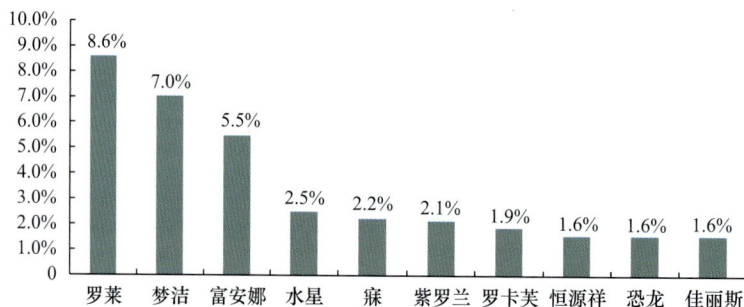

图5　2015年床上用品套件市场综合占有率排名前十品牌

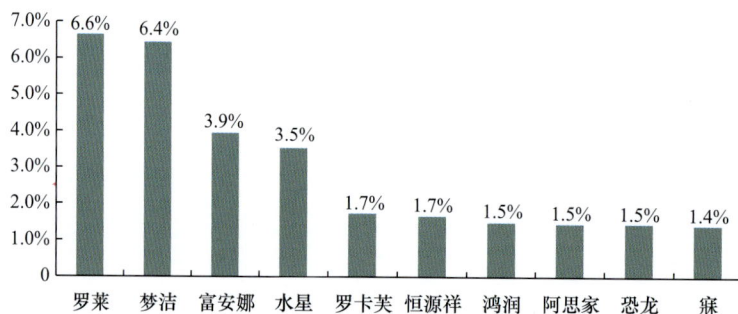

图6　2015年床上用品各种被市场综合占有率排名前十品牌

二、2015年家纺网上销售情况

（一）家纺网络销售规模继续扩大

随着网购人群的不断扩大，也带动着家纺网络购物的飞速发展。近几年来，消费者购买家纺的渠道，也从线下终端向线上电子商务迁移，特别是网购主流人群——时尚女性、白领阶层对生活品质的要求不断提升，对家庭软装饰的重视，更使得家纺网购迅猛发展。2015年，相较于社会零售增速的放缓，网络零售仍然保持了较快的增长，未来，随着物流配送网络的进一步健全，网络购物普及率仍将进一步提高，带动期销售规模继续增长。

（二）床上用品销售额、量同比增加，均价下降

2015年，床上用品在B2C网络零售市场上共销售6388.7万件，销售额为701263.6万元，成交均价为109.8元，各月均价相比上年同期下降14.0%。销售额排在前三位的品牌为：水星、LOVO、南极人，其中水星的销售额最高，达到了31505.6万元。如图7～图9所示。

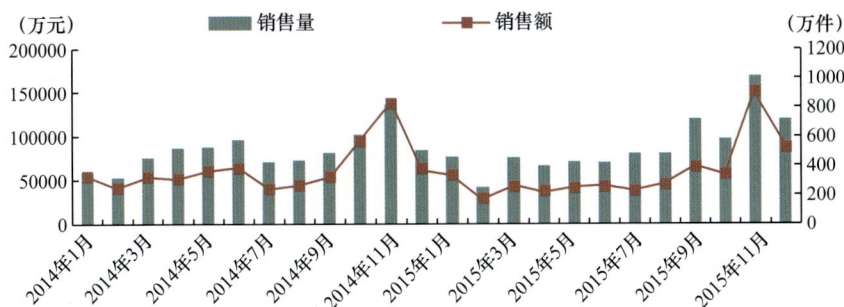

图7　2014年1月～2015年12月B2C平台床上用品网络零售销售量和销售额

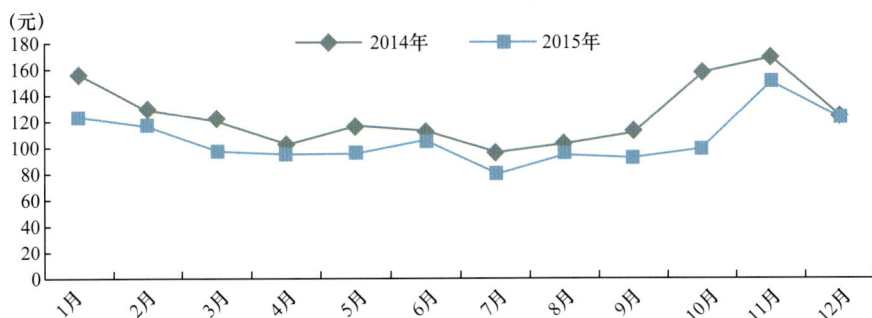

图8　2014年、2015年B2C平台床上用品网络零售成交均价

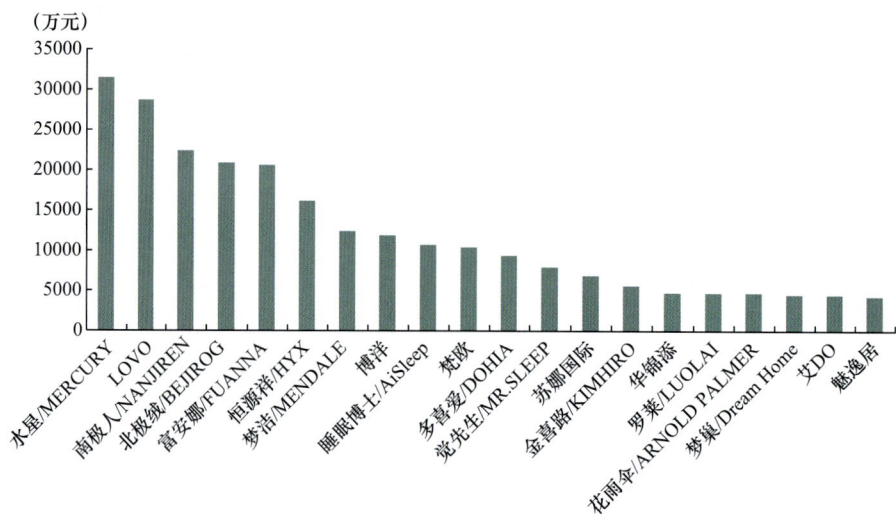

图9　2015年床上用品网络零售销售额排名TOP20品牌

（三）被子销售额、量同比增加，均价大幅下降

2015年，被子在B2C市场上共销售2564.6万件，销售额为326989.8万元，成交均价为127.5元，均价相比上年同期下降21.2%。销售额排在前三位的品牌为：水星、南极人、LOVO，其中水星的销售额最高，达到了20060.3万元。如图10～图12所示。

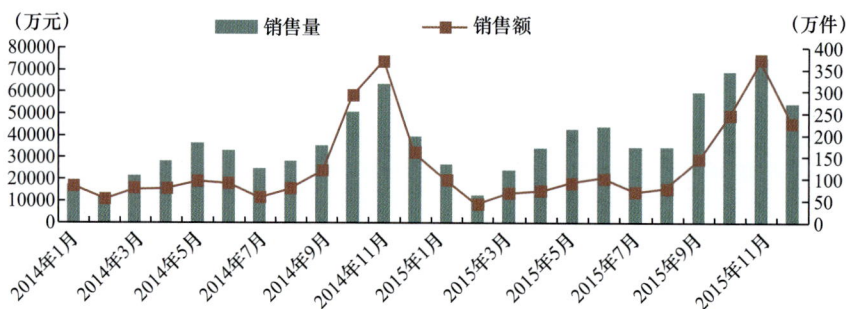

图10　2014年1月～2015年12月B2C平台被子网络零售销售量和销售额

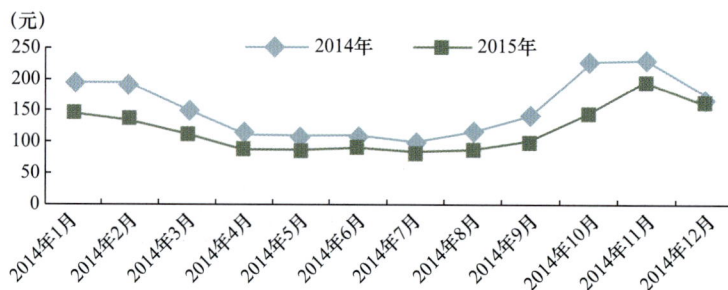

图11　2014年、2015年B2C平台被子网络零售成交均价

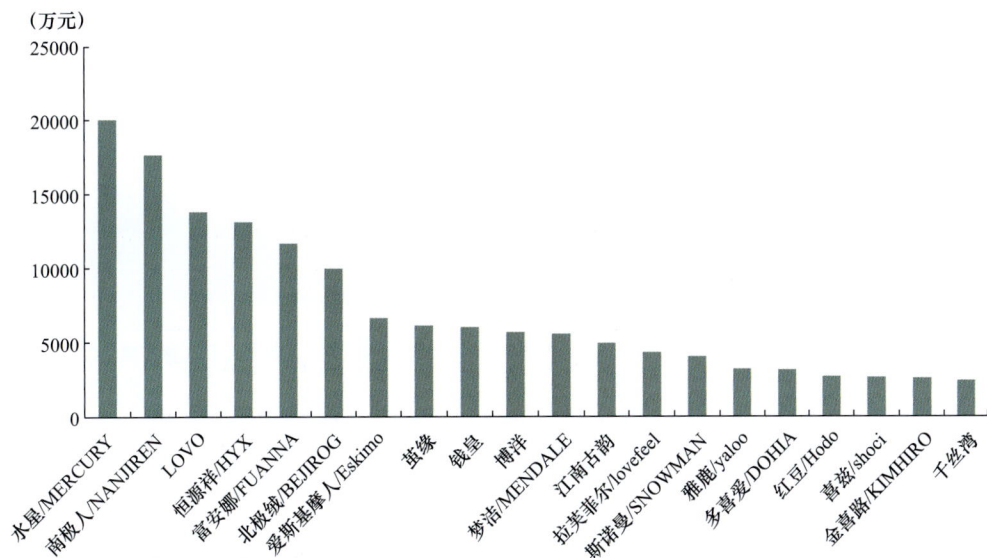

图12　2015年被子网络零售销售额排名TOP20品牌

（四）毛巾、浴巾销售额、量同比增加，均价下降

2015年1月，毛巾浴巾在B2C市场上共销售2859.5万件，销售额为61625.6万元，成交均价为21.6元，均价相比上年同期下降12.2%。销售额排在前三位的品牌为：洁丽雅、金号、三利，其中洁丽雅的销售额最高，达到了8881.3万元。如图13～图15所示。

图13　2014年1月～2015年12月B2C平台毛巾浴巾网络零售销售量和销售额

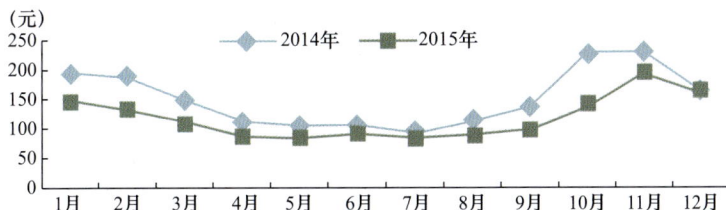

图14　2014年、2015年B2C平台毛巾、浴巾网络零售成交均价

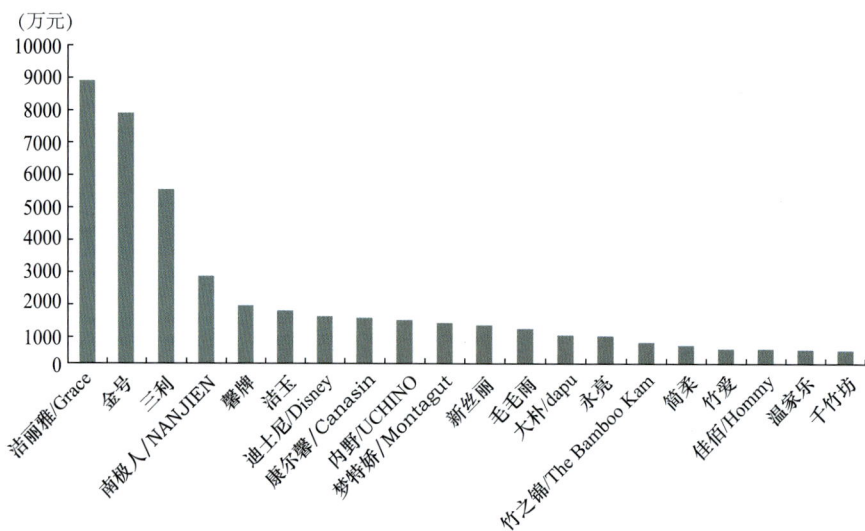

图15　2015年被子B2C平台网络零售销售额排名TOP20品牌

（五）网络拉动中低档家纺产品的销售

在家纺诸多销售渠道中，网购对家纺销售的拉动尤为明显，但消费者在网上购买的家纺产品大多属于中低档次。根据中华全国商业信息中心数据显示，2015年B2C平台销售的床上用品价格在0～200元的占比达到86.4%，200～400元的占9.8%，400～600元的占2.5%，而600元以上的床上用品销售总计占比仅为1.3%。网络销售快速增长，造成两极分化将越来越明显，追求平价、大众化商品的消费者会汇聚到网络渠道，而追求高档商品的人群，依然在高档百货购物。如表1所示。

表1　2015年床上用品网络零售价格区间的销售量结构

价格区间（元）	销售量（万件）	销售量占比（%）
0~200	5522.9	86.4
200~400	623.4	9.8
400~600	158.1	2.5
600~1000	62.1	1.0
1000~2000	18	0.3
2000~2400	1	0
2400 以上	3.3	0.1

（六）实体店品牌在网络渠道优势明显

数据显示，家纺网上销售排名靠前的企业大部分都是实体店知名品牌，例如床上用品网上销售排名靠前的水星、LOVO、恒源祥、梦洁；毛巾网上销售靠前的洁丽雅、金号、三利、洁玉、内野等都是线下已经有较高知名度的品牌。如表2所示。

表2　2015年床上用品套件、各种被、毛巾实体店和网络销售排名前十品牌对比

排名	床上用品套件		床上用品各种被		毛巾	
	实体店	网络	实体店	网络	实体店	网络
1	罗莱	水星	罗莱	水星	洁丽雅	洁丽雅
2	梦洁	LOVO	梦洁	南极人	金号	金号
3	富安娜	南极人	富安娜	LOVO	洁玉	三利
4	水星	北极绒	水星	恒源祥	孚日	南极人
5	寐	富安娜	罗卡芙	富安娜	永亮	馨牌
6	紫罗兰	恒源祥	恒源祥	北极绒	三利	洁玉
7	罗卡芙	梦洁	鸿润	爱斯基摩人	喜盈门	迪士尼
8	恒源祥	博洋	阿思家	茧缘	赤金	康尔馨
9	恐龙	睡眠博士	恐龙	钱皇	ESPRIT	内野
10	佳丽斯	梵欧	寐	博洋	内野	梦特娇

三、2015年家纺市场特点分析

（一）家纺展示有创新，融入大家居概念

例如一些大型的家居生活馆在终端陈列上充分吸收了"大家居"的概念，让人觉得眼前一亮。家纺、家具、家饰等元素纷纷突破传统格局，融会互通。店内展示的不再仅限于分类展示，而是从窗帘、沙发、床品到墙纸、饰品、灯具、家具的整体配套设计。相当于直接搬进一个家庭，比起简单的床品展示来说，更能吸引人们的视线，增强消费者的购买欲。同时，考虑到消费者的体验需求，还会设置专门的沙发、桌椅、床品体验区。

（二）健康环保成为床上用品的新追求

当前家纺消费时尚已经发展到"要美观舒适，更要健康环保"的新时代，健康环保的消费日趋成为一种时尚。尤其是一些床上用品、毛巾等，直接和皮肤接触，对绿色环保的呼声更高。为此，不少家纺企业都在材料上、技术上做了工艺改进。赋予床上用品耐污、透湿、排汗、速干、抗菌、抗静电性能等功能。据商家反映，人们选购床上用品的观念已渐渐改变，选购床上用品从原来的只注重款式和舒适性，转变为注重健康、卫生。

（三）多品牌战略成为家纺企业的发展方向

时尚化、个性化日益成为近两年家纺行业发展的主流趋势，为了满足不同市场的差异化需求，许多家纺企业开始选择多品牌的发展战略。这些品牌通常具有不同的风格和定位，如罗莱旗下的Sheridan属于高端品牌，迪士尼是中低端、优家为大众类品牌、尚玛可为时尚类品牌、罗莱KIDS是儿童品牌、蒂馨为商超品牌、LOVO为电子商务品牌等。品牌多元化的发展

模式扩大了产品的销售范围，增强了抗击风险的能力，形成了产品间的优势互补。

（四）国内家纺难以满足多变的消费需求

当前，我国国内家纺消费的特点主要表现在消费需求多样化和细分化，消费需求多变导致家纺商品的个性化需求快速增长，以80、90后为主的消费群体的消费生活方式休闲化和网络化特点明显。而当前国内家纺商品尤其是大型商场渠道的价格持续高起，同质化程度高，产品缺乏独特的风格，家纺生产企业的产销模式难以满足消费者多样化细分化的消费需求，使得国内家纺在发展过程中的弊端、矛盾和问题越积越多，越积越深，发展的瓶颈愈发凸显。

（五）平价的快时尚家纺为消费者提供更多选择

随着互联网时代的到来，市场开始普及短平快的快餐式消费，家纺业也正在"快时尚"模式发展。众多家纺品牌开始站在普通消费者的立场，以平价、时尚的产品去赢得市场大众的青睐，以"上市快、促销狠、定位准"的市场策略，形成对高档经典床品模式的颠覆。家纺业的"快时尚"，首先就是要在走出家纺套件模式，让更多的单品混搭，让消费者为自己的时尚做主的同时，降低消费者成套购买的压力。其次，新的终端模式应该扩展家纺业边界，向融合大家纺和大家居全品类模式发展，走出卧室，兼容客厅、餐厅、厨卫等，包括家具、家用纺织品、厨房用品和各种饰品及工艺品等，提供多种款式的家居物品和多种风格组合搭配的家居风格，并随季节和时尚变动，给消费者更多选择、搭配或组合的机会，进而提高单件的利用率。

（六）家纺消费需求呈现多层次发展

近年来，我国家纺市场商品品种更加丰富，消费者选择的余地更大，个性化、休闲化、时尚化消费亮点更加突出，消费档次化特征更为明显。高收入阶层消费专注于高端知名品牌，中低收入追求时尚的青年更青睐于价廉物美，款式、花色变化快的快时尚品牌。收入较低的人群倾向于在超市、批发市场、网上购买低价位的家纺产品。此外，家纺的消费受时尚、观念的影响，消费的增长继续加快，中低档家纺在农村的需求增加。由于市场上品种的增加，消费档次的进一步拉开以及个性化消费特点的突出，家纺类商品市场的竞争有所加剧。

四、家纺市场发展趋势

（一）家纺智能化趋势将得到较快发展

近几年国内家纺销售持续低迷。受到这一大环境的影响，许多传统的家纺企业都纷纷做出调整，而罗莱家纺宣布进入智能家居领域，无疑预示着家纺行业将往家居方向发展，其他行业领先品牌已经着手加快向智能家居转型，例如梦洁家纺在湖南长沙以"造梦空间，创想未来卧室"为主题，举行了梦洁家纺首届"智能卧室"创客大会，宣布以"共创"的方式推动传统产品向智能卧室方向转型升级。而且在"十三五"规划中也突出了家纺智能化的发展方向。可见，在智能家居方向，家纺行业将带给消费者更多期许，虽然还只是在起步阶段，但是在这个大众创业、万众创新的时代，智能化家纺的到来将不会太遥远。

（二）家纺自助、半自助式终端销售模式或将流行

随着自助时代的来临，家纺产品作为标准化程度较高的产品，也将迎来自助或半自助时代，开放的购物环境、更加自由和更自主的家纺选购日益受到消费者推崇。往后走进自助购物的家纺专业店，最大的特点就是没有那么多的导购人员，不停向消费者推销。消费者走进店里能看见的除了商品还是商品，如果需要帮助，可以通过按门铃的方式求得帮助。店铺的陈列也将更讲究，各种颜色，各种尺码，各种款式的家纺产品应有尽有，而且摆放得井井有条。店内将主要通过购物导示牌，清晰表明家纺的各种面料特性、适合人群、价格档次、执行标准、规格款式等帮助顾客完成购物的全部过程。同时家纺专业店还需提供完善的售后服务体系，不断简化退换货流程，强调顾客的消费主张。

（三）家纺销售模式向一站式家居生活馆、家居生活中心转变

现在，消费者为了购买某种商品而东奔西跑对比商品的可能性越来越小，他们更希望在同一个商场比较不同品牌的商品，选择自己喜欢的品牌、花型及适合自己的价格。那么家纺零售行业类似国美、苏宁、3C数码等专业店模式必将迎来发展高峰，形态将更加多元化，以专业店、家居生活中心、家居馆的形式不断发展，他们通常能为消费者提供更低的价格，而且具有很强的渠道整合能力，形成对大型综合超市和百货的强有力挑战，同时直接挤压街边家纺专卖店的生存空间，所以，未来新的商业巨头很可能将在专业店领域产生，而家纺专业店的发展空间将无限巨大。

五、家纺市场发展对策建议

（一）传统零售店需提升店铺体验，构建线下的核心竞争优势

在网络销售的冲击和影响之下，传统家纺门店销售急剧减少成为不争的事实。家纺网络销售的主要优势在于价格便宜、快速便捷及给人一种全新的消费理念，但相比实体店，家纺网络销售的劣势也十分突出，表现在明显缺乏有效的互动和切身的体验。近两年来，家纺门店出现了前所未有的关店潮现象。那些关掉的门店多是形象差、氛围不佳、服务缺失和中低档产品经营。而这些因素的存在，严重制约了消费者的购物体验。因此，将消费体验发挥到极致是我们打造门店核心竞争优势的重要途径，也是应对网络销售冲击的重要手段。

消费体验可以从以下几方面加以塑造：

（1）品质感的体验。品质是产品的基本属性，消费者可以通过切身的触摸、导购员的专业介绍、现场的比较，来判断产品品质感的好坏。

（2）服务化的体验。网络销售无法提供有效的服务，而实体店则可以提供售前、售中和售后等服务。

（3）生活理念的体验。终端门店完全可以通过家居生活场景的营造，向消费者传达一种生活理念。这样终端门店销售的就不只是家纺产品，还有潮流的生活方式。

（4）品牌文化的体验。品牌是有生命的，其内涵需要通过品牌故事、品牌个性、人员素养和服务特色等要素向消费者传达，以达到情感的共鸣，最终获得消费者的认同感。

（二）避免同质化竞争，家纺产品销售要突出差异化

和很多行业一样，家纺企业现存的问题是同质化严重，包括销售渠道的同质化、产品的同质化、品牌同质化、货品展示的同质化等。家纺业未来的出路在于提供专业化、个性化的产品服务，企业需要形成自己的核心竞争力，充分体现差异化，加大在产品研发方面的投入，使产品真正为消费者所接受和喜爱。

比如家纺展示可以打破了常规的四件套销售模式，店内每件单品都可以单独售卖，消费者可以根据喜欢的花色、元素、色调和其他套件里的产品自由搭配，从而满足消费者多样化需求。

（三）家纺业应积极寻求企业间协作和"跨界"合作

近几年在内需减少和网上购物的冲击下，家纺行业发展遭遇瓶颈，行业内的问题，如产品结构不合理、设计开发能力差、行业分工协作不合理等更加暴露，这使得家纺经营者开始积极探索新的发展方式。

家纺实体店价格虚高导致客流稀少的问题也一直困扰着行业的发展。为此，家纺企业品牌商与供应商、经销商以及商场开始寻求协作，以降低产品成本，为消费者提供更好的产品和服务。此外，越来越多的家纺企业开始寻求与行业外的合作，例如，与婚庆公司等联合，与家具品牌联合及与陶瓷、软装、家具等行业的深度交流合作，通过相互支撑，嫁接出一体化的跨界新模式，实现了信息资源共享、共荣、共赢，家纺企业在自己的渠道扩充之路上各出奇招，而且很多也确实收到了不小的效果。在共享经济时代下，单一品牌、单一企业很难独自面对，家纺企业必须团结起来，协同作战，在扩充渠道、个性设计等方面相携而行，才能撬动更大的市场空间。

2015年纺织服装及家纺专业市场运行分析

刘珊姗　胡晶

一、总体运行情况

据中国纺织工业联合会流通分会统计，2015年我国万平方米以上纺织服装专业市场862家，市场经营面积达到6727.55万平方米，同比增长0.9%；市场商铺数量128.54万个，同比增长1.32%；市场商户数量107.90万户，同比增长0.76%；市场总成交额2.05万亿元，同比增长2.60%。

（注：由于2016年起统计口径的调整，文中2014年各指标均为调整后数值。）

（一）重点集群与专业市场分布

数据显示，以东方丝绸市场、常熟服装城、濮院羊毛衫市场、柯桥中国轻纺城、义乌小商品城、芦淞服饰城、朝天门市场为代表的重点集群内共有单体市场137家。2015年，市场总经营面积为1371.85万平方米，与去年同期持平；市场总商铺数量17.42万个，同比增长3.72%；市场总商户数量16.80万户，同比增长2.63%；市场总成交额0.58万亿元，同比增长8.7%。

重点集群外单体市场725家。市场总经营面积5355.70万平方米，同比增长1.13%；市场总商铺数量111.12万个，同比增长0.96%；市场总商户数量91.10万户，同比增长0.42%；市场总成交额1.47万亿元，同比增长0.35%。2015年专业市场主要指标见表1。

表1　2015年专业市场主要指标

项目	市场数量	经营面积（万平方米）	商铺数量（万个）	商户数量（万户）	成交额（万亿元）
重点集群外市场	725	5355.70	111.12	91.10	1.47
重点集群内市场	137	1371.85	17.42	16.80	0.58
合计	862	6727.55	128.54	107.90	2.05

数据来源：流通分会数据库

（二）专业市场区域结构分析

从经营面积看，东部市场占全国专业市场总面积的71.13%，中部、西部市场分别占全国专业市场总面积的15.79%、13.08%。如图1所示。

　　从成交额看，东部市场占全国专业市场总成交额的80.64%，中部及西部市场分别占11.00%、8.36%。如图2所示。

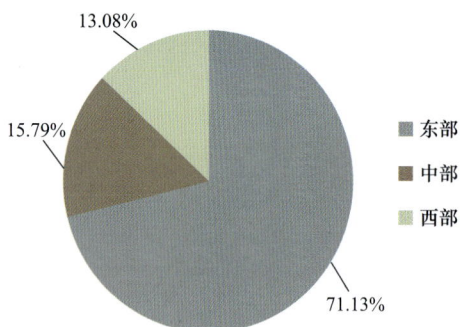

图1　2015年各地区专业市场经营面积占比情况
数据来源：流通分会数据库

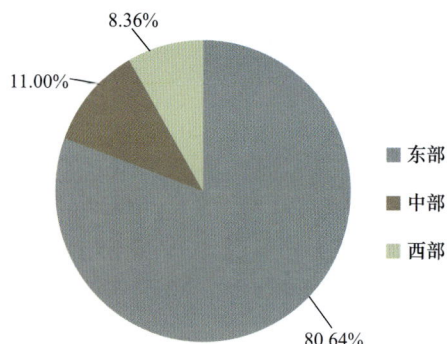

图2　2015年各地区专业市场成交额占比情况
数据来源：流通分会数据库

　　2015年，东部地区专业市场的商铺数量及成交额同比增速分别高出全国专业市场平均增速0.77个百分点、1.93个百分点，对全国纺织服装专业市场的平稳运行起到了有力的支持和拉动作用；西部地区专业市场商铺数量、商户数量及成交额同比均出现下滑；中部地区专业市场成交额同比出现下滑。如图3所示。

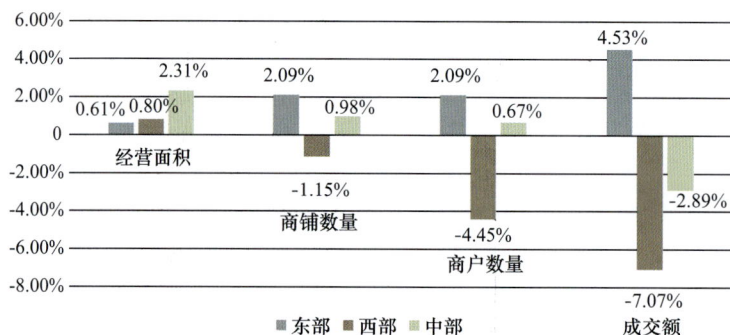

图3　2015年专业市场分地区主要指标同比变化情况
数据来源：流通分会数据库

二、家纺专业市场运行情况

（一）家纺专业市场总体运行态势良好

　　据流通分会统计，2015年，万平方米以上家纺专业市场共计26家，市场经营总面积373.19万平方米，同比增长4.19%；商铺总数4.48万个，同比增长6.64%；经营商户总数3.61万户，同比增长0.97%；市场成交总额1126.7亿元，同比增长7.09%。

（二）多项指标超全国平均水平

数据显示，2015年，家纺专业市场平均经营面积为14.35万平方米，高出全国纺织服装专业市场平均水平6.55万平方米；平均拥有1723个商铺，高出全国平均水平232个商铺；平均拥有商户1389户，高出全国平均水平137个商户；每个市场平均成交额为43.33亿元，高出全国平均水平19.51亿元。见表2。

表2　家纺类及全国纺织服装专业市场重要指标一览表

项目	平均经营面积（万平方米）	平均商铺数（个）	平均商户数（户）	平均年成交额（亿元）
家纺类专业市场	14.35	1723	1389	43.33
全国纺织服装专业市场	7.8	1491	1252	23.82

资料来源：流通分会数据库

进一步分析显示，2015年，家纺类市场商铺效率（每个商铺年成交额）为251.45万元，高出全国纺织服装专业市场商铺效率91.72万元；市场效率（每平方米年成交额）为30191.04元/平方米，低于全国纺织服装专业市场的市场效率327.05元/平方米。

与其他类别商铺效率相比，家纺类市场商铺效率高于服装、小商品、综合类专业市场；市场效率高于小商品、综合类专业市场。见表3。

表3　重点品类专业市场运行效率一览表

项目	商铺效率（万元/铺）	市场效率（元/平方米）
家纺类专业市场	251.45	30191.04
面辅料类专业市场	318.39	39625.31
服装类专业市场	152.33	34411.77
小商品类专业市场	105.62	20250.98
综合类专业市场	72.79	16116.96
全国纺织服装专业市场	159.73	30518.09

资料来源：流通分会数据库

（三）市场份额分析

1.各品类市场经营面积分析

从经营面积看，家纺类市场仅占全国纺织服装专业市场总面积的5.55%。服装类市场经营面积为2921.46万平方米，占全国专业市场总面积的43.43%，排名第一；第二至第四位分别为原面（辅）料、小商品和综合类市场，占全国比重分别为18.73%、13.34%和12.18%。如图4所示。

从各品类市场经营面积同比情况看，家纺类市场的经营面积同比增速高于全国平均水平3.29个百分点。见表4。

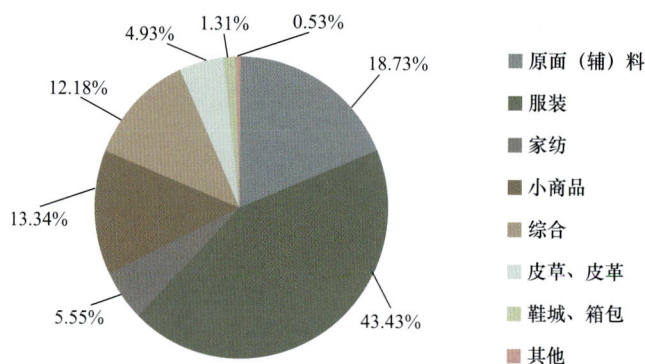

图4　2015年各类别专业市场经营面积占比情况
资料来源：流通分会数据库

表4　2015年各品类专业市场经营面积同比情况

项目	2014年经营面积（万平方米）	2015年经营面积（万平方米）	同比（%）
原面（辅）料	1254.05	1260.05	0.48
服装	2907.46	2921.46	0.48
家纺	358.19	373.19	4.19
小商品	887.76	897.76	1.13
综合	816.47	819.47	0.37
全国	6667.55	6727.55	0.9

资料来源：流通分会数据库

2.各品类市场成交额分析

从成交额看，家纺类市场仅占全国纺织服装专业市场总成交额的5.49%。服装类市场成交额为1.01万亿元，占全国专业市场总成交额的48.97%，其次为原面（辅）料类市场，占全国比重为24.32%。如图5所示。

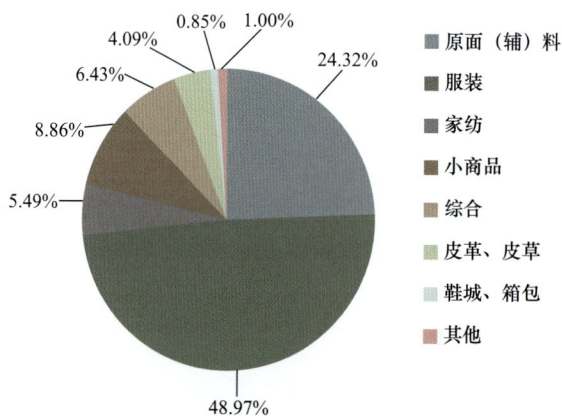

图5　2015年各品类专业市场成交额占比情况
资料来源：流通分会数据库

从各品类市场成交额同比情况看，小商品、家纺、原面（辅）料类市场的同比增速分别高于全国平均水平7.08个、4.49个及3.25个百分点。综合类市场的成交额同比有所下滑。见表5。

表5　2015年重点品类专业市场成交额同比情况

项目	2014年成交额（亿元）	2015年成交额（亿元）	同比（%）
原面（辅）料	4717.08	4992.97	5.85
服装	10041.97	10053.26	0.11
家纺	1052.12	1126.70	7.09
小商品	1657.56	1818.05	9.68
综合	1325.32	1320.74	-0.35
全国	20011.81	20531.20	2.60

资料来源：流通分会数据库

三、当前纺织服装专业市场运行现存问题

（一）定位模糊加剧同质化竞争

过去几年纺织服装专业市场存在一定程度的投资过热，导致专业市场总体规模庞大，同质化竞争加剧。另一方面，部分市场自身定位模糊，产品品类与档次划分、市场的管理与服务理念，都没有形成清晰的自身特色，因而无法凝聚核心竞争优势，陷入同质化竞争的僵局。

（二）管理与服务水平参差不齐

传统市场向商贸综合服务平台转变的过程中，市场的管理与服务水平差异较大。部分专业市场的服务专业化水平低，无法与商户需求精准对接，缺乏人性化、个性化、便利性、体验化和快速反应能力，造成了平台的闲置和资源的浪费。

（三）中心城区专业市场面临转型升级压力

近年来，随着我国城市快速发展和定位调整，中心城区专业市场发展面临困难，各地政府相继摸索出台了一系列搬迁、升级、改造的政策措施。部分市场目前在安全生产、物流管理、配套设施等方面存在问题，无法满足城市规划的要求。专业市场自身的硬件改造与管理升级工作，亟须快速跟上城市规划建设的步伐。

四、下一阶段纺织服装专业市场发展趋势

随着政府工作报告中正式提出"互联网+"行动计划，本土商业模式的变革进入快车

道。下一阶段，随之而来的将是商业模式、品牌理念、运营方式等层面的进一步探索与革新。

（一）"互联网+"带来理念性变革

随着"互联网+"概念的正式提出，专业市场加速运用信息技术全面构建运营管理服务体系，推进智能化建设与发展，将物联网、大数据等信息技术贯穿于流通环节，深化两化融合。如广州白马服装市场融合"互联网+"思维，提出了"白马+"的渠道战略，这种把传统业态与电子商务相结合的线上线下互融模式，将逐渐成为纺织服装专业市场的主流。

（二）商业模式升级速度加快

专业市场开始着手研究新的商业模式，向主题、创意、展贸、网络、体验等新型专业市场转变，向规模化、综合化、批零兼营化方向发展。随着城市化进程不断加快，纺织服装专业市场硬件设施水平逐步完善，规划布局以及客流、货流动线设计更加合理，商铺陈列日趋美观，市场经营环境更加人性化，专业市场商场化和购物中心化的趋势日渐凸显。

（三）原创设计成为品牌孵化原动力

部分服装专业市场意识到原创设计在差异化竞争中的核心作用，以设计带动品牌孵化，以原创提升品牌价值，启动了一系列以原创设计为核心的品牌战略。广州白马服装市场、杭州四季青服装市场、虎门富民时装城等专业市场都启动了与设计师合作的重点项目，合作模式包含邀请资深设计师与商户进行一对一指导、搭建新晋设计师创业平台、打造ODM集成店等。

（四）开启合作共赢的"竞合"时代

各集群地专业市场之间打破狭义竞争思维，共同探索出合作共赢的"竞合"模式。集群内部的专业市场也不断强化同产业集群的互动式发展，共同打造区域总部基地，逐步借助品类细分等手段来不断深化市场的专业化水平，实现市场和产业的有效联动，为行业发展和进步提供新的推动力。

在我国社会经济发展增速换挡的新常态下，纺织服装专业市场从快速增长期进入平稳调整阶段。下一阶段专业市场的工作将紧紧围绕转型升级、电子商务、品牌建设等重心进行推进。第一，要积极推动专业市场的智能化建设，提升纺织供应链的快速反应能力，更好地满足产业发展需求和消费者不断变化的消费需求。第二，要加大品牌培育和孵化力度，不断提升创意研发设计能力，提升品牌培育质量和效率。第三，要推动行业内外资源的强强联合，实现资源的最佳配置，提升产业流通效率。第四，要加强人才培训，重点加强电子商务、市场推广和品牌营销等方面人才的培训力度，优化人才队伍。在新型商业模式变革的深度影响下，顺势而为，紧抓机遇，积极主动调整创新，为建设纺织强国做出更大的努力。

中国纺织工业联合会流通分会

2015年家用纺织品消费者问卷调查报告

家纺消费习惯调研组[①]

家纺行业是纺织工业的三大终端产业之一，是我国传统民生产业，是位于消费前沿的时尚产业，科技与艺术融合的创意产业，同时也是具有国际竞争优势的产业。家纺产品在居民日常生活、宾馆饭店、旅游交通、医疗卫生等方面扮演着较为重要的角色，对美化和改善居住环境、提高人们生活和工作的舒适性等方面起着很大作用。中国家用纺织品行业协会在"十三五"期间，根据消费者需求的变化对家纺产品提出"新家纺"的发展思路，以消费需求指导生产，引导消费促进产业发展。家纺产品有着庞大的消费群体，因此研究不同收入群体的消费结构和消费能力，能够对企业在市场细分、产品定位、品牌战略以及渠道建设等方面提供重要的参考信息。

为协助企业把握市场消费者的需求动向，2015年，中国家用纺织品行业协会家纺消费行为调研组先后奔赴浙江诸暨和湖北武汉两个城市，随机抽取并调查了两千多名消费者对床品、毛巾、窗帘以及芯被类等家纺产品的消费情况。问卷涉及消费者家庭在家纺产品的消费支出、产品价位、购买频率、购买渠道以及影响因素等几个方面的问题，通过研究和分析以上问题，真实反映当前消费者的消费状况，最后撰写出消费者问卷调查报告，希望对广大企业和研究机构提供一些有参考价值的信息。

一、诸暨篇

（一）被调查者基本信息

本次消费者调查以诸暨市26~45岁之间的工薪阶层已婚人士为主要样本，共收回有效问卷1039份。

被调查者绝大部分为女性，占比98%。八成以上的被调查者都处在45岁以下的年龄段。94%的被调查者家庭规模在3人以上，其中家庭人口为3~4人的占总家庭数目的73%。本次调查问卷扩大了对已婚女性群体的调查，使得样本更能真实反映消费者的真实购买行为。如图1所示。

被调查者有20.1%是大学学历，高中学历占43.1%，高中以下学历为36.2%，研究生及以

①调研组负责人：吴永茜，调研组成员：闫素，报告撰写人：陈润。

上的学历仅占0.6%。同时，被调查者主要为办公室普通职员、工人、普通勤杂人员以及个体户、小摊主及自由职业者和学生等收入水平较低的群体。如图2所示。

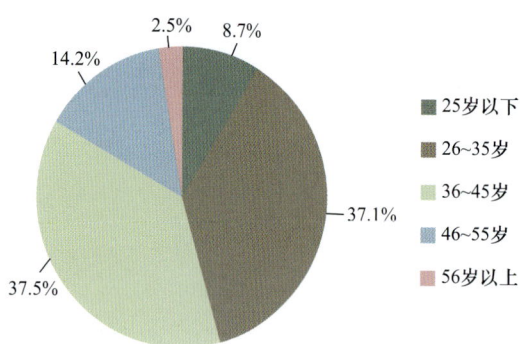

图1　诸暨消费者年龄构成情况

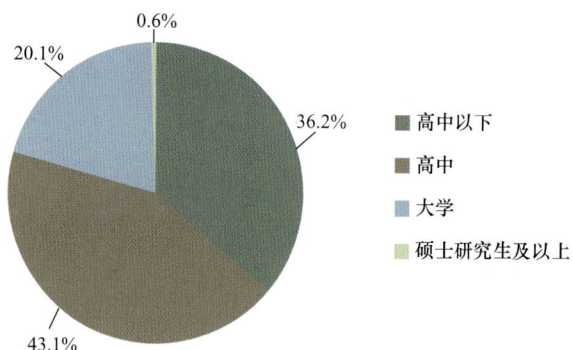

图2　诸暨消费者学历构成

诸暨的被调查者大部分为中等收入者家庭，68.7%的被调查者家庭月收入在3001～12000元，其中，月收入在3001～5000元的占28.8%，月收入在5001～8000元之间的占24%，月收入在8001～12000元的占16.9%，另外家庭月收入在3000元以下的和12001～20000元之间的分别为14.6%和11.1%，家庭月收入在2万元以上的不足5%。如图3所示。

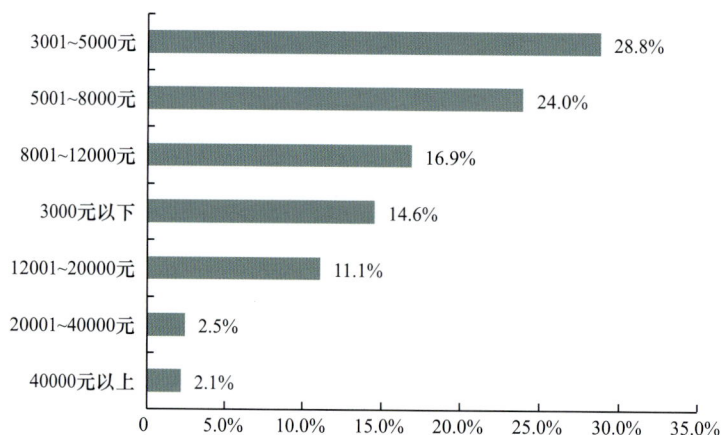

图3　被调查者收入分布

（二）被调查者消费行为

1. 家庭消费床品支出

调查显示，诸暨消费者每年用于床品的消费支出以501～3000元之间居多，占比69.2%。支出在500元以下和3001～6000元之间的分别占19.7%和8.4%，年消费6000元以上占比最低，仅占2.7%。如图4所示。

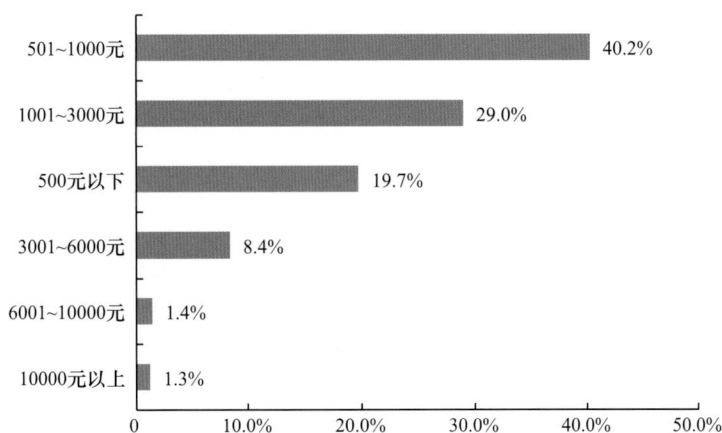

图4　被调查者家庭每年购买床品支出占比

2. 消费价位

调查数据显示，消费者在选购200元以下的产品中，在购买200元以下的床上用品时，消费者选择单件的比例最大，占消费者总数的63.4%，其次是四件套，占消费者总数的12.7%，再次是三件套，占消费者总数的10.1%，六件套、多件套的比例都不足10%。

调查数据显示，消费者在选购201~500元之间的床品中，购买四件套的消费者所占比例最大，占消费者总数的39.9%，其次是三件套和单件，分别占消费者总数的27.1%和18.7%，购买六件套和多件套的消费者都在10%以下。

调查数据显示，消费者在选购501~1000元之间的床品中，购买四件套的消费者所占比例最大，占消费者总数的51.3%，其次是六件套和三件套，分别占消费者总数的15.7%和15.0%，再次是多件套，占消费者总数的11.6%，购买单件的比例最低，仅占6.4%。

消费者在选购1001~2000元之间的床品中，购买四件套和六件套的消费者所占比例最大，分别占消费者总数的32.5%和31.7%，其次是多件套，占消费者总数的22%，比例最低是三件套和单件的，分别仅占9.0%和4.9%。

消费者在选购2001~4000元之间的床品中，购买多件套和六件套的消费者所占比例最大，分别占消费者总数的39.3%和26.2%，其次是四件套，占消费者总数的23.4%，比例最低是三件套和单件，分别仅占9.3%和1.9%。

调查数据显示，消费者在选购4001~8000元之间的床品中，购买多件套的消费者最多，占消费者总数的43.8%，其次是六件套和四件套，各占消费者总数的18.8%，购买三件套和单件的，分别各占9.4%，在购买8000元以上床品的消费者中，购买多件套和六件套的占消费者总数的44.4%和33.3%。如表1所示。

表1　被调查者对床上用品的年均支出

产品	200元以下	201~500元	501~1000元	1001~2000元	2001~4000元	4000~8000元	8000元以上
单件	63.4%	18.7%	6.4%	4.9%	1.9%	9.4%	0
三件套	10.1%	27.1%	15.0%	9.0%	9.3%	9.4%	11.1%
四件套	12.7%	39.9%	51.3%	32.5%	23.4%	18.8%	11.1%

产品	200元以下	201~500元	501~1000元	1001~2000元	2001~4000元	4000~8000元	8000元以上
六件套	6.2%	8.0%	15.7%	31.7%	26.2%	18.8%	33.3%
多件套	7.5%	6.4%	11.6%	22.0%	39.3%	43.8%	44.4%

在选购枕头类（枕头、抱枕）的产品中，有14.6%的消费者选择购买50元以下的枕头，43.9%的消费者选择购买51~100元的枕头，购买101~200元枕头的消费者占31.5%，有8.1%的消费者购买201~500元枕头，购买500元以上价位枕头的消费仅占1.7%左右，占比极小，说明消费者对此高档枕头消费的兴趣不大。如图5所示。

在选购毛巾产品时，有9.7%的消费者选择购买10元以下的毛巾，选择购买11~20元毛巾的消费者占比最大，占消费者总数的66.6%，购买21~40元毛巾的消费者占21.2%，购买40元以上价位毛巾的消费仅占2.5%，占比极小，说明中低价位毛巾仍是市场的消费主力对象，消费者对此高档毛巾的兴趣不大。如图6所示。

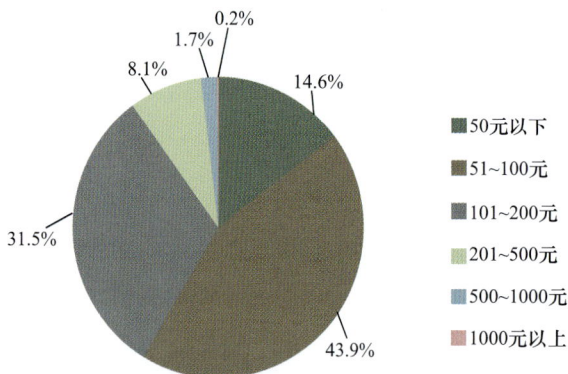

图5　被调查者购买枕头价位　　　　　　图6　被调查者购买毛巾价位

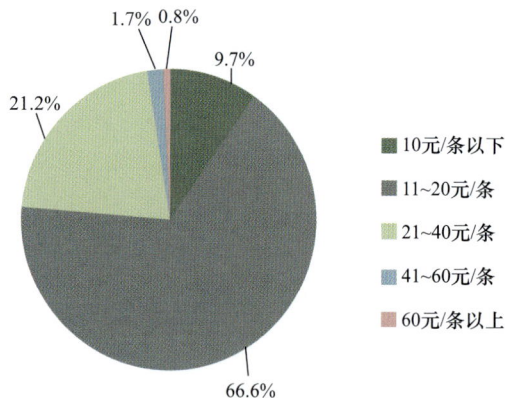

3. 购买频率

调查数据显示，诸暨消费者在过去五年内平均每年购买不足一套的产品中，毯子最多，占消费人数的23.3%，其次是被子，占消费人数的19.6%，再次是床单、枕套和枕头，分别占消费人数的13.7%、13%和12.7%，被罩、毛巾和窗帘所占比例最低，分别仅为10.6%、6.2%和1%。

消费者每年购买1~2套的产品中，购买过床单、被罩、被子、毯子、枕头和枕套都在10%以上，购买毛巾和窗帘的比例最低，分别为5.6%和0.5%。

消费者每年购买3~4套的产品中，床单、枕套和被套的比例最高，分别16.5%、16.3%和15.8%，其次是枕头、被子、毯子和毛巾，分别为14.9%、13.6%、11.5%和11.3%，购买窗帘的最低，为0.2%。

在消费者每年购买5套以上的产品中，购买毛巾的消费者比例最高，为68.9%，其余的产品很低，都不足10%。如表2所示。

2015中国家用纺织品行业发展报告

表2 诸暨消费者过去五年内平均每年购买产品比例

产品	不足1套/条	1~2套/条	3~4套/条	5套/条及以上
床单	13.7%	17.9%	16.5%	6.0%
被罩	10.6%	16.5%	15.8%	4.9%
枕套	13.0%	15.6%	16.3%	5.3%
被子	19.6%	15.3%	13.6%	4.7%
毯子	23.3%	13.7%	11.5%	3.7%
枕头	12.7%	14.9%	14.9%	6.3%
毛巾	6.2%	5.6%	11.2%	68.9%
窗帘	1.0%	0.5%	0.2%	0.1%

调查数据显示，在诸暨消费者在一个季度内购买一次的家纺产品中，购买毛巾的比例最大，占消费人数的55.1%；其次是套装类和枕头类，分别占消费者总数的14.5%和10.9%；其余产品的购买比例都在10%以下。

在消费者半年内购买一次的产品中，购买套装和枕头类产品所占比例最大，分别为22.2%和20.5%。其次是被子和毯子，分别占消费者总数的18.3%和16.5%；购买比例最低的是毛巾和窗帘，分别为13.9%和8.5%。

在消费者一年左右购买一次的产品中，购买套装类、被子、毯子和枕头类的人数较多，分别为23.1%、21.3%、21.1%和19.9%；购买比例最低的是毛巾和窗帘，分别为7.3%和7.2%。

在消费者2~3年购买一次的产品中，购买被子和毯子的人数较多，分别为22.7%和20.9%；其次是套装类和枕头类，各占消费者总数的19%和17.6%；购买比例最低的是窗帘盒毛巾，仅为消费者总数的13.7%和6.1%。

在消费者4~5年中购买一次的产品中，购买窗帘的人数最多，占消费者总数的50%；其次是被子和毯子，各占消费者总数的12.1%和12.6%；购买比例最低的是枕头类和毛巾，分别占消费者总数的9.3%和9.1%。

在5年以上仅购买一次的产品中，选择窗帘的人数最多，占消费者比例的84.9%；购买其他产品人数均不足5%。如表3所示。

表3 诸暨消费者购买一次家纺用品的比例

产品	一个季度	半年以内	1年左右	2~3年	4~5年	五年以上
套装类	14.5%	22.2%	23.1%	19.0%	10.7%	3.7%
被子	6.9%	18.3%	21.3%	22.7%	12.1%	3.2%
枕头类（枕头、抱枕）	10.9%	20.5%	19.9%	17.6%	9.3%	2.0%
毯子	7.6%	16.5%	21.1%	20.9%	12.6%	3.2%
毛巾	55.1%	13.9%	7.3%	6.1%	5.1%	3.0%
窗帘	5.1%	8.5%	7.2%	13.7%	50.0%	84.9%

4.购买渠道

随着电商的迅猛发展，家纺的销售渠道发生了很大的变化，传统渠道的比例逐渐减少，线上交易越来越频繁。诸暨消费者购买床品套装的各种渠道中，网上购买的比例最高为27.4%；其次分别是百货商场、专卖店和超市，比例分别为22.5%、21%和17.1%；而专业市场和建材城比例最低，分别为11.9%和5.7%。

在消费者购买被子的各种渠道中，专卖店、百货商店和超市等渠道占据主导地位，分别有18.7%、16.5%和15.9%的消费者会选择此三种方式购买。有12.8%和12.4%的消费者去专业市场和网上购买被子，去建材城购买的比例最低，仅为2.9%。

在消费者购买枕头的各种渠道中，百货商店、专卖店和超市等渠道占据主导地位。分别占消费者的17.4%、17.4%和16.2%；网购比例为16.9%；专业市场选择比例为12.8%。

在消费者购买毯子的各种渠道中，专卖店占比例最高，为17.8%；其次是网购，占16.9%；百货商店的选择比例为16.2%；去建材城购买的比例最低，仅为5.7%。如图10所示。

诸暨的消费者绝大多数选择去超市购买毛巾，占比达25.7%，远高于其他销售渠道的选择率。百货商场是第二大毛巾销售主渠道，选择率为15.1%。再次是网上购买和专卖店，分别有13.2%和12.6%的消费选择此两种购买途径。有11.6%的消费者选择去专业市场购买毛巾，去建材城的消费者占比较低，仅为7.1%。

建材城是诸暨消费者购买窗帘的首选去处，选择率达78.6%。有38.0%的消费者也喜欢在专业市场上购买窗帘，其余的购买方式都在10%左右。如表4所示。

表 4 诸暨消费者购买家纺产品的渠道

产品	百货商场	专卖店	超市	专业市场	建材城	网上购买	其他
套装类	22.5%	21.0%	17.1%	11.9%	5.7%	27.4%	13.5%
被子	16.5%	18.7%	15.9%	12.8%	2.9%	12.4%	16.9%
枕头类	17.4%	17.4%	16.2%	12.8%	0	16.9%	9.0%
毯子	16.2%	17.8%	14.7%	13.1%	5.7%	16.9%	12.4%
毛巾	15.1%	12.6%	25.7%	11.6%	7.1%	13.2%	7.9%
窗帘	12.3%	12.5%	10.3%	38.0%	78.6%	13.2%	40.4%

在未来，实体店仍是诸暨消费者购买家纺产品的主要渠道，有82.4%的消费者选择在实体店购买家纺产品。随着国内计算机、网络的普及和电子商务的快速发展，其迅猛的增长势头挑战传统渠道的主导地位，逐渐将成为购买方式转变的大势所趋。调查发现，诸暨有28.9%的消费者表示今后将通过网络购买家纺产品。此外，有8.8%的消费者表示愿意采用手机购买的方式，通过电视购物、社区销售和邮购的方式占比较低，分别为5.9%、1.6%和1.6%。如图7所示。

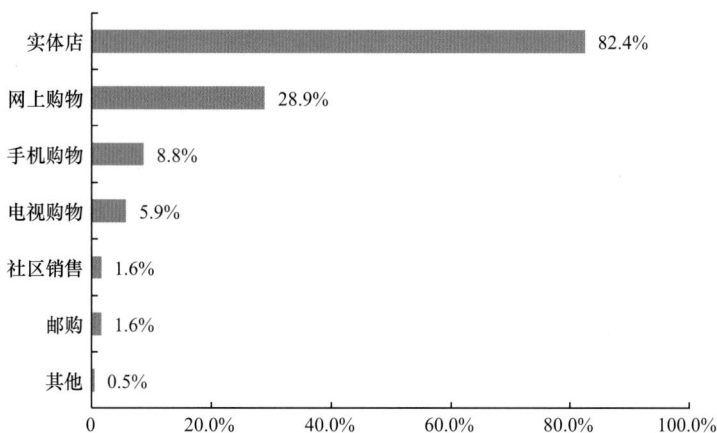

图7　被调查者未来购买方式

消费者主要通过自我体验来了解家纺产品；朋友推荐和销售人员介绍也较为重要；另外，网络、电视等媒体方式也占有较大比例；消费者通过报纸、杂志等纸媒途径了解家纺产品所占比例较低。如图8所示。

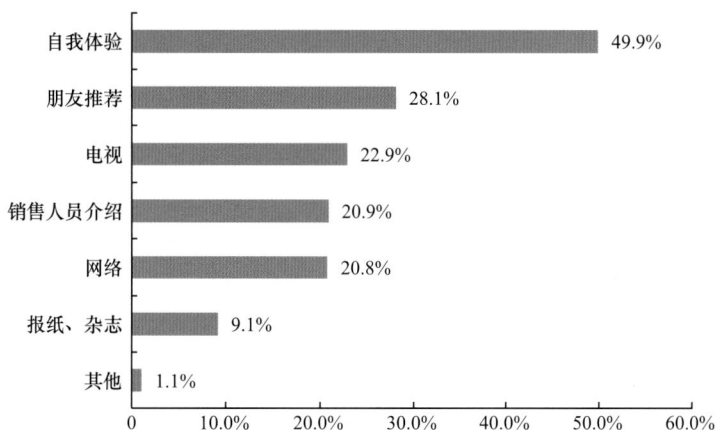

图8　被调查者了解家纺产品方式

5. 线上销售

调查数据显示，消费者在使用手机购买家纺用品的选项中，有57.8%的消费者很少使用手机购买家纺产品，分别有12%~14%的消费者认为手机购买家纺产品存在网络不安全、品类不够齐全和网速太慢等不利因素，说明就目前而言，手机购买的条件还不成熟，消费者对此种购买方式的尚未完全认同。如图9所示。

调查数据显示，与实体店相比，消费者倾向于在网上购买家纺产品的主要原因中，有31.6%的消费者认为网购的家纺产品价格优惠，有25.1%的消费者认为网上购买家纺产品比较方便快捷。说明就目前而言，消费者对网上购买方式的比较认可，网购受到广大消费者的欢迎。如图10所示。

在消费者从网上购买的家纺产品各种类中，有24.5%的消费者在网上购买毛巾产品；有22.6%的消费者在网上购买床品；有17.2%的消费者在网上购买被子；有13.5%的消费者通过网购购买厨卫产品；有8.9%的消费者选择从网上购买被子；最后，网购窗帘的人最少，只有5.8%的消费者在网上购买窗帘。如图11所示。

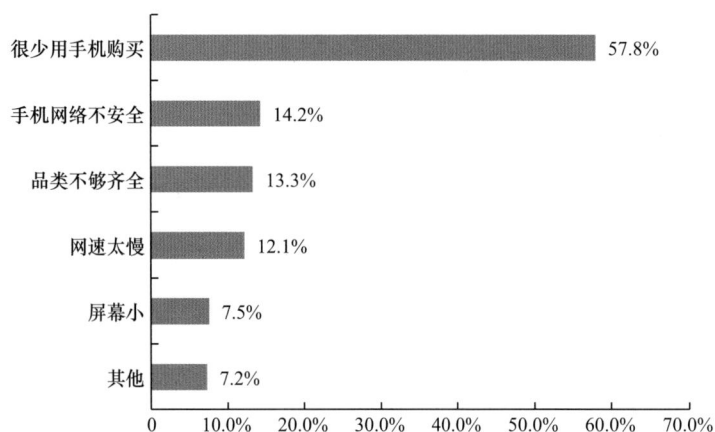

图9　消费者对手机购买家纺用品的主要不满意因素

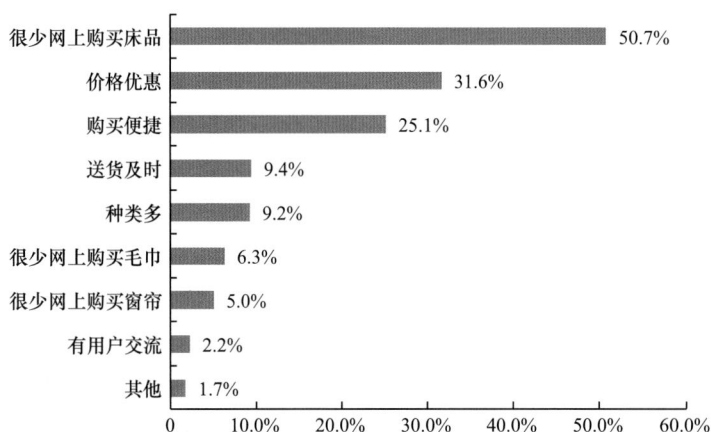

图10　消费者倾向于在网上购买家纺产品的主要原因

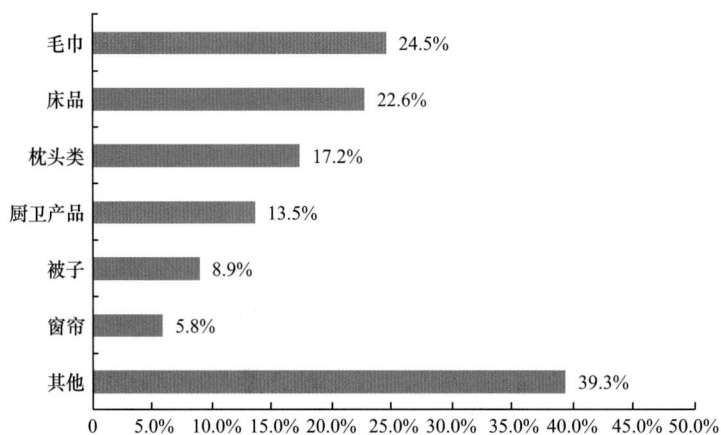

图11　消费者在网上购买家纺产品种类

调查数据显示，诸暨的消费者从网上购买家纺产品的个网上交易平台中，天猫、淘宝占据了绝大部分，分别有54.5%和40.9%的消费者选择从天猫和淘宝网购买；其次有10.9%的消费者选择从京东购买；选择一号店、亚马逊、唯品会以及商家官网的消费者都不足5%。如图12所示。

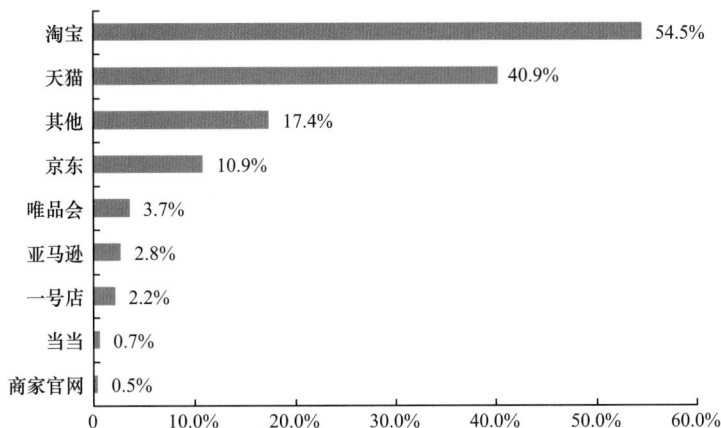

图12 消费者选择网上购买家纺产品的网站

6. 品牌因素

影响消费者购买床上用品品牌的主要因素中，84.8%的消费者认为面料是首要决定因素；其次是价格因素，52.8%的消费者认为价格是影响床品的主要因素；再次是品牌，22.2%的消费者认为品牌是影响选购床品的主要因素；9.9%的消费者认为风格是购买床品的主要因素；9.7%的消费者认为促销活动是购买床品的主要因素；另外购买便捷程度和服务也不太受关注，分别仅有4%和1.9%的消费者认为是主要因素。由此可见，消费者更倾向于追求产品的材质和价格等产品本身方面，而附着物等方面的因素。如图13所示。

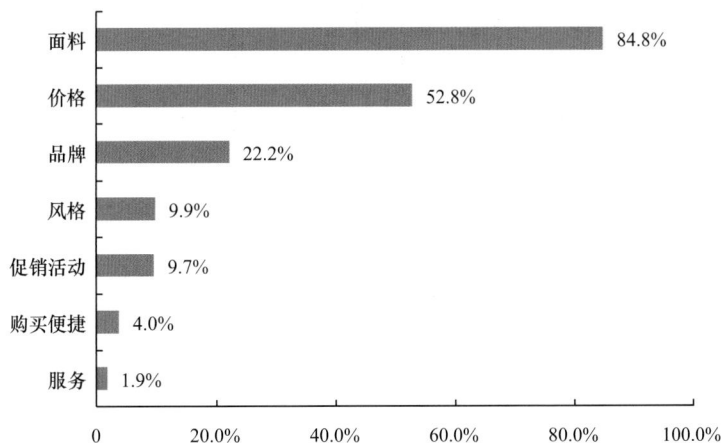

图13 消费者选购床品品牌的主要影响因素

在影响消费者购买床上用品不满意的主要原因中，有63%的消费者认为产品质量不过关是对其购买床品不满意最主要的原因；其次是价格因素，17.2%的消费者认为价格增长过快是对其购买床品不满意的主要因素；再次，8.9%的消费者认为产品规格不标准是对其购买床品不满意的主要因素；另外售后服务不到位和购买不便捷分别有8.4%和4.5%的消费者认为是对其购买床品不满意的主要因素。如图14所示。

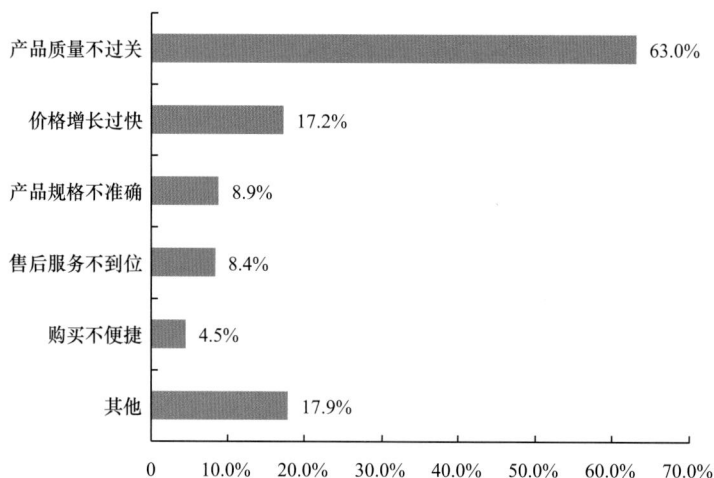

图14　消费者购买床品不满意的主要原因

调查显示，消费者在关注功能性床品的各类型中，47.8%的消费者关注保暖功能；其次是环保因素，有46.7%的消费者比较关注环保功能性；再次是保健因素，有40.4%的消费者关注此类型的功能性床品。如图15所示。

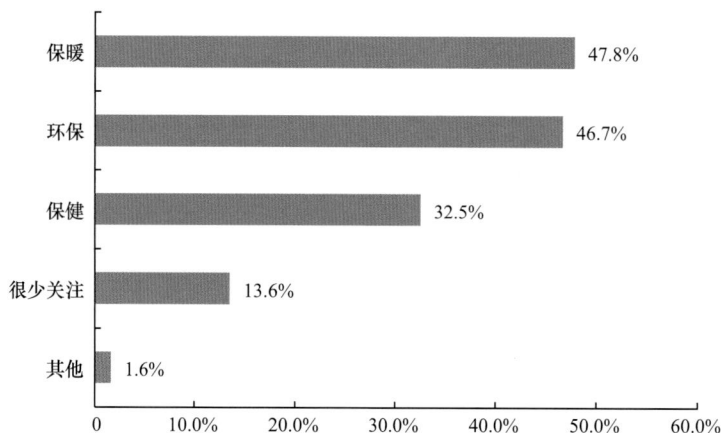

图15　消费者关注功能性床品的类型

在消费者希望礼品床品需要提升的各个因素中，有61.5%的消费者认为礼品床品的材质需要提高；其次27.1%的消费者认为床品的图案需要提升；再次，有20.8%的消费者认为在价格方面还需改进；另外有15.7%的消费者希望礼品床品应在包装方面有所提升。如图16所示。

调查数据显示，总体来说，消费者对家纺产品的品牌并不十分了解，家纺产品的品牌知名度还需不断提升。从分行业来看，床品品牌的知名度最高，其次是毛巾产品，知名度最低的是窗帘产品。具体而言，在诸暨消费者所了解的床品品牌中，知名度最高的是水星，其次是富安娜、罗莱和博洋等床品品牌。在诸暨消费者所了解的毛巾品牌中，知名度最高的是洁丽雅，其次是金号毛巾。在调查的诸暨消费者中，对窗帘品牌有所了解的消费者比例很小，

2015中国家用纺织品行业发展报告

由于房间窗户标准规格不一，消费者在选购窗帘产品时基本去专业市场和建材城定制，窗帘的生产大多数都是小规模生产，窗帘产品的品牌建设比较缓慢。

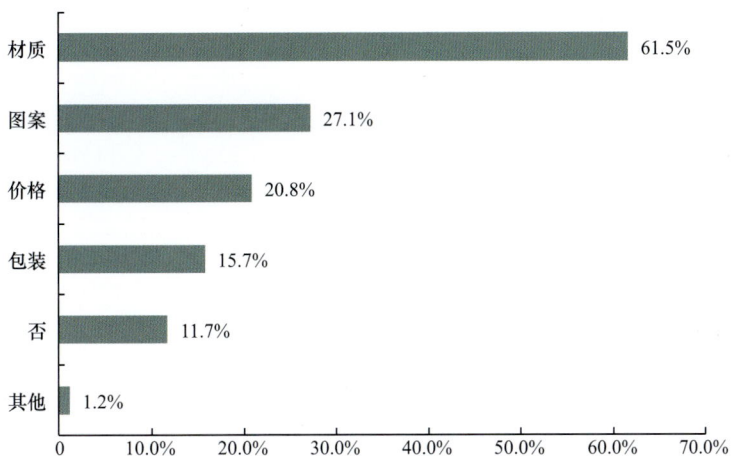

图16　消费者希望礼品床品提升的方面

二、武汉篇

（一）被调查者基本信息

本次消费者调查以武汉市26~55岁之间的工薪阶层已婚人士为主要样本，共收回有效问卷1039份。

近八成的被调查者都处在45岁以下的年龄段。88%的被调查者家庭规模在3人以上，其中家庭人口为3~4人的占总家庭数目的74%。被调查者绝大部分为女性，占所有被调查者的93%，本次调查问卷扩大了对已婚女性群体的调查，使得样本更能真实反映消费者的真实购买行为。见图17。

被调查者有35%是大学学历，高中学历占44%，高中以下学历为19%，研究生及以上的学历为2%。同时，被调查者主要为办公室普通职员、工人、普通勤杂人员以及个体户、小摊主及自由职业者和学生等收入水平较低的群体。如图18和表5所示。

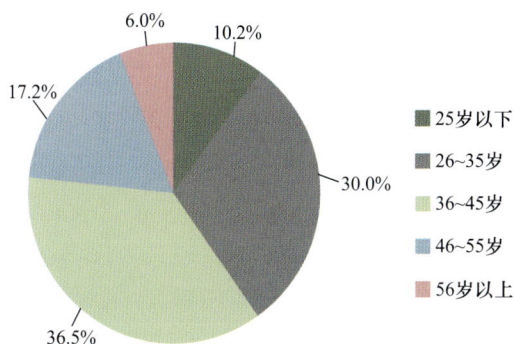

图17　武汉消费者年龄构成情况

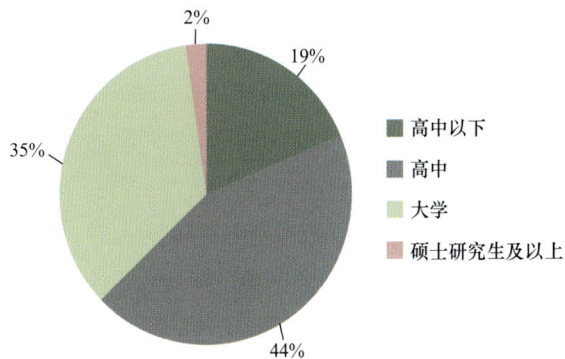

图18　武汉消费者学历构成

表5 被调查者职业构成

被调查者职业	所占比例
党政机关、社会团体、事业单位的干部	1.7%
企业高层管理人员	3.1%
企业中层管理人员	6.2%
普通办公室职员	19.5%
工人、普通勤杂人员、售货员、服务人员	31.5%
科研、教学、文艺、体育	3.9%
自由职业者(如不是为单一企业事业单位服务的律师、会计、记者、自由撰稿人、自由音乐者、经纪人等)	9.4%
个体户、小摊主	11.5%
军人	0.1%
学生	2.9%
无业、失业、待业、下岗	3.0%
离退休人员	7.0%
其他	0.3%

　　武汉的被调查者大部分为中等收入者家庭，75%的被调查者家庭月收入在3001~12000元，其中，月收入在3001~5000元的占19.9%，月收入在5001~8000元之间的占29.7%，月收入在8001~12000元的占25.3%，另外家庭月收入在3000元以下的和12001~20000元之间的分别为12.1%和8.6%，家庭月收入在2万元以上的不足5%。如图19所示。

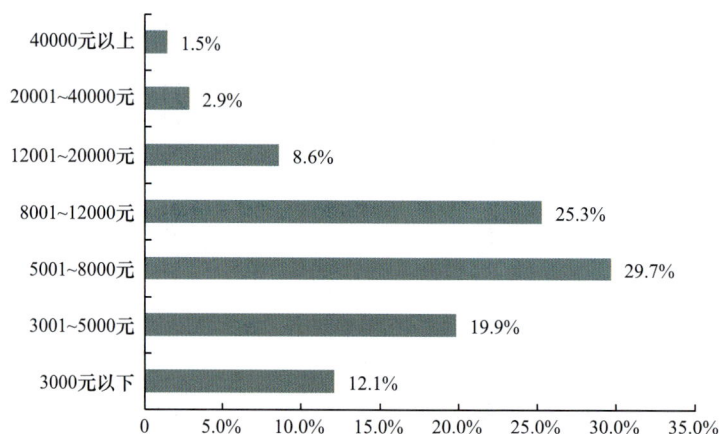

图19　被调查者收入分布

（二）被调查者消费行为

1.家庭消费床品支出

　　调查显示，武汉消费者每年用于床品的消费支出以501~3000元之间居多，占比67.9%。

支出在500元以下和3001～6000元之间的分别占18.1%和10.3%，年消费6000元以上占比最低，仅占3.7%。如图20所示。

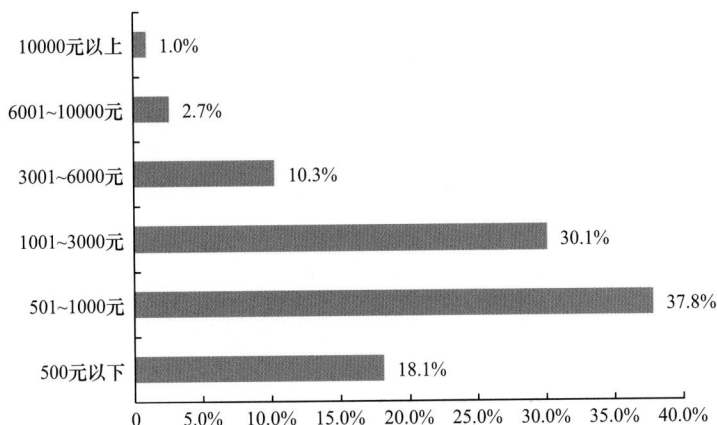

图20　被调查者家庭每年购买床品支出占比

2. 消费价位

调查数据显示，消费者在选购200元以下的产品中，在购买200元以下的床上用品时，消费者选择单件的比例最大，占消费者总数的56.3%，其次是三件套，占消费者总数的15.3%，再次是六件套、四件套和多件套，各约占消费者总数的10%。

消费者在选购201～500元之间的床品中，购买三件套和四件套的消费者所占比例最大，分别占消费者总数的32.7和29.5%，其次是单件，占消费者总数的17.7%，购买六件套和多件套的消费者都接近10%左右。

消费者在选购501～1000元之间的床品中，购买四件套的消费者所占比例最大，占消费者总数的35.4%，其次是三件套和六件套，分别占消费者总数的22.9%和18.8%，再次是多件套，占消费者总数的14.3%，购买单件的比例最低，仅占8.6%。

消费者在选购1001～2000元之间的床品中，购买六件套和四件套的消费者所占比例最大，分别占消费者总数的29.5%和27.7%；其次是多件套，占消费者总数的23.8%；比例最低是三件套和单件的，分别仅占9.1%和4.0%。

消费者在选购2001～4000元之间的床品中，购买多件套和六件套的消费者所占比例最大，分别占消费者总数的43.4%和23.4%；其次是四件套，占消费者总数的20%；比例最低是三件套和单件的，分别仅占9.1%和4.0%。

消费者在选购4001～8000元之间的床品中，购买多件套的消费者最多，占消费者总数的56.7%；其次是六件套和四件套，分别占消费者总数的20%和13.3%；购买三件套和单件的，共占一成。

消费者在购买8000元以上床品的消费者中，购买多件套和六件套的占消费者总数的52%和20%。如表6所示。

表6 被调查者对床上用品的年均支出

产品	200 元以下	201~500 元	501~1000 元	1001~2000 元	2001~4000 元	4000~8000 元	8000 元以上
单件	56.3%	19.7%	8.6%	8.9%	4.0%	3.3%	12.0%
三件套	15.3%	32.7%	22.9%	10.1%	9.1%	6.7%	8.0%
四件套	8.5%	29.5%	35.4%	27.7%	20.0%	13.3%	8.0%
六件套	10.2%	9.5%	18.8%	29.5%	23.4%	20.0%	20.0%
多件套	9.7%	8.7%	14.3%	23.8%	43.4%	56.7%	52.0%

在选购枕头类（枕头、抱枕）的产品中，有16%的消费者选择购买50元以下的枕头，37%的消费者选择购买51~100元的枕头，购买101~200元枕头的消费者占33.2%，有11.7%的消费者购买201~500元枕头，购买500元以上价位枕头的消费仅占2.1%左右，占比极小，说明消费者对高档枕头消费的兴趣不大。如图21所示。

在选购毛巾产品时，有10%的消费者选择购买10元以下的毛巾，选择购买11~20元毛巾的消费者占比最大，占消费者总数的50.7%，购买21~40元毛巾的消费者占33%，购买40元以上价位毛巾的消费占比不足10%，说明中低价位毛巾仍是市场的消费主力对象，消费者对高档毛巾的兴趣不大。如图22所示。

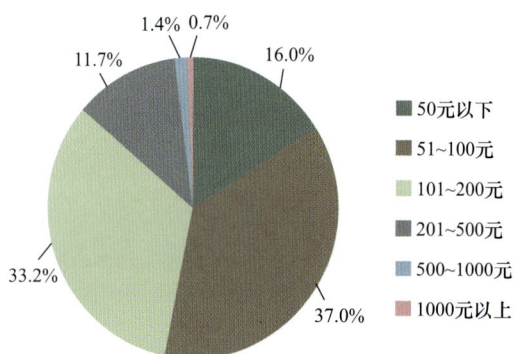

图21 被调查者购买枕头价位

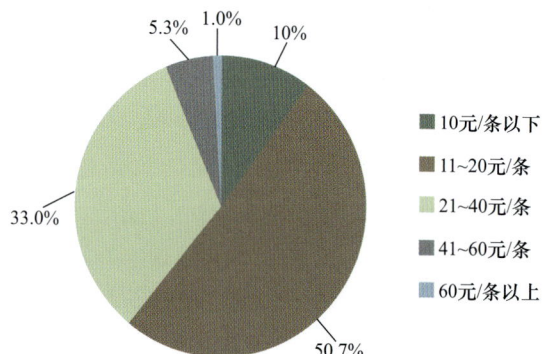

图22 被调查者购买毛巾价位

3. 购买频率

调查数据显示，在武汉消费者过去五年内平均每年购买不足一套的产品中，毯子最多，占消费人数的26.1%；其次是被子和床单，分别占消费人数的16.3%和13.4%；再次是被罩、枕套和枕头，分别占消费人数的10.3%、10.4%和11.5%；毛巾和窗帘所占比例最低，分别仅为4%和8%。

消费者每年购买1~2套的产品中，购买过床单、被罩、被子、毯子、枕头和枕套都在10%以上，购买毛巾和窗帘的比例最低，分别为4.5%和0.4%。

消费者每年购买3~4套的产品中，除仅有0.5%和9.5%的消费者购买窗帘和毛巾之外，都有10%以上的消费者选择购买其他产品。

在消费者每年购买5套及以上的产品中，购买毛巾的消费者比例最高，为66.8%。其余的产品很低，都不足10%。如表7所示。

表7　武汉消费者过去五年内平均每年购买产品比例

产品	不足1套/条	1~2套/条	3~4套/条	5套/条及以上
床单	13.4%	17.1%	15.7%	6.4%
被罩	10.3%	18.2%	14.4%	4.7%
枕套	10.4%	15.7%	17.8%	6.9%
被子	16.3%	16.6%	13.1%	3.8%
毯子	26.1%	13.8%	11.4%	3.1%
枕头	11.5%	13.7%	17.6%	8.0%
毛巾	4.0%	4.5%	9.5%	66.8%
窗帘	8.0%	0.4%	0.5%	0.5%

调查数据显示，在武汉消费者在一个季度内购买一次的家纺产品中，购买毛巾的比例最大占消费人数的58%；其次是套装类和枕头类，分别占消费者总数的13.5%和10.9%；其余产品的购买比例都在10%以下。

在消费者半年内购买一次的产品中，购买套装和枕头类产品所占比例最大，分别为21.5%和21.9%；其次是被子和毯子，分别占消费者总数的18.3%和16.9%；购买比例最低的是窗帘，仅占7.8%。

在消费者一年左右购买一次的产品中，购买套装类、被子、毯子和枕头类的人数较多，分别为23.7%、21.4%、22%和19%，购买比例最低的是毛巾和窗帘，分别为7%和6.9%。

在消费者2~3年购买一次的产品中，购买被子和毯子的人数较多，分别为24.7%和22.4%，其次是窗帘、套装类和枕头类，各占消费者总数的17.7%、16.1%和12.8%，购买比例最低的是毛巾，仅为消费者总数的6.3%。

在消费者4~5年中购买一次的产品中，购买窗帘的人数最多，占消费者总数的60.7%；其次是毯子，占消费者总数的15.7%，购买其他产品的消费者均不足10%。

在5年以上仅购买一次的产品中，选择窗帘的人数最多，占消费者比例的79%，有一成的消费者购买了毯子，购买其他产品人数均不足5%。如表8所示。

表8　武汉消费者购买一次家纺用品的比例

产品	一个季度	半年以内	1年左右	2~3年	4~5年	5年以上
套装类	13.5%	21.5%	23.7%	12.8%	4.1%	2.3%
被子	7.9%	18.3%	21.4%	24.7%	8.9%	3.9%
枕头类（枕头、抱枕）	10.9%	21.9%	22.0%	16.1%	6.5%	1.6%
毯子	6.2%	16.9%	19.0%	22.4%	15.7%	10.2%
毛巾	58.0%	13.7%	7.0%	6.3%	4.1%	3.0%
窗帘	3.5%	7.8%	6.9%	17.7%	60.7%	79.0%

总体来看，消费者根据家纺产品的特性和使用习惯，购买毛巾最为频繁，其次是枕头、枕套和被子等床品，购买毯子的频率不太频繁，购买窗帘最不频繁。

4.购买渠道

随着电商的迅猛发展，家纺的销售渠道发生了很大的变化，传统渠道的比例逐渐减少，线上交易越来越频繁。武汉消费者购买床品套装的各种渠道中，百货商店的比例最高，为21.9%；其次分别是专卖店、超市和网购，比例分别为19.7%、16.8%和16.4%；而专业市场和建材城比例最低，分别为8.9%和3%。

在消费者购买被子的各种渠道中，专卖店、百货商店、网购和超市等渠道占据主导地位，分别有21.9%、17.6%、16.9%和16.1%的消费者依次选择此四种方式购买。有11.2%的消费者去专业市场购买被子，去建材城购买的比例最低，仅为3%。

在消费者购买枕头的各种渠道中，专卖店、网购、百货商店和超市等渠道占据主导地位，分别占消费者的18.3%、18.5%、17.4%和18.6%，有一成的消费者选择去专业市场购买枕头，去建材城购买的仅占5.4%。

在消费者购买毯子的各种渠道中，专卖店、超市、百货商店和网购等方式是主流，所占比例差别不大；其次是去专业市场购买，去建材城购买的所占比例很小。

消费者绝大多数选择去超市、网购和百货商店购买毛巾，分别有23.2%、19.5%和16.5%的消费者选择此三种方式购买；其次是专业市场和专卖店，各占消费者的13.5%和12.3%；去建材城的消费者占比较低，仅为7.9%。

建材城是武汉消费者购买窗帘的首选去处，选择率达76.4%，另外还有43.4%的消费者也喜欢在专业市场上购买窗帘，其余的购买方式都在10%左右。如表9所示。

表9　武汉消费者购买家纺产品的渠道

产品	百货商场	专卖店	超市	专业市场	建材城	网上购买	其他
套装类	21.9%	19.7%	16.8%	8.9%	3.0%	16.4%	3.4%
被子	17.6%	21.9%	16.1%	11.2%	3.0%	16.9%	5.2%
枕头类	17.4%	18.3%	18.6%	9.9%	5.4%	18.5%	8.6%
毯子	16.8%	17.8%	17.4%	13.2%	4.4%	15.3%	13.8%
毛巾	16.5%	12.3%	23.2%	13.5%	7.9%	19.5%	12.1%
窗帘	9.8%	10.0%	7.9%	43.4%	76.4%	13.5%	56.9%

在未来，实体店仍是武汉消费者购买家纺产品的主要渠道，有65.2%的消费者选择在实体店购买家纺产品。随着国内计算机、网络的普及和电子商务的快速发展，其迅猛的增长势头挑战传统渠道的主导地位，逐渐将成为购买方式转变的大势所趋。调查发现，武汉有38.2%的消费者表示今后将通过网络购买家纺产品。此外，有19.1%的消费者表示愿意采用手机购买的方式，手机购买将越来越受消费者的欢迎。通过电视购物、社区销售和邮购的方式占比较低，分别为8.5%、8%和7.6%。如图23所示。

2015中国家用纺织品行业发展报告

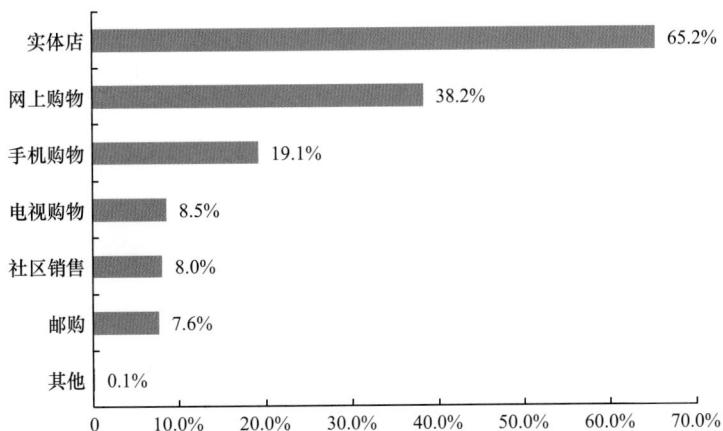

图23 被调查者未来购买方式

消费者主要通过自我体验来了解家纺产品，有46.4%的消费者通过自我体验来了解家纺产品的特点；有30.5%的消费者通过朋友推荐来了解家纺产品；另外，电视、网络等媒体以及销售人员的介绍也占有较大比例；消费者通过报纸、杂志等纸媒途径了解家纺产品所占比例较低。如图24所示。

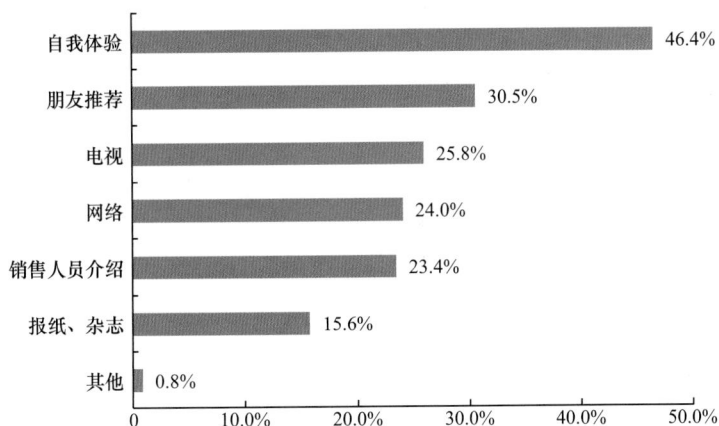

图24 被调查者了解家纺产品方式

5. 线上销售

手机购物也占到了整个电商业务的两成左右，并且正以极快的速度发展中，手机电子商务在我国拥有十分广阔的前景。京东、当当、凡客、中国购、淘宝、1号店大型电子商务网站纷纷推出或完善了自身的手机购物门户，同时研发或升级自己的手机购物终端，努力改善用户体验。但手机购物同样也存在一些缺点。调查数据显示，武汉市的消费者在使用手机购买家纺用品的选项中，有一半的消费者很少使用手机购买家纺产品；有23%的消费者认为手机购买家纺产品存在网络不安全的现象，有18.7%的消费者认为手机上可看到的品类不够齐全，另外还分别有15.8%和13.7%的消费者认为手机屏幕太小和网速太慢等缺点，这些也都影响了他们使用手机购买。说明就目前而言，手机购物的缺点尚不能完全消除，但随着科技的进步，消费者对此种购买方式将会逐渐认同。如图25所示。

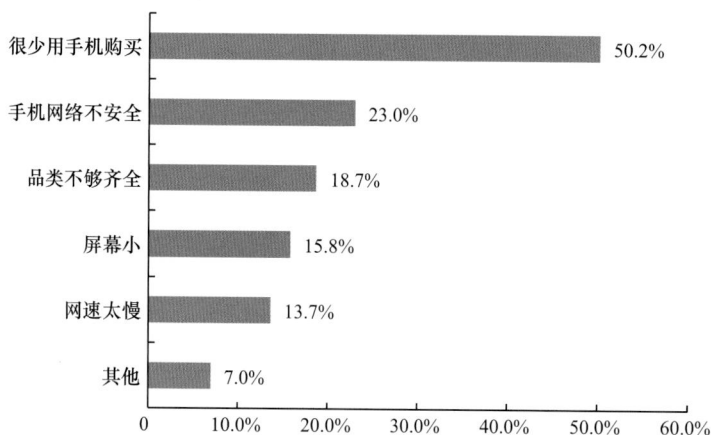

图25　消费者手机购买家纺用品的主要不满意因素

与实体店相比，消费者在网上购买家纺产品有着更多的优势条件。调查数据显示，消费者倾向于在网上购买家纺产品的主要原因中，有30.7%的消费者认为网购家纺产品的价格更为优惠，有26.4%的消费者认为网上购买家纺产品比较方便快捷。另有18%的消费者认为网购送货及时，有15.3%的消费者认为网购家纺产品种类较多，方便挑选，这样更能买到自己喜欢的款式和种类；还有9.1%的消费者认为网上购买能够看到其他用户的体验，使自己获得对产品更多的信息，方便选购。说明就目前而言，消费者对网上购买方式的比较认可，网购受到广大消费者的欢迎。如图26所示。

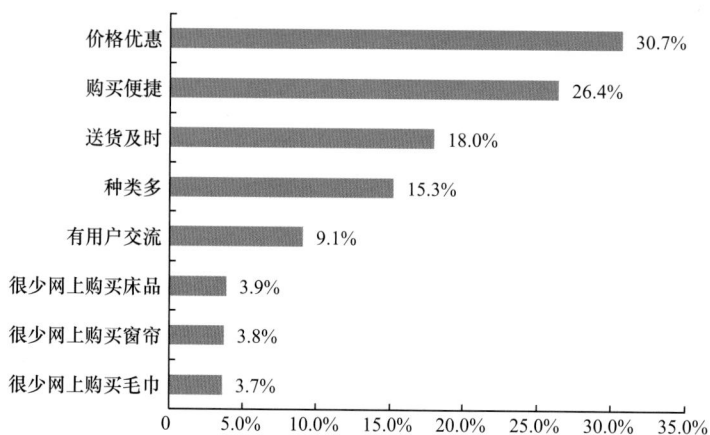

图26　消费者倾向于在网上购买家纺产品的主要原因

在从网上购买的家纺产品各种类中，毛巾最受消费者欢迎，有39.2%的消费者在网上购买毛巾产品；其次是床品和枕头类，分别有29.6%和28.2%的消费者在网上购买床品和枕头；分别有19.9%、18.5%和16.7%的消费者在网上购买被子、厨卫产品和窗帘。如图27所示。

电商在家纺行业的销售中扮演着越来越重要的角色。调查数据显示，武汉的消费者从网上购买家纺产品的个网上交易平台中，淘宝、天猫和京东是最受消费者欢迎的交易平台，分别有41.3%、39.8%和34%的消费者选择从淘宝、天猫和京东购买家纺产品；其次有13.4%和10.2%的消费者选择从亚马逊和唯品会购买；有7.4%和7%的消费者选择当当和一号店；从商家官网上购买的消费者比例非常低，仅有1.3%，说明家纺企业官网的销售渠道不太受大众欢迎。如图28所示。

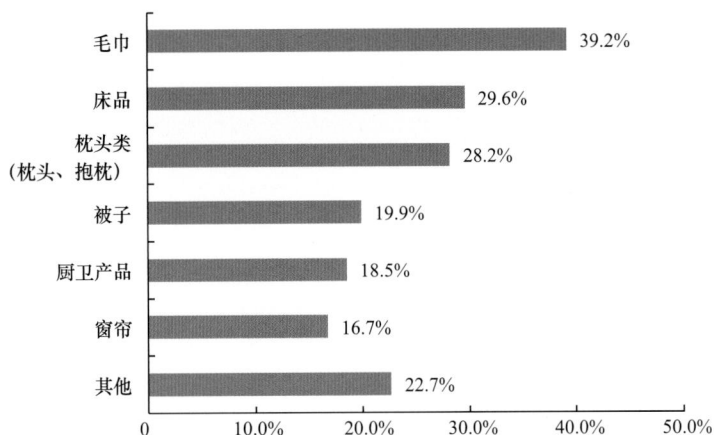

毛巾 39.2%
床品 29.6%
枕头类（枕头、抱枕） 28.2%
被子 19.9%
厨卫产品 18.5%
窗帘 16.7%
其他 22.7%

图27 消费者在网上购买家纺产品种类

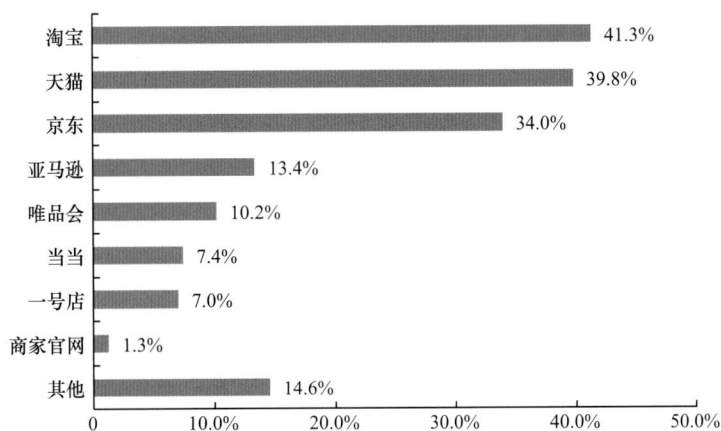

淘宝 41.3%
天猫 39.8%
京东 34.0%
亚马逊 13.4%
唯品会 10.2%
当当 7.4%
一号店 7.0%
商家官网 1.3%
其他 14.6%

图28 消费者选择网上购买家纺产品的网站

6.品牌因素

在武汉消费者购买床品的品牌中，梦洁、富安娜、水星、小绵羊以及罗莱等品牌知名度较高，为第一梯队，分别有36.8%、35%、26.3%、25%和23.8%的消费者依次购买这些品牌的床品；其次是红柳、紫罗兰、博洋、金太阳和蓝丝羽，这些品牌为消费者购买品牌的第二梯队，消费者购买的比例均在5%以下。如图29所示。

在影响消费者购买床上用品品牌的主要因素中，71.7%的消费者认为面料是首要决定因素；其次是价格因素，有48.5%的消费者认为价格是影响床品的主要因素；再次是品牌，有21.3%的消费者认为品牌是影响选购床品的主要因素；有18%的消费者认为风格是购买床品的主要因素；有14.5%和11.9%的消费者认为购买便捷和促销活动是购买床品的主要因素。另外售后服务不太受关注，仅有2.1%的消费者认为是主要因素。由此可见，消费者更倾向于追求产品的材质和价格等产品本身方面，而非附着物以及售后因素，如图30所示。

71

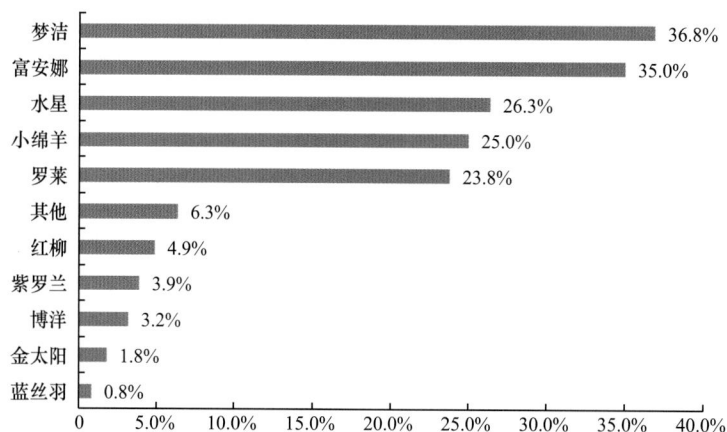

图29　消费者选择购买的床品品牌

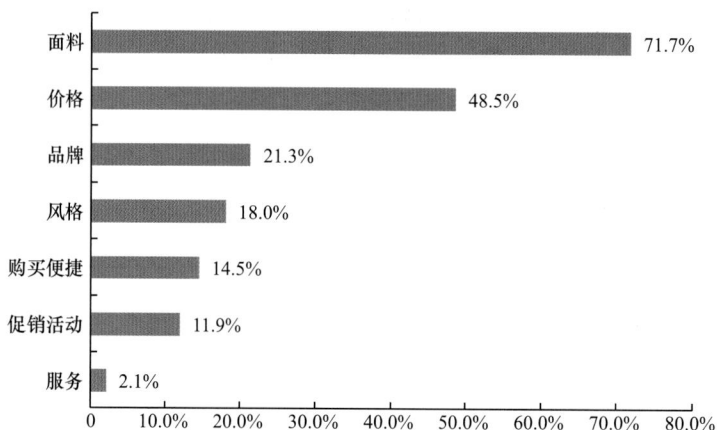

图30　消费者选购床品品牌的主要影响因素

在影响消费者购买床上用品不满意的主要原因中，有48.5%的消费者认为产品质量不过关；其次还是价格因素，有30.3%的消费者认为价格增长过快，影响其对床品的购买；再次，有21.2%的消费者认为产品规格不标准，对其日常使用造成一定的麻烦；另外分别有15.7%和12.6%的消费者认为床品售后服务不到位和购买不便捷，此两种因素同样造成了消费者在购买过程中的不满意。如图31所示。

随着社会经济条件的不断进步以及竞争压力越来越大，越来越多的人面临着失眠等问题，尤其对于青少年和儿童，健康的功能性家纺产品更为重要。价格较高的功能性床品在行业内的风生水起，但是消费者最关心功能性床品的哪些优势呢，调查显示，武汉市的消费者在关注功能性床品的各类型中，66.3%的消费者关注床品的保暖功能；其次是环保因素，有43.3%的消费者比较关注环保功能性；再次是保健因素，有28.4%的消费者关注此类型的功能性床品。如图32所示。

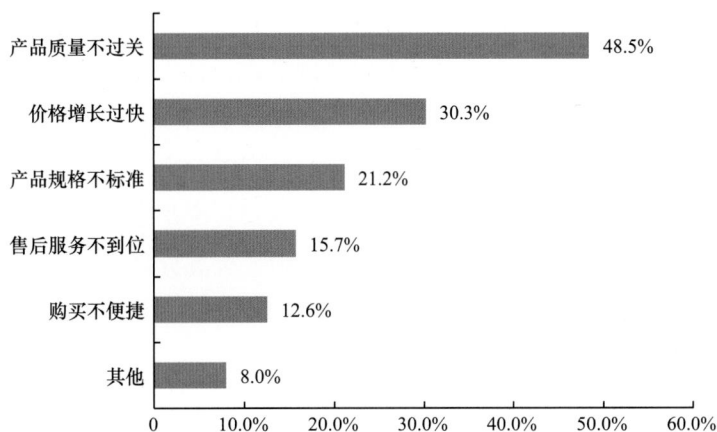

图31　消费者购买床品不满意的主要原因

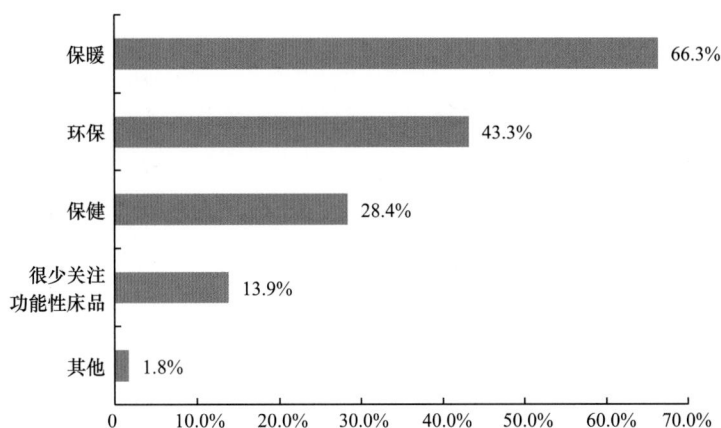

图32　消费者关注功能性床品的类型

在消费者希望礼品床品需要提升的各个因素中，有69.2%的消费者认为礼品床品的材质需要提高；其次有37.3%的消费者认为床品的图案需要提升；再次，有30.9%的消费者认为在产品包装方面还需改进；另外有21.3%的消费者希望礼品床品应在价格方面有所优惠。如图33所示。

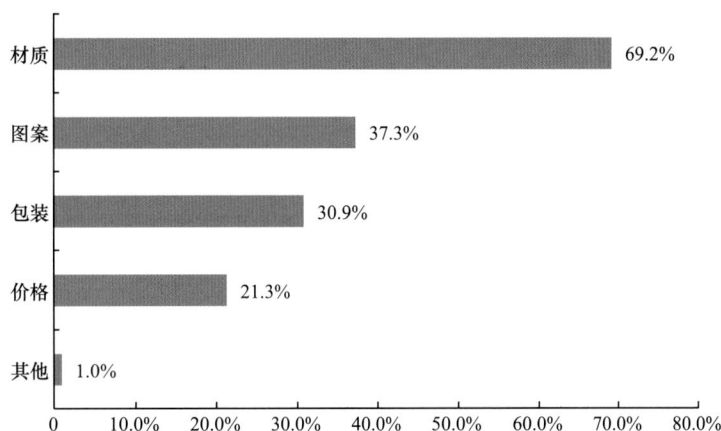

图33　消费者希望礼品床品提升的方面

调查数据显示，总体来说，消费者对家纺产品的品牌并不十分了解，家纺产品的品牌知名度还需不断提升。从分行业来看，床品品牌的知名度最高，其次是毛巾产品，知名度最低的是窗帘产品。具体而言，在武汉消费者所了解的床品品牌中，知名度较高的是富安娜、梦洁、水星、罗莱、多喜爱、小绵羊、紫罗兰等床品品牌。有三分之一的被调查者能够说出一种及以上的床品品牌，由此说明床品品牌在家纺品牌中的知名度是最高的。所了解的毛巾品牌中，知名度最高的是洁丽雅，在武汉1010名被调查者中，有五分之一的被调查者能够说出洁丽雅的毛巾品牌，另外也有40名左右的消费者听说过金号品牌的毛巾，其他品牌则知道得不多。武汉消费者对窗帘品牌有所了解的消费者比例很小，仅有10名左右的消费者知道富安娜品牌的窗帘，所占比例很低。由于房间窗户标准规格不一，基本上所有的消费者在购买窗帘产品时，基本上都去专业市场和建材城定制，窗帘的生产大多数都是小规模生产，窗帘产品的品牌在消费者心中的知名度不高。

中国家用纺织品行业协会

专家论坛

供给侧改革和中国纺织的历史任务

杨兆华　顾庆良

中国经济正处于新常态：即从常态、反常态向新一轮经济形态和发展周期转化，一方面经济仍以领先世界的速度发展，经济总量世界第二，人均GDP已经超过7800美元，早已步入中等收入国家，正向全面小康目标稳步前行，进入前所未有的繁荣期，对纺织品服装需求见涨；另一方面，世界发展不确定性，全球纺织贸易下滑，纺织产业下行压力增大。

内在原因主要是结构性矛盾加剧。实体与虚拟产业失配，内容生产与投机性活动不相称，由投资性强拉的重化产业与民生消费产业失调，社会总供给对总需求产品过剩，供给结构与需求结构失衡。

供给侧改革是化解矛盾困境关键的战略措施之一。

纺织业虽然不是产能过剩重点整治对象，但同样要重视严重的同质化低端竞争，设备闲置，产能过剩，生产缺乏动力，市场缺乏活力，产品和市场结构失衡等问题。认识供给侧改革的意义，纺织要在广义的供给侧改革中发挥作用：从宏观的供给侧改革中借力，在中观的产业供给侧优化中寻求助力，在微观的供给侧管理中发力，为新一轮的纺织产业发展积蓄力量。

一、纺织服装市场供需失衡的辨识

纺织服装市场供需失衡，表现在出口下降，国内需求疲软，库存积压，一些大企业产能闲置，一些中小企业停业，地区产能向外转移等现象。实质原因是多方面的，中国纺织结构性供大于求与供不应求，产能过剩与短缺，供与需结构失调同时存在。就中国纺织服装产业与市场而言，可以从小到大，从低到高将产能过剩和供需失衡原因分为如下类型。

1. 市场供需的常态化动态波动

纺织服装是高度市场化的产业，供需波动是常态化现象。

最频繁的供需波动可能是因为同质产品的供需数量在短期内局部或总体不完全一致，或是生产与销售数量与品种结构短期的不一致。

这种供需不一致并不是产能过剩，也不是需求不足，在大多数情况下，市场本身自我调节机制即价值规律使之趋向于均衡，供需短缺会使价格升高或反之。市场之手迫使供方企业

2015中国家用纺织品行业发展报告

调整产量或产品结构，弥补短缺，避免过剩，减少库存与损失。企业在优化结构和管理的同时，也在优化资源配置与经济效益。

企业对市场的敏感与洞察力以及反应能力体现了企业的竞争力。这种短期的波动也将淘汰一些经营水平落后，产品落伍，在时尚潮流中落单的企业。

在这高度市场化的产业中，短期波动会使一些企业退出，但这不会引起大的经济震荡。政府不宜干预太多，一味保护，或给落后企业支撑的善意行动可能扭曲市场机制，妨碍产业吐故纳新，反而给以后的真正产能过剩埋下祸根。

2. 非常态下的全球经济衰退造成的周期性供需失衡

全球性的短期经济周期大约十年一次，而这一次（2008年开始）经济衰退波及范围广，持续时间长，至今已八年，但全球主要发达国家经济体，复苏乏力，拖累了全球市场，直接影响纺织服装贸易。

与纺织服装短期的市场波动不一样，经济周期造成纺织服装供需失衡，对纺织行业是不可控的，全球性需求衰退势必形成产能过剩，而使一些企业在危机中倒下或退出，被金融海啸冲垮和淘汰。这种过剩确实给中国纺织产业造成巨大打击。然而要清楚的是，这并不是说纺织服装行业要被淘汰，或全球纺织服装市场过剩会持续下去。应该清楚两个基本事实：第一，全球纺织服装贸易总体上一直在增长，世界人口已超70亿，人均收入和纺织服装消费在增长，纺织服装消费不容置疑地在增长，因此，现在没被淘汰的企业靠创新升级积蓄力量，将会在新一轮增长中抢得先机；第二，纺织服装作为人类最基本的需求，往往是最早复苏的消费，是将经济拉出泥潭的最主要力量。虽然此次全球经济衰退周期之长已超出预期，纺织服装的复兴不可确定，但后危机的增长是肯定的。

在经济周期萧条期，供需失衡即市场过剩是主要特征。这种过剩实质是结构性的，按熊彼特的理论，旧的生产方式下的要素组合结构随着边际效益递减而走到尽头，平均利润为零，这就意味着有一批企业赚钱，就有一些企业亏损，这就需要技术创新，使资本等要素找到新的出路，在新的生产方式下使边际收益递增。从而根本解决困境，走上新一轮增长。

3. 后MFA全球纺织订单和产能转移

影响中国纺织服装产业结构调整最重要的因素之一是，后MFA的全球产业和贸易格局重构。

2001年中国入世，2005年多纤维协定（MFA）消亡，贸易自由化使世界纺织贸易高速增长，并促进全球产业新一轮转移升级，这对中国纺织服装产业结构的影响是多方面的，一方面配额取消后，中国纺织比较优势释放，刺激产能的增长，而这种规模效应，掩盖了成本等方面的问题，使得实际产能超出国际国内实际需求；另一方面，其他发展中国家和欠发达国家开始成为新兴的出口国，其劳动力等优势慢慢显现，全球产业产能分布渐趋于合理，部分订单开始转移出中国，这使中国纺织低端产能过剩。

世界银行在对后MFA的全球纺织服装贸易格局研究中发现一个有趣的现象，服装产能向低收入国家转移，也向高收入国家转移，而中等收入国家却形成一个出口增长低谷——中等收入凹陷。数据说明，后MFA出口增长中，仅有1/3是因为低劳动力成本。

这项结果至少说明：中国纺织在逐步弱化劳动力红利和成本优势，作为世界市场供给侧，应进行两方面调整：强化创新研发，发挥全产业链的综合竞争优势，同时避免陷入全球纺织产业的"中等收入凹陷"。

4. 中国纺织出口产品和市场结构失衡

研究证明：在国际市场上中国纺织服装出口增长，大部分是因为顺应世界纺织贸易总增长趋势，中国纺织抓住了机遇；其次是低价格的贡献，但中国的成本优势在消减；而在产品结构和市场结构方面有待优化，即中国纺织的重心还是在传统的大类产品和传统的市场。要针对性开发高增长的新的产品大类和新兴区域市场，避免与国际竞争者和国内供应商之间低端同质化竞争，减少某些产品在某些市场拥挤造成的过剩。

后MFA的二次产能转移是常态现象，对此，中国纺织要有清醒的认识，WTO的国际贸易中心（ITC）的一项研究表明，中国纺织仍有价格成本优势，但这项优势在削弱，而在劳动力、技能、品质、供应柔性化以及产业综合优势方面还较明显并需要进一步强化。

5. 宏观经济结构失衡与纺织产业比重

中国当前经济失衡主要是宏观产业结构的失衡，表现在快速扩张经济规模和过度的基建投资，刺激钢铁水泥、煤化工、有色金属等产业，降低了要素产出效率和经济增长质量，供给侧改革重点主要是这些行业。

从总体经济结构优化角度，纺织等民生和终端消费产业提高了就业、购买力、拉动了需求。特别在那些重工业、化石能源生产城市和地区，在退出冗余产能淘汰落后企业后，资本和要素重组优化，应该转投到民生产业和有潜力的新兴产业，提供新产品，拉动新需求，化作新的财富源泉。

因此，就宏观产业结构，纺织服装并不是冗余产业。但纺织业的结构性问题仍要引起重视，如由于原料成本波动造成纱布等效益下降、停产，影响全产业链国际竞争力下降，或因为人为政策因素扭曲市场供给，造成纺织链某些产业环节产能过剩和产能空置。

6. 新旧技术范式迭代交替期的市场重构

一般的技术创新，包括产品创新、生产方式和工具创新、市场创新、原料创新、生产组织创新，都可能打破原来的市场均势和供需平衡。而技术范式革命则会带来巨大颠覆性的影响：传统技术下的传统产业丧失市场和需求，传统产品严重过剩，甚至一文不值彻底消失，并影响其他产业，如蒸汽机车的退出影响了煤、钢产业。经历了新旧产业的拉锯式攻守后，旧市场逐渐衰败，新需求推动新产业和新经济增长。工业革命以来，世界经历了五次大的波动（Five Waves），纺织工业在前几波是技术范式革命的主角，在以后的技术革命中基本上也是得益者，虽然部分产业部门会受到影响。在这一波产业革命浪潮中，纺织应该扮演逐潮者，将负面影响降至最低。

7. 转型期的社会性结构失衡和社会产品过剩

转型期的社会性结构失衡已超过狭义的供给侧改革范畴，全社会产品过剩的后果严重性远大于产能过剩，必须从更深更广的视角分析。

工业文明后期的社会产品过剩，反映了自由资本主义的资本威权的力量导致社会阶层对立，按资分配使财富集中在资本家手中，而占人口大多数的劳动者却没有钱去消费，以资本名义攫取的价值也就无法实现。这使威权资本主义陷入一个悖论：攫取利益的结果最终给自已掘了一个大坟墓，这导致了第二次工业革命。

现在的情况虽没有那么严重，但道理是相同的，且情况远比当时复杂。在这三十年的转型改革中，无论是通过正当的还是非正当的、经济与非经济的力量积累的财富及分配不公越来越严重。中国目前的基尼系数超过临界值，约20%的富人占有一半以上的财富收入。且不说这种差距可能导致的社会后果，经济后果是结构性的供需失衡，总量过剩。中国有世界第一的外汇储备和人民币储蓄，却又有世界最大的贫困人群，他们有需求却缺乏购买力，基本需要没有转化为对基本产业的需求，而拥有巨大财富的富人基本需求有限，财富用于投资与投机，扭曲了市场需求结构。这是供给侧改革的重点对象。

二、宏观供给侧改革和中国纺织供给侧变革与创新

去社会产品和产能过剩，解决供需失衡，保证经济健康可持续发展，复兴纺织行业需要三管齐下的广义供给侧改革：宏观层面的供给侧结构改革，中观层面产业的供给侧布局优化和微观层面的供给侧管理创新。

1. 宏观供给侧结构改革

（1）经济结构改革。宏观层面的供给侧改革不仅针对第二产业制造业，农业工业化是宏观供给侧的短板。农业的低效率增加了纺织原料成本，延缓了农村劳动力的释放和城镇化进程，阻碍农村购买力增长。农业端契约信用缺失，棉花等原料价格波动，品种质量退化，严重影响中国纺织生存条件和企业竞争力。

石化与能源的价格扭曲，网络、通讯与公路等行业的垄断及高资费使实体产业的物流费用超过发达国家，增加了纺织企业的成本，阻碍了产品的流通，成为产业转移的阻力，要加强供给侧的制造服务业的改革，除了物流、配送、流通、咨询，更发展创新设计研发等直接拉动需求的内容服务业，即与最终民生消费有关的服务业。借助移动互联网创造新的需求和价值，金融服务业要真正成为供给侧改革的助剂、实体经济发动机的润滑剂、要素重组的催化剂，而不是吸金池、发泡剂。

（2）降低结构重组障碍和进退成本。供给侧改革实质是要素重组。改革的成本和成功取决于资本等要素的独立与市场的自由。市场的进退成本低，才能实现资本及要素退出低效率产业和过剩市场，进入高增长、高边际效益市场和新领域，才能吐故纳新，创造新产业、新市场及新增长点，达到新的动态平衡，要给予"民间"资本和要素出路，要鼓励大众创业，万众创新，经济的活力和希望是当前成长性的中小微企业即未来的希望之星，而不是当下的巨人。

（3）重视社会产品过剩。根本解决社会产品过剩和社会体系结构性的供需失衡问题，重视当前经济体系中贫富差距扩大，社会财富分配（特别是劳动与资本分配）不平等，少数人占有大量福利，少数产业部门控制占有大部分（超比例）的资源，虚拟产业、平台产业拥有比实体内容产业大得多的利益，这种新形态的失衡既不合理，其后果对虚拟产业本身也是灾难性的。

经济增长的成果没有被平等地享有，经济发展也就不可能均衡。在制造业中要去僵尸，

在金融行业中要打兴风作浪的白骨精，要减少投机，要去泡沫，更要去圈钱吸血的妖魔，这才能改善需求侧投资、出口、消费比例，创造财富，并合理分配，让社会多数人获得相应大部分价值，转化为基本市场需求。

2. 中观产业供给侧布局优化

（1）以产业升级调整与优化纺织产业与市场结构。中国纺织在全球产业链中保持着全产业综合优势，即有较完整产业链和最丰富的产品结构。要适度调整国际纺织服装市场的结构，即维护传统欧美日发达国家市场，关注新兴和高增长市场，培育潜在市场如消费水平较低的非洲市场。优化产品类型结构，除了传统服装大类外，要开发新的产品包括家纺与技术类纺织品，使其在国际市场中更加多样性，产品布局多元化。分散和避免过于集中的市场和产品结构带来的供需失衡的风险。

（2）优化产业布局。结合"一带一路"建设，优化纺织产业布局，以产业转移推进纺织产业转型，沿海发达地区纺织服装应保持技术品质档次的领先，向设计研发品牌营销商贸流通等价值链高端升级，沿中西部制造走廊建设新的创新集群，扩大国际通道，加强"沿路沿带"的产业布局和贸易合作，加快自由贸易区建设和多边自贸协定准则，突破贸易保护主义的围堵。

（3）构造中国纺织产业生态。近年来出现的库存积压和生产过剩都是规模大和同质化程度高的产品大类，如纯休闲装、运动装、男装以及棉纺等。要促进市场多元化，产业多样化；要提倡共赢法则而不是丛林法则，价值链而不是食物链；要构造简约、灵动、柔性的行业基因和纺织文化。

（4）国际与内需市场的平衡驱动。中国纺织已从出口导向转变为内外需均衡的双轮驱动。

中国全面小康战略激发的持续增长的内需是永动机，是中国纺织应对外部环境变化、挑战和冲击的缓冲器、平衡器。国际市场需求变动造成的产能过剩（或不足），可以从国内市场获得释放（或调剂），而国内外市场的互补性和差异性，流行的季节的先导与滞后、地理气候的季节差，也使纺织服装产能和现金流更平滑和顺。避免季节淡旺造成季节周期过剩，有利于综合的盈利性和生存能力。

3. 企业的供给侧的技术和管理创新

顺应全球纺织服装消费趋于个性化、时尚化和功能化，搭载先进智能制造动力，以移动互联网思维、体验式营销艺术创意、差别化的产品、时尚化的设计和功能化的技术创造核心竞争力，精细分析客户市场，精确地锁定市场，精准地创造顾客所需要的价值，以信息技术、物联网技术、先进智能制造为支撑，以精益管理和柔性化制造为基础，最大限度地减少冗余，减库存和去过剩，做好商品策划，预测、预案、预判、预警，提高纺织服装企业的快速反应能力，应对日益增加的市场不确定性。

通过技术与管理范式的创新，促进企业在产品流程、功能和价值链升级，颠覆传统格局创造市场新秩序。以创新促进社会升级，提高企业和工人的收入，避免行业同质化竞争，开拓市场蓝海，在产业专精条件下建设产业协同创新联盟，共享信息，合作共赢。减少由于市场需求侧与供给侧信息阻滞不对称造成的失衡。

充分发挥移动互联网对生产、物流、设计研发、渠道、信息沟通、价值传达等方面的革命性作用，改革供给侧的新关系，更深刻洞悉新生活方式和新消费主义下的体验、参与共享消费心理和行为方式，创造纺织经济新模式。

三、供给侧改革策略要点和纺织发展战略

供给侧改革的本质是改革结构，造成目前供需失衡和产能严重过剩是要素和资源配置的机制严重扭曲，以供给侧改革为目标，突破体制性的理论与实践障碍，如国有资本和公共资源的代理与分配机制，打破经济和超经济的垄断，才能根本解决供给与需求相背离的痼疾。

1. 供给侧改革首先是政策与制度的改革

既然问题是市场供需失衡，那么必须改革一切扭曲市场的政策，事实上导致最严重的产能过剩是超经济的"政策优惠"，导致资源分配的偏离与不平等，一些企业僵而不死，因为有超市场的输液或吸血。

减轻纺织实体企业的负担，公平和轻税是改变结构扭曲和增加供给侧活力的条件。

2. 重视纺织产业经济发展和供给侧改革中的作用

从宏观角度，纺织服装并不是经济结构失衡的原因和麻烦制造者，恰恰相反，纺织是工业化城镇化的跳板，是全面实现小康的基础产业，迪顿（2016年诺贝尔经济奖获得者）的理论强调消费在去贫困化和经济发展的作用。世界银行的报告更给出服装产业对发展中国家脱困和经济发展中的作用。纺织产业的结构与布局需要转型，纺织供给侧同样需要改革，作为出口和内需世界第一纺织大国，通过改革、优化与创新，保持一定体量与规模，并有所创新，是中国经济繁荣成长的基础。

3. 纺织区域经济供给侧结构优化

在中西东北去过剩、调结构过程中，应结合传统重化工业区转型、城镇建设，因地制宜适当引进轻纺等民生产业，吸纳冗余劳动力，利用当地纤维原料资源和低价能源生产适需产品，均衡男女就业，重组过剩工业资本和要素，转移工业资本融合商业资本，适度发展纺织贸易和服装零售，提高资本要素的边际产出，形成均衡的社会经济生态。

4. 农业工业化供给侧结构均衡

全面工业化和全面小康的必要和充分条件是农业工业化。只有农业的现代化、专业化、规模化生产才能解放劳动力，才能提高棉毛丝麻等纺织原料的生产效率和品质，降低价格，推进农业公司化组织、经营和管理，提高信用，减少价格波动。农业劳动力的解放、农业人口转变为城市居民和城镇化过程，将根本改变农民生活方式，提高购买力，真正释放消费需求，中国的城乡两元结构和巨大的收入与消费落差是供需失衡的重要原因。每年一千万人口的城镇化，增加的需求相当于一个中等规模国家的消费总和。

5. 践行全球的包容性增长

中国经济不是一个封闭的系统，无论供给侧和需求侧变革都要放在全球视野下，"一带一路"是创新思辨下的巧战略，是广义的供给侧改革典型，释放了高铁、公路、能源、通信等产能，消化钢铁、水泥等基本材料库存，盘活大量外汇储备和资本，帮助沿带沿路国家与

地区经济发展，推动当地民生产品的需求，开拓更广阔市场空间。

在"一带一路"战略体系中纺织产业应以开放包容的思路，通过产业升级，避免与欠发达国家的同质竞争，适度放开，引进互补性的高端产品资源，适当转移产能和资本。

6. 缩小贫富差距，减少社会产品过剩

无论在什么时代，社会产品过剩是最具危害的，当社会财富高度集中在少数人手中，而大部分人（消费主体）却缺乏购买力，这种不平等对经济是致命的。中国仍有世界最大的低收入群体，这无疑是实现全面小康目标的重大挑战，更重要的是不平等的收入结构使供需结构的调整无解，经济驱动乏力，深陷中等收入困境。

因此，供给侧的改革必须从根本改革做起，必须改变经济发展思想：从让一部分人富起来到让大多数人享受经济发展的成果。

上述每一项都是复杂艰巨的任务，简言之，一要靠经济发展思想的变革，二要靠技术范式与管理范式的创新。

中国家用纺织品行业协会

东华大学纺织经济研究所

TPP和中国纺织的因应之策

顾庆良　刘蕴莹

　　2015年10月5日，美国等12国宣布《泛太平洋战略经济伙伴关系协定》即TPP谈判达成一致，2016年2月4日，TPP正式签署。对此，纺织业中有多种不同的意见：持乐观态度的认为TPP对中国纺织的影响有限，中国的纺织应对策略空间很大；悲观者则认为TPP协定的贸易转移效应对已经低迷的中国纺织贸易会雪上加霜；而更理性的观点是：TPP虽然无法改变世界纺织回归贸易自由的大势，也不能干扰中国纺织强国梦的实现，但应引起我们对后多种纤维协定（MFA）纺织贸易规则的发展和泛政治化下的思考，使这种博弈成为维护开放型自由贸易体制，提高中国参与并提升全球纺织价值链治理能力的历练。

一、认识TTP的实质与影响

1. TPP反映的"修昔底德"困境

　　尽管当事国宣称TPP并不针对谁，奥巴马则明示，TPP是"亚太再平衡"战略的一部分，美国官方更宣称不能让中国制定贸易规则，在后MFA继续施展其规则制定者的主导权。

　　回顾2001年中国加入世贸组织前后，一些强国及其相关利益集团声称中国的加入会使本国经济受损，将导致纺织产业衰退。尽管后经济学家的研究报告认为相关国家因为中国入世而总体获益，事实也证明这一点[1]。

　　2005年MFA废除前后，发达国家一些人或鼓噪或挑拨，在2005年国际劳工组织（ILO）的三方会议上，有人声称中国将是唯一赢家，其他国家都是失败者，而ILO专家的研究报告客观地认为，回归自由贸易将有利于世界经济的发展，事实同样证明后MFA世界纺织服装贸易快速增长，发达国家的服装出口由此获益[2]。

　　强国政治人物或利益集团的这种鼓吹或是一种"修昔底德"陷阱中的守成者对后来者的焦虑，或是为了在未来秩序制定中讨价还价，或两者都有。因此，有了那些针对中国入世的限制和保护条款。世界银行的报告《服装产业成功之道——后MFA时代的就业工资和减贫》（杨以雄译）更详尽的论证了自由贸易下的服装产业对世界经济，特别是对欠发达国家（Least Developed Countries，LDCs）解除贫困、就业和饥饿的作用[3]。

　　无论是中国入世和MFA终止，都是回归贸易自由化的里程碑式的重要事件，推倒了过去基于强国单边主义的双边协商机制，回归贸易自由化的多边机制，但WTO这种回归并不顺利，除了各国坚守各自的利益外，贸易成为冷战思维和政治砍价的一种工具，在美国主导下，TPP显然是一个抓手。TPP名义上是一个自由贸易协定，在本质上与WTO自由贸易不符，例如关于原产地规则。

TPP执行的是全产业链的原产地原则，即必须全程在TPP成员国内加工才能享受免关税，这比MFA还要后退。原产地原则是保证配额的执行，而这恰恰是MFA贸易保护主义下扭曲的贸易体制的核心。有人将TPP与WTO混为一谈，就这点而言是荒谬的，TPP与WTO南辕北辙。TPP以自由贸易的名义行贸易保护之实，是个别强国以自由贸易协定为工具围堵中国，推行其全球政治战略。

TPP的原产地原则下：不承认比较优势，阻碍各国通过贸易发扬各自比较优势；逆全球化大势，不利于市场择优机制，妨碍消费者和买家选择最好和最合适的供应商和产品，美国的一些利益集团如面料生产商为了一己之利，损害了包括美国零售商和消费者的利益；不利于全球纺织产业和贸易结构调整及产业转移，扭曲了全球要素资源的优化分配。

2. TPP对中国纺织的影响

不能否认，习惯于制定国际规则和主导世界秩序的人，在MFA这么一个不公平的规则解除之后，仍想着以贸易协定的方式重新掌握全球贸易的话语权与控制权，他们也确实具有这方面的能力。陆圣（2000年）在分析TPP进程阶段中的纺织服装的市场占有率的变化，发现中国的纺织服装在主导市场占有率在下降（表1和表2），可以预期，当TPP十二国协议正式付诸实施，纺织贸易转移效应会进一步显现，这需要中国的纺织界特别是学术界认真分析并拭目以待。

表1　TPP实施后中国纺织品在主要进口国家及地区的市场份额

进口方	纺织品市场份额（%）			
	基期（2007年）	TPP9国	TPP11国	TPP12国
世界	24.32	23.96	23.94	23.79
TPP1	42.75	41.53	41.36	40.73
美国	29.58	28.16	28.15	27.90
日本	70.19	70.28	70.27	68.50
越南	29.84	28.89	28.76	17.71
NAFTA1	18.44	18.47	18.07	17.90
CAFTA1	14.32	14.28	14.28	14.28
欧盟	12.36	12.07	12.07	12.36
东亚	48.66	48.70	48.70	48.53
其他	25.73	25.65	25.65	25.72

平心而论，TPP关于提高贸易标准的思想，不管是标签还是借口，符合世界纺织服装贸易可持续增长的条件和发展趋势，如清洁生产、知识产权保护、企业社会责任、技术性贸易

条件等，TPP的思想力争上游（Race to the up）否定"追底杀低（Race to the bottom）"的法则，有利于世界纺织产业健康永续发展。而这些正是我国纺织业的软肋，从这个意义上来看，TPP将倒逼中国纺织升级。

表2　TPP实施后中国服装在主要进口国家及地区的市场份额

进口方	服装市场份额（%）			
	基期（2007年）	TPP9国	TPP11国	TPP12国
世界	36.1	34.9	34.7	34.4
TPP1	65.5	63.5	63.0	62.9
美国	33.8	30.3	30.3	29.4
日本	77.6	77.6	77.6	72.8
越南	34.8	28.2	27.8	13.5
NAFTA1	44.0	43.7	37.5	36.8
CAFTA1	22.2	22.1	22.1	22.1
欧盟	24.5	24.1	24.1	24.4
东亚	73.2	73.1	73.1	72.9
其他	41.1	40.6	40.6	41.1

二、中国纺织的因应策略与思路

习近平主席在中央政治局学习会上指出要旗帜鲜明地反对贸易保护主义，要参与全球治理，审时度势，抓住机遇，妥善应对。有极强的针对性，是指导中国纺织克服困局、扭转世界纺织市场颓势、化解政治与经济的围堵、反对和挫败贸易保护主义的战略逻辑和思路。

在坚持维护开放的世界经济体制和WTO自由贸易原则的前提下，推进全球治理规则和体制格局变革，应接受一切符合WTO原则框架的变革，以软实力和巧战略促进中国与世界，特别是与发展中国家的合作共赢、包容性增长。"一带一路"就是这种巧战略的典范。以这种新丝绸之路的思想主导就能颠覆"贸易冷战思维"和零和博弈，构建互补、互信、互利、互助的贸易体系和交流、交融、交易、交互的新丝绸之路。

1. 要建立纺织国际贸易新秩序

提高中国纺织在全球纺织产业网络的国际话语权和全球价值链的治理能力，必须形成各产业部门合力，如贸易部门与制造部门，原料（棉花）和纺织与服装行业，改变各行业各谋己利的状况，要统筹谋划，将中国的综合产能和规模需求转变为主导力和竞争优势。

2. 要通过创新升级创造中国纺织新的竞争优势

重塑"中国制造"形象，特别是强化非价格优势，实践和谐协同发展，国内的纺织企业首先要改变"追底杀低"生存模式，树立合作竞争的产业链，提高清洁生产、体面劳动乃至贸易标准。

3.要融入国际纺织贸易体系

与其他发展中国家和LDCs国家优势互补，引领世界纺织发展，加速多边的自由贸易协定谈判，推进区域贸易自由区建设，以主导世界贸易，推行贸易自由化。中国纺织要顺应后MFA全球产业重构的大趋势，通过产业升级和转移，建设国内"东西制造业走廊"，布局欧亚纺织产业带，加强与沿路沿带的国家和地区合作，开发沿路沿带的纺织品服装市场。

4.要实行更均衡的贸易政策

均衡传统与新兴市场出口的同时，均衡进口与出口，同时扩大进口，引进全球原材料资源、先进技术设备以促进产业升级，进口世界优质时尚产品以满足多样化需求，并提高纺织和时尚产业的水平。

中国要进一步开放市场，特别是对发展中国家和欠发达国家，除了进口原料等资源要素，也包括纺织与服装消费品。

2000年起，中国免去从孟加拉、缅甸等欠发达国家的服装进口关税，促进了这些国家对中国和世界出口，同时也提高了从中国进口纱布等服装原料，实现了包容性增长（图1和图2）。中国纺织将与更多的国家与地区在WTO原则下，推进自由贸易协定，以更开放的姿态、思想与行动参与国际竞争，实现强国之梦。

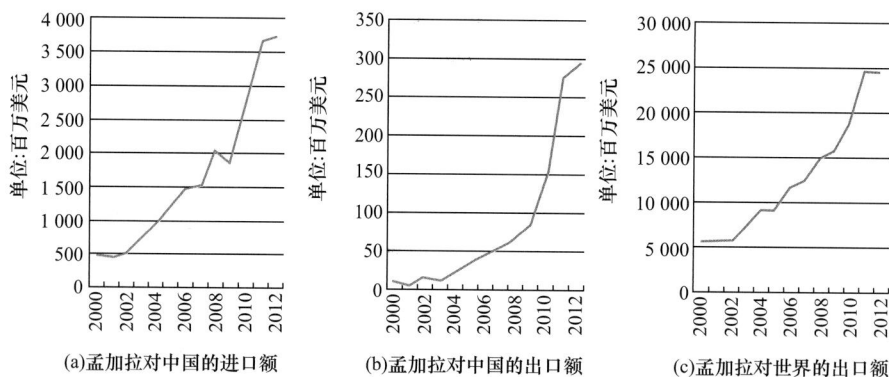

（a）孟加拉对中国的进口额　　（b）孟加拉对中国的出口额　　（c）孟加拉对世界的出口额

图1　孟加拉的纺织服装进出口贸易额

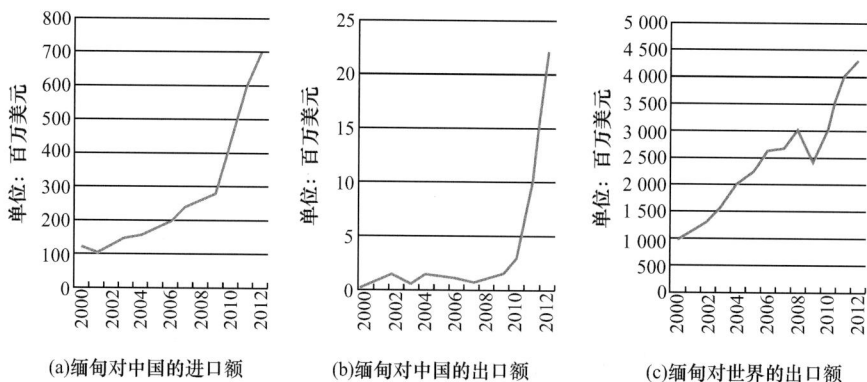

（a）缅甸对中国的进口额　　（b）缅甸对中国的出口额　　（c）缅甸对世界的出口额

图2　缅甸的纺织服装进出口贸易额

资料来源：联合国商品贸易统计数据库

东华大学纺织经济研究所

两化融合

信息化、互联网化、智能化
——家纺行业转型升级的必经之路

史爱武

一、重新洗牌：升级或淘汰

近几年来，家纺行业发展迅猛，但同质化、恶性竞争、粗放型经营及低效益等问题却一直困扰着家纺行业的发展。随着国际经济形势的相对走低，中国经济这几年的增长速度明显放缓，受土地、能源、劳动力等要素成本快速上升和生态环境约束，加之产业总量达到空前的高度，企业发展方式面临新的选择，行业重新洗牌显现端倪。

优胜劣汰是行业发展的必然趋势，有的企业举步维艰，甚至萌生退意。更多家纺企业还是坚守行业，特别是行业骨干企业积极应对，加强改造，致力创新，谋划转型升级的发展变革之路。

2015年5月，国务院发布了《中国制造2025》，指出了以加快新一代信息技术与制造业深度融合为主线，明确了两化融合在整个制造业转型升级中的重要地位。7月，国务院又发布了《积极推进"互联网+"行动的指导意见》，第二项重点行动是推动互联网与制造业融合，提升制造业数字化、网络化、智能化水平，加强产业链协作，发展基于互联网的协同制造新模式。这些国家战略对我国纺织工业具有极其深远的影响。

处于这样一个关键时期，家纺行业要保持平稳增长就必须深入推进转型升级，国家战略已经指明行业转型升级的发展重点，加快新一代信息技术与制造技术融合发展，全面提升家纺企业研发设计、生产制造、运营管理和销售服务的信息化、互联网化、智能化水平。

中国家纺行业协会会长杨兆华认为，在家纺行业洗牌的进程中，订单越来越集中到两类企业手中，一类是产品有特色，开发能力强的企业。这些企业一直有新产品。另一类是完成了技术改造的企业，企业成本控制力增强了，有能力更大限度地压缩成本，为客户提供利润空间。新产品研发速度快和降低成本（生产、管理和能耗等）是当前家纺（甚至整个制造业）行业的制胜法宝，而信息化、互联网化和智能化可能是最大限度地帮助企业达成这两个目标的最佳选择。

二、转型之路：信息化、互联网化、智能化

近几年，依托互联网的电子商务发展迅速，家纺企业对电商的发展潜力也表示认同。但

是电子商务的发展，只是给企业增加了一种营销渠道，而且往往是充斥着"假货和价格战"的不正当市场竞争形式。拥抱互联网（互联网化）是当前家纺企业转型升级要考虑的，但不是关键。家纺企业转型升级的关键在于：研发设计、生产制造、运营管理、销售服务等全产业链环节的信息化、互联网化和智能化。只有这样，新产品才能更高效、成本更低，满足快时尚的需求和具有市场竞争力。

以下将从几个方面来介绍家纺企业转型升级的信息化、互联网化、智能化的技术、系统和商业模式。

1. 降低企业信息化的建设和使用门槛：融合云设备与云服务平台

家纺行业中小企业居多，行业整体信息化水平较低。究其原因，主要是由于企业信息化的建设和使用门槛相对太高，动辄几十上百万的信息基础设施投入，要想充分发挥这些系统的效能，还得有专业人士维护使用。而对于劳动密集型的纺织制造业来说，这些都是阻碍信息化建设的因素。

融合云设备与云服务平台的目标就是降低中小企业的信息化建设和使用门槛，技术路线围绕两点：降低用户成本、提高易用性。融合云设备可以完全替代中小企业信息化建设所需要的基础设施，包括服务器、办公/工作电脑、存储设备、网络设备。非专业人士在15分钟内能完成整个企业信息化环境的建设部署，非专业人士也可以完成系统维护工作，使管理更集中、维护更简单、数据更安全以及能耗更低廉。

云服务平台是公共的SaaS服务平台，像手机的应用商店一样提供云设备的软硬件故障自动修复、行业应用软件等云服务。

其系统结构如图1所示。

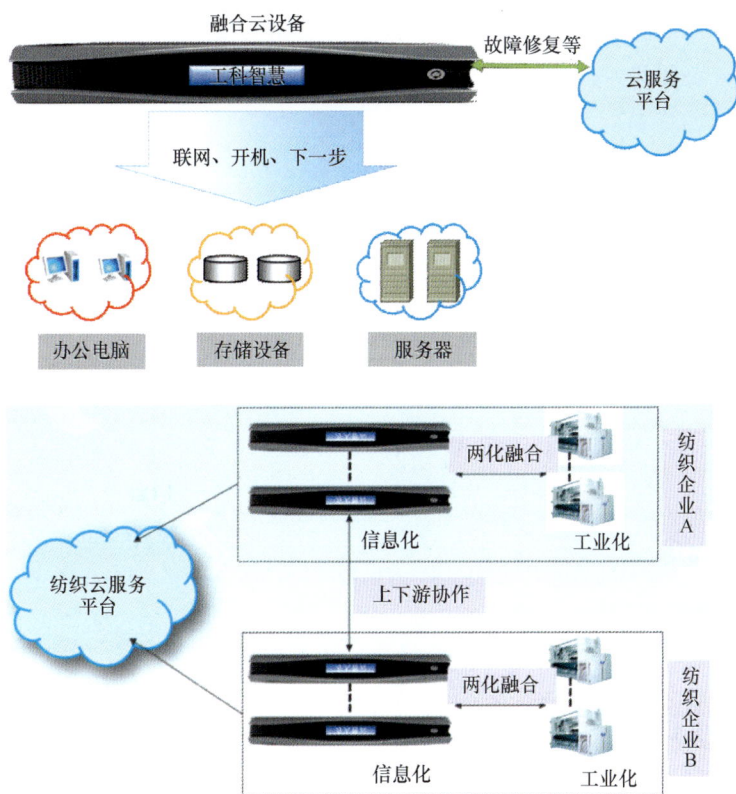

图1　融合云设备与云服务平台

（1）一站式中小企业信息化建设。一台融合云设备替代所有信息化基础设施，包括服务器、存储设备、办公电脑和软件定义网络。1台标准融合云设备可以替代3台服务器+4TB存储设备+50台办公电脑。相比于传统基础设施，降低50%以上购买成本，降低90%能耗。

（2）消费电子式开机即用。非专业人士也能够部署使用和维护设备和系统。

（3）故障自动修复。连接到公共的云服务平台，能实现设备软硬件系统的故障自动诊断和修复。

（4）插拔式实现企业信息化规模的扩展。联网接入更多融合云设备，便捷实现企业信息化基础设施规模的扩大。

（5）提供更多的行业云服务下载或在线使用。像手机的应用商店一样，云服务平台提供更多的行业云服务（如行业OA、ERP、财务系统等）。

2.产品研发预测：家纺流行趋势的大数据分析

尽管消费者追求个性化，但流行趋势并不是盲目的，而是有着自身特定的规律，这就要求产品设计开发人员不仅要有自己的设计理念和经验，还应该结合时下流行趋势来设计家纺产品。从各大市场渠道获取产品信息数据，将这些数据加工提炼，能够获取颜色、面料、图案等关于产品设计的元素信息，这种流行趋势是能够基于大数据来预测的。相较于传统产品研发的"经验模式"，基于市场客观反映的大数据预测流行趋势更科学、更准确。

家纺流行趋势的大数据分析（图2）是基于淘宝、京东等大型电商网站的家纺交易数据，互联网的搜索数据以及商务部、行业协会和海关等政府统计数据等多种数据源，在归纳总结过去和现在家纺及相关事物流行现象和规律的基础上，通过跨学科交叉（包括经济学、管理学、美学、心理学、数学等）的趋势分析模型，最后可视化展现出未来某个时期的家纺流行趋势，包括面料趋势、花色趋势、款式趋势、价格趋势等。结合趋势预测结果和传统的经验分析，企业产品设计部门能够研发家纺新产品，这种客观数据和经验的结合，更能够开发出市场的"爆款"。

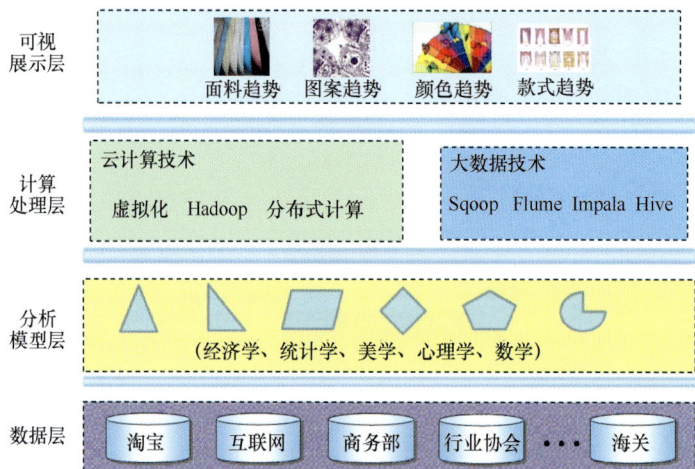

图2　家纺流行趋势的大数据分析平台

3.全渠道商业模式：O2O

家纺业的传统销售渠道面临着"三高一低"的困境，即房租价格高、人工费用高、原材料成本高和利润越来越低。电子商务创造了新的销售渠道，通过使用互联网等电子工具，使公司内部、供应商、客户和合作伙伴之间，利用电子业务共享信息，实现企业间业务流程的电子化，配合企业内部的电子化生产管理系统，提高企业的生产、库存、流通和资金等各个环节的效率。

　　未来几年，国内电商将大规模开展跨境业务，我国电子商务国际化步伐将提速，越来越多的制造业将基于电子商务平台建立"网上自贸区"，从虚拟空间开辟"走出去"途径。有条件的大型企业或行业平台建设面向跨境贸易的多语种电子商务平台，依托跨境电商平台开展进出口业务，实现服务创新和应用推广。

　　随着电商平台进入寡头竞争局面，企业在电商平台的营销成本明显上升，若考虑到账期等隐形成本，电商渠道"低成本"时代早已不在。因此，推进O2O模式将是家纺类企业电商业务的着力点，这也是为了迎合网上消费者对家居等产品必须"眼见为实""亲身接触"等需求而创立的全新模式。线上线下O2O商业模式如图3所示。通过"网上购物""线下体验"和"一站式送货服务"的无缝对接与整合，给消费者提供价格优惠、下单便捷、服务周到的购物体验。通过线上线下结合增强消费者的互动

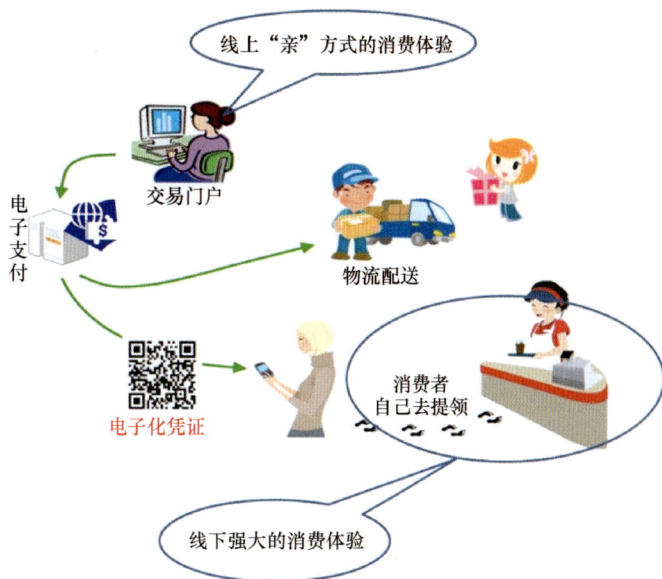

图3　线上线下O2O商业模式

体验，把消费者吸引到线上平台或线下门店，同时有效降低换货率和退货率。

　　O2O是最近几年来兴起的一种将实体经济与线上资源相结合的新的电子商务模式，即网上商城通过提供商品信息、优惠活动信息以及相关服务等方式，把线下商店的消息推送给消费者，消费者在获取相关信息之后可以先在实体店体验商品，然后在线完成下单、支付等流程，最后再凭借订单凭证等去线下商家自提商品或者享受送货上门服务。

　　家纺行业实施O2O模式的优势：

　　（1）有体验服务需求。家纺产品与一般电子、电器产品不同，它们更依赖于消费者的审美观判断和选择，需要实体店让消费者购买前真实体验和感受，这也是传统家纺行业的营销模式。

　　（2）有咨询服务需求。家纺产品款式更新较快，每年流行趋势不同，消费者需要有导购员介绍和引导，而传统家纺行业的实体店经过多年经营，培养了大批工作经验丰富、业务熟悉的员工。

　　（3）有"大家纺"发展需求。家纺产品与其他装饰、装潢、家具等家居产品联合组成"大家纺"的流行趋势现在越来越明显，家纺行业可以在其传统实体店基础上改造成家居体

验馆，可以带动"大家纺"装饰、装潢、家具等相关产品的营销，这也可以成为未来的盈利模式。

O2O模式通过线上线下营销模式良好地实现了"互联网+传统家纺行业"的转型，家纺企业需要不断探索O2O模式下的营销策略，使得两者相得益彰、优势互补、共同发展。

4.个性化快时尚：个性化定制

"定制"成为一种简单而时尚的生活方式，消费者对于生活品的购买，已经不仅是对产品功能的需求，更多将心力倾注在对自我情感的一种倾诉。可以说，定制本身也是特定的消费族群的生活方式的表达。享受专属的服务，恰恰是很多消费者梦寐以求的。消费者通过量身定做这个过程，让自己的个性彰显无遗。个性化定制如图4所示。

个性化定制是运用互联网思维创新经营理念，以信息化与工业化深度融合为基础，充分运用信息技术，以大数据为依托，以满足消费者个性化需求为目标，进行个性化产品的工业化流水线生产方式。这种方式有效实现了消费者与制造商的直接交互，消除了中间环节导致的信息不对称和种种代理成本，彻底颠覆了现有的商业规则和生产模式，创造了全新的商业理念，实现了实体经济与虚拟经济的有机结合，是传统制造业转型升级的新路径。

图4 个性化定制示意图

依托个性化定制平台，客户可以在网上参与设计、提交个性化定制的需求，数据立即传到制造工厂，产品数据管理系统PDM形成数字模型，工厂制造执行管理系统MES完成单件自动化裁剪、规模化缝制与加工，智能物流系统完成网上成品检验与发货，实现了规模化生产下的个性化定制，生产线上输出的是不同款式、型号、面料、颜色、标识的产品。从本质上来说，个性化定制创造性地实现信息化和工业化的深度融合，是智能制造的一种应用实践模式，为家纺行业（乃至传统制造业）转型升级提供新的方法和途径。

近年来，服装个性化定制业务已经走向实际应用。青岛红领集团的男西装个性化定制的"红领模式"，顺德爱斯达的牛仔服个性化定制的"爱斯达模式"，在市场上都已经取得较大反响和巨大成功。家纺行业的个性化定制该何去何从？谁愿成为第一个"吃螃蟹者"，我们拭目以待！

三、发展未来：智能制造

我国正在大力推进"中国制造2025"，加快实现从制造业大国向制造业强国的转变。具体到家纺行业，同样也面临着由"大"向"大而强"的转型，这是挑战同样也是机遇。中国家纺行业具有先期迈进世界家纺强国阵营的基础和优势，然而智能制造则是传统家纺行业转型升级的必经之路。

智能制造是指在生产过程中，将智能装备通过通信技术有机连接起来，实现生产过程自动化；并通过各类感知技术收集生产过程中的各种数据，通过工业以太网等通信手段，上传至工业服务器，在工业软件系统的管理下进行数据处理分析，并与企业资源管理软件相结合，提供最优化的生产方案或者定制化生产，最终实现智能化生产。

对于智能制造的优势，中国纺织工业联合会夏令敏副会长总结为：一是个性化定制，能够使规模经济和个性化产品和服务有效结合；二是可以通过系统优化来提高行业的运行效率，降低经营成本；三是促进新业态、新模式的形成，特别是制造业服务化的趋势会越发明显；四是提高资源的利用效率。

智能制造已经明确为我国实现制造强国的主攻方向，也是政府部门推动《中国制造2025》的抓手和突破口。自然也不例外，智能化是纺织生产制造的发展方向，而信息化、网络化是必不可少的基础支撑，要在设备数字化、智能化的基础上，以生产过程智能化为重点，深入开展云计算、大数据、物联网、移动互联网在家纺行业的应用，实现产业链各个环节的信息共享与协同，真正实现基于数据的智能制造，逐步提升家纺行业智能化生产和管理水平。

"十三五"开局年年初，国务院常务会议再次聚焦中国制造。会议指出，实施《中国制造2025》对促进制造业升级等发挥了积极作用，这也是深化供给侧结构性改革的重要内容。会议提出，设立"中国制造2025"专项资金，启动一批重大标志性项目和技改工程。同时在"中国制造+互联网"上尽快取得突破，实现中国制造迈向中高端。依靠投资驱动、大规模生产低附加值产品的模式已经难以长久，中国制造需要借力互联网，转变生产模式和商业模式，向智能制造升级。

武汉纺织大学云计算与大数据研究中心

"互联网+"家纺产业：全价值链的优化与再造

赵洪珊

摘要：互联网1.0时代是互联网产业时代，主要表现为互联网产业自身发展，互联网2.0则是产业互联网时代，主要表现为互联网作为要素对传统产业的改造与提升，即互联网+。在互联网+趋势下，家纺产业价值创造、价值实现、价值传播与价值传递各环节正在发生变革，全价值链分工被优化重组，出现全媒体传播、个性化规模定制、O2O模式渠道融合以及全程协同的智能价值创造等多种创新。

关键词：互联网+、家纺产业、全媒体传播、O2O模式、个性化规模定制

在全球新一轮科技革命和产业变革中，互联网与家纺领域的融合发展具有广阔前景和无限潜力，已成为产业升级的方向，对家纺产业发展产生着战略性和全局性的影响。在互联网+背景下，家纺产业在价值创造、价值实现以及价值传递各环节与互联网的充分对接，实现设计生产模式、流通渠道直至全产业链的协同创新。

一、"互联网+"是家纺产业转型升级的必然选择

中国宏观经济呈现进入新常态阶段，经济增长从高速增长转为中高速增长；增长的形态表现为经济结构不断优化升级；增长的动力从投资驱动、出口驱动、要素驱动转向创新驱动。国家制定"互联网+行动计划"基于经济新常态形势，旨在促进互联网与传统产业融合创新，移动互联技术、物联网、大数据和云计算与产品设计生产、销售渠道的融合，促进产品设计、制造、销售和消费方式的根本性转变。

互联网1.0时代是互联网产业时代，主要表现为互联网产业自身发展，包括个人电脑、手机以及通信网络技术建设，实现从互联网作为媒体到生活服务直至生活场景的演进。互联网2.0是产业互联网时代，主要表现为互联网作为要素对传统产业的改造与提升，即互联网+。互联网正在成为产业跨界融合的纽带，研发、制造、销售、服务等更多生产环节正在深入而广泛地应用互联网技术。

中国家纺产业具备较明显的比较优势，2015年，全行业出口402亿美元，国家统计局统计的1847家规模以上企业主营收入达2604亿元。"十二五"期间，家纺行业累计出口1933亿美元，累计进口84亿美元，贸易顺差累计1849亿美元。另一方面，产业发展面临国内生产成本

高、人口老龄化、人口红利消退、市场个性化需求突出等挑战，外围又有欧美国家、东南亚国家的市场竞争与分割，迎接挑战，实现从家纺大国到家纺强国阶跃必须依赖模式创新、技术创新、管理创新。互联网作为生产要素，改造提升家纺产业价值链的各个环节，成为创新的必然选择。在互联网+的全程协同模式下，消费者体验式的参与颠覆传统生产的垂直分工体系，企业、客户及各利益方可以互助式参与价值创造、传递、实现等环节，客户得到个性化产品、定制化服务，企业获取超额利润，构建互联网+商业生态系统能力将成为企业核心竞争力。

二、互联网+家纺产业转型升级路径

家纺产业链包括基础价值链、附加价值链和支撑体系三大部分，如图1所示。基础价值链包括市场研究、原材料开发供应、设计研发、产品生产、品牌运营、渠道销售6个一级产业链环节。附加价值链包括流行信息服务、家纺传媒、家纺展会、表演、教育与培训、广告与公关代理、管理咨询7个产业链环节。支撑体系包括纺织机械、标准与检测、政策法规、物流、金融服务5个产业链环节。

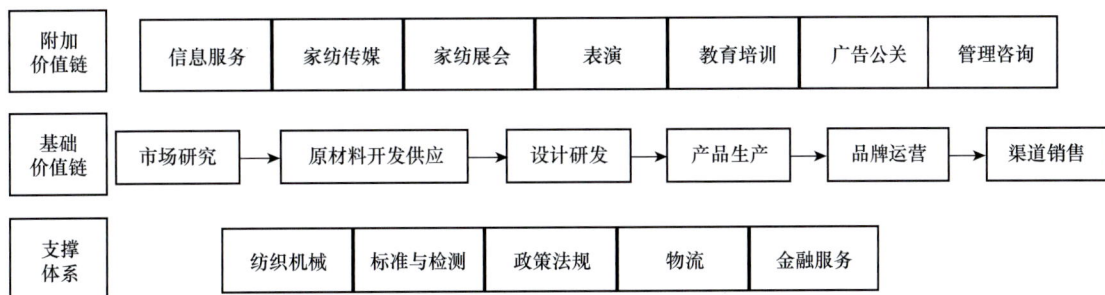

图1　家纺产业链形态图

在工业社会，家纺产业转型升级路径一般是：由第一阶段的代加工生产（OEM：Original Equipment Manufacture）向第二阶段自主设计生产（ODM：Original Design Manufacture）阶段升级，接着向第三阶段自有品牌生产（OBM：Original Brand Manufacture）升级。目前，国内家纺产业已经拥有自主设计能力，并孕育一批全国性和区域品牌，基本完成由ODM到ODM、OBM的转型升级。互联网时代，家纺产业的升级主要依托以互联网技术与思维再造整个产业链，包括重塑从传播、销售渠道到设计研发、智能制造的各个价值活动。

随着互联网新技术的发展，互联网技术对家纺产业的渗透和改造逐渐深入，从简单到复杂，从企业外部活动之间深入到企业内部流程，从传播、销售渠道等业务层面演进到整个供应链的整合与全程协同（图2）。

1. 传播互联网化

利用门户网、IM、BBS、Email、百科、问答、博客、社交网站、微博以及微信等手段，企业组织各项广告、公共关系等传播活动，建立品牌知名度，提高销售额。

2. 销售互联网化

电子商务方式24小时全天候运营、方便快捷，日渐成为家纺产品重要的零售渠道。企业积极开展线上商务活动，利用综合类网络购物平台（如京东、当当、亚马逊、淘宝/天猫）、家纺垂直电商网站（大朴网、为他她等）、家纺品牌企业官网商城进行线上销售。最终实现线上线下融合，即O2O。

3. 设计互联网化

基于电子商务平台，构建家纺产品设计研发，满足消费者个性化需求，实现大规模定制，即C2B以及F2C。

4. 企业互联网化

企业以互联网思维再造价值链流程，最终实现全程协同的智能化价值创造过程。

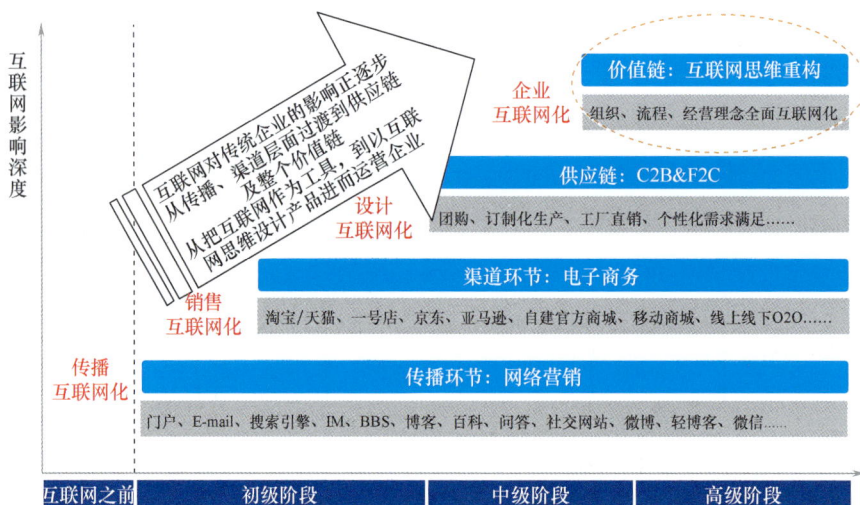

图2　互联网+家纺产业升级路径

三、家纺品牌全媒体传播

互联网时代，由原先的金字塔社会向体育场式社会转变，即围观式社会的逐渐形成。媒体传播方式更加多样化，形成全媒体传播态势。

1. 全媒体的定义

"全媒体"指媒介信息传播采用文字、影像、声音、动画、网页等多种媒体表现手段（多媒体），利用网络、出版、报纸、杂志、电视、广播、音像、电影等不同媒介形态，通过融合的互联网络、电信网络以及广电网络进行传播，最终实现用户以电脑、手机、电视等多种终端均可接收融合的信息，实现任何人、任何时间、任何地点、以任何终端获得任何想要的信息。

2. 全媒体传播的特点

全媒体传播形态的特点包括：

（1）综合运用多种信息手段。全媒体传播，从传播载体工具上分可分为：网络、出版、报纸、杂志、电视、广播、音像、电影、电信、卫星通讯等；从传播内容所依托的各类技术平台来看，除了传统的纸质、声像外，还有基于互联网络和电信及流媒体技术等。

（2）全媒体是传统媒体与新媒体、大众媒体与个众媒体的有机结合。全媒体是多种媒体的联合应用，同时也包括单一媒体的有效传达，依据传播对象和传播目的而进行的有效的单一媒体传播也属于全媒体的形态之一。全媒体传播是传统媒体与新媒体的有机结合，并不排斥传统媒体的有效传达，传统媒体在权威性与持续性上依然并且会长久保持优势。全媒体传播是大众媒体与个众媒体的有机结合，并不排斥大众媒体的有效传达，大众媒体的影响力和时效性依然是个众媒体无法媲美的。

（3）全媒体是各种媒体传播的全方位融合。全媒体是网络媒体与传统媒体的全面互动，以及网络媒体之间的全面互补，网络媒体自身的全面互融。全媒体并不是简单的"n+n"式的媒体加法，而是要通过多屏互动实现"n×n"的媒体乘法。全媒体的"全"在于各媒体取长补短，以技术为驱动、以受众生活形态为指导、以立体化信息为手段，实现渗透、覆盖全受众。

（4）全媒体能够兼顾信息的覆盖率和到达率。全媒体能够将信息发送到需要的任何地方，也能够确保将信息发送给任何确定的单一受众。尤其在大数据的支持下，全媒体可以根据不同个体受众的个性化需求以及信息表现的侧重点来对采用的媒体形式进行取舍和调整，提供超细分定制服务。全媒体能够根据精准化需求和成本效益准则，整合运用各种表现形式和传播渠道，以求投入最小、传播最优、效果最大。

3. 实施多屏互动策略，打造家纺品牌全媒体传播平台

全媒体传播已经成为媒体传播的新常态。家纺企业要想塑造和维护品牌，信息不仅要在一家或几家媒体投放，更是要做全媒体传播。当单一频道增长乏力的时候，企业品牌传播应该开拓分散化和互动化的渠道，通过全媒体与消费者进行互动、沟通。未来品牌在媒体选择的时候不再像以前仅仅依赖反复播30秒、15秒的电视广告，而是要全频道、全媒体，与消费者进行多方位、立体化的沟通。随着移动终端的强势介入，全媒体时代也伴随着自媒体时代的来临，这个时代品牌的传播也要求越来越个性化、定制化，这也是未来的传播和品牌塑造的新趋势。

实现横跨电视、计算机、iPad、手机四块屏的一站式全媒体传播，必须实施多屏互动的混合跨屏媒介策略。多屏互动指的是借助网络连接，在不同的多媒体终端电视、计算机、iPad、手机上，可进行多媒体（图片、视频、音频）内容的传输、解析等一系列操作，同时共享展示内容，丰富受众的多媒体生活。多屏互动最好的切入点是走全媒体传播道路，发挥各类新媒体的优势，为消费者提供精准促销信息服务。

家纺品牌的传播应从战略策略的源头开始完成全面的整合，包括传播理念、技术、内容、媒体形式等不同维度的融合，其目的是通过包括电视、计算机、iPad、手机在内的四块屏之间的互动，让消费者随时随地接触到品牌传播内容，同时也让传播内容随时随地找到消费者。通过搭车社会热点、制造热门话题，促进销售渠道和平台的跨媒体整合，将打造出信息传播与销售一体化的全媒体平台。

多屏互动能够充分发挥互联网粉丝经济的力量，能够利用品牌的二次传播，扩大传播效果，节约传播费用，视频内容本身具有的互动性也能够调动消费者的参与感，因此以多屏互

动策略为核心的家纺品牌全媒体传播时代已经来临。

四、互联网+流通：线上与线下渠道融合

互联网对家纺零售模式也进行了重塑，电子商务正在改写家纺零售的市场格局。由于家纺产品毛巾、床品等多数产品属于标准化产品，适合在线上销售，线上渠道已经成为家纺企业重点开拓和采用的销售渠道之一。近年来富安娜、罗莱家纺等线上销售增长迅速，据艾瑞咨询统计，2014年中国家用纺织品线上交易规模约为829.1亿元。

1. 线上零售模式的选择

目前国内家纺电子商务模式主要可以分为：综合类网络购物平台家居/家纺频道（如京东、当当、亚马逊、淘宝/天猫）；家用纺织品品牌企业官网商城（如罗莱、富安娜、博洋等家纺企业网站）；家纺垂直电商网站（大朴网、为他她等）。

领先的线上零售商的主要发展趋势：一是综合平台式电商继续扩充产品品类和品牌，提供一站式购物；二是平台与品牌商合作加剧，平台式电商发展迅猛，而独立垂直电商将面临更大的经营压力，许多垂直电商被迫放弃了做自有平台的梦想，开始向品牌供应商转型，嫁接于京东、当当、苏宁等平台电商，希望借助平台电商的庞大流量，扩大销量，降低成本。

2. 扩大电子商务应用

扩大电子商务应用，一是要探索电子商务发展规律，健全电商交易体系、物流配送体系、信用监测体系等配套制度，促进电子商务规范健康发展。二是要建立平台商城专卖店、社区商城、官方网上商城、移动端平台等多种渠道，实现全网覆盖，方便商品促销、销售、物流同步管理。三是鼓励多渠道融合的商业模式创新，推动线上线下整合的O2O方式的实践与推广，从而促进顾客资源整合、供应商资源整合以及服务体系整合。四是重视移动端电商平台的布局，利用移动社交平台（如微信），开发独立移动购物APP和WAP，为家纺销售渠道建设开辟新的途径。

3. O2O 模式应用

由于实体零售和网络零售各具特色和优势，两者相互融合发展，形成O2O（Online to Offline）模式，实现线下体验线上购买（图3）。在流程再造的基础上，将实体销售和网络销

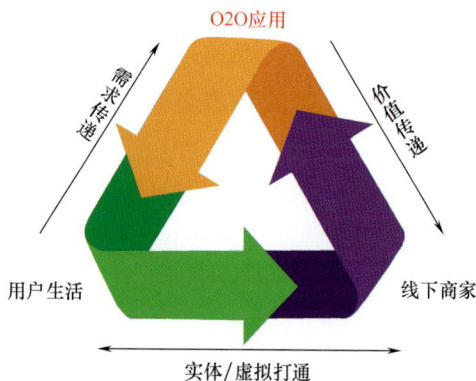

图3　O2O模式应用

售分工协作、融合打通，整合为统一的渠道。在这种安排下，实体店往往主要完成商品展示体验、售后服务等功能，而商品信息传播、交易支付功能则更多通过网络平台实现。也可采用线上宣传、引流，线下实现交易，线上线下促销联动，卡券通用等方法。

当前，家纺企业O2O模式正处于探索阶段，罗莱、富安娜、博洋、水星等已开启O2O战略，开始打通线上线下的区隔。但是家纺企业O2O战略实施依然处于探索阶段，面临诸多挑战：IT系统建设滞后，对线上线下资源整合能力弱；加盟商占比偏高，由于存在渠道冲突，加盟商对于O2O的实施态度消极甚至有些抵制；供应链上下游缺乏协作、反应迟缓等。

O2O模式对企业以互联网思维重塑销售渠道体系提出了更高要求。发展家纺行业O2O，一是要有足够成熟的IT系统和强大的供应链管理体系，包括生产管理、订单管理、物流管理、员工管理，保证消费者良好的购物体验。二是要设计合理的销售激励机制，消除渠道冲突，促进线上线下的合作，利于消费者方便获取商品信息，扩大销售。

五、"互联网+"家纺研发设计：个性化规模定制

消费者对产品的需求集中两点：个性化和性价比。但在供给端这两点上具有天然的矛盾，个性化需要生产的柔性，性价比需要生产的规模化，哪家企业能较好地解决这对矛盾，哪家企业就能走向成功的道路。互联网的应用为解决这一矛盾提供了可能的方案。个性化规模定制，就是以规模生产的成本实现产品个性化生产（图4），建立基于互联网的研发设计流程，可以实现规模化定制。

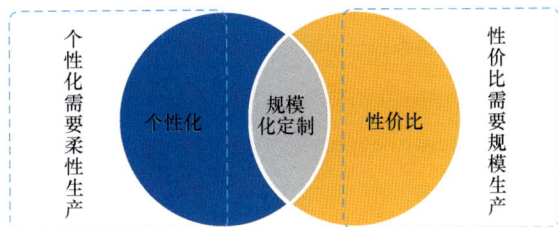

图4　个性化规模定制

互联网在家纺产品开发中的应用为企业实现并行开发模式提供了有力保障，如图5所示，基于C2B的电子商务平台，构建网络环境下以消费者为中心的并行开发模式，依据消费者个性化设计要求，实现规模定制。

消费者决定生产的C2B网上产品研发模式，有网上预售和网络定制两种。基于网络平台，消费者主动参与产品设计、生产和定价，可以自主选择或自己提供产品的展现内容（图片、文字等）、制作工艺（烫钻、印花、绣花）、颜色以及款式等，与家纺企业实现双向沟通和互动，能更好地满足消费者个性化和多样化的消费需求。对于家纺企业来说，能够更加精准地针对消费者，优化产品开发流程，有效降低家纺产品开发的生产成本、流通成本、库存成本，有效管理上下游供应链。通过减少不必要的环节，缩短产品开发周期，为企业提前抢占了市场。现在床品、毛巾、窗帘等家纺产品均已开始个性化规模定制的尝试。

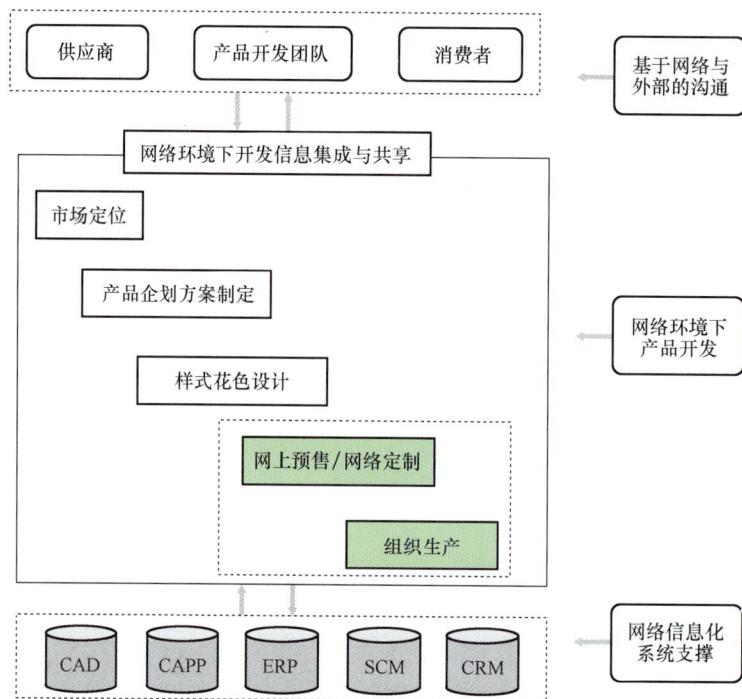

图5 基于C2B的家纺产品开发模式

在互联网+家纺研发方面，可以开展如下工作：

（1）推广家纺行业开放性研发平台。利用互联网连接，依托研发中心，整合设计研发人员和设备设施资源，推进研发资源共享，提高科研设备利用率，提高平台的服务功能和设计孵化功能。

（2）实现平台化管理，接受委托研发设计及产品预制等服务，加强家纺设计的社会化合作，加速研发技术的应用，提高家纺设计能力与研发成果转化。

（3）打造自助式设计服务平台，鼓励消费者参与设计研发，实现家纺产品"众创"设计的服务方式。

六、全过程协同的智能化价值创造

1. 工业4.0时代的智能家纺

互联网的跨界融合正加速"微笑曲线"走向"全程协同"的进程。随着工业4.0的到来，随着物联网技术的云制造平台的运用，家纺产业将向技术、资本密集型转变；"工业机器人、人工智能和数字制造"构筑全新家纺产业的竞争格局。"人工智能技术"今后将会进入制造业，辅助人们进行设计、测试和制造；"机器人技术"将在人工成本和易操作性方面产生革命性影响；"数字制造技术"包括对新产品进行构思、利用模拟器进行测试的能力；家纺产业智能化将启动新一轮"机器换人"。

智能家纺将使企业通过利用"工业机器人、人工智能和数字制造"，进行技术改造升级，优化工艺技术流程，减少家纺企业生产用工总量，提高劳动生产率和产品优质率，促进智能工厂的建立，提升中国家纺国际竞争力。

2. 推动家纺产业的智能化进程

在智能家纺发展进程中，面临三点挑战。第一，认识不清。由于对智能家纺内涵认识不清，家纺企业尚未探索出与和互联企业的有效合作模式。第二，缺乏核心技术。我国智能家纺关键共性核心技术缺失，成为我国智能家纺发展的一大瓶颈。第三，有规划但进展慢。目前国内领先的家纺企业已经有了智能家纺的发展规划，有的已经开始实施，但技术能力较低，进展缓慢。

推进制造过程智能化。企业可以通过使用自动化程度更高的生产设备，使用智能生产线和智能柔性生产管理系统，实现以组为单位的智能化生产管理。通过智能技术能消除人为因素的不确定性，实现供应链一体化的智能管理和各环节无缝衔接，实时、准确地掌握生产信息与数据。

在行业骨干企业试点建设智能工厂/数字化车间，加快人机智能交互、工业机器人、智能物流管理、增材制造等技术和装备在生产过程中的应用，促进制造工艺的数字化控制、仿真优化、状态信息实时监测和自适应控制。加快家纺产品全生命周期管理、供应链管理、客户关系管理系统的推广应用，促进集团管控、设计与制造、产供销一体、业务和财务衔接等关键环节集成，实现智能管控。

3. 全过程互联网+协同

（1）"互联网+"家纺生产制造。建立快速反应的供应链系统，实现生产流程的数字化、智能化、网络化；实时掌握客户关于产品面料、款型、花色等方面的需求，实现家纺产品的按需研发设计与加工生产。

发展家纺行业柔性生产方式和智能制造的生产模式。加强家纺企业与自动控制系统、能源系统、质量保障系统相关企业的合作，对家纺企业生产过程进行智能化改造，建设家纺产品智能化生产线，实现能力升级。

（2）"互联网+"家纺营销。基于全媒体策略，推进品牌传播场景化、数据化、内容化、社群化发展。加快电子商务交易平台建设，融合线上线下，构建协作高效的一体化渠道系统。提高网上交易、信用支付、物流配送等服务水平。推动跨境电子商务发展，结合大数据营销，推动跨境电子商务精准化发展。

（3）"互联网+"家纺物流。开展基于互联网的在线交易、结算支付、物流配送以及物流保险、物流金融等新形式物流服务。家纺企业与物流企业合作创立互联网家纺物流体系，建立订单驱动物流流程，管理原材料与产成品的库存与实时配送，保障配送及时、准确，减少库存浪费。

（4）"互联网+"家纺质量追溯。建立基于物联网等技术的家纺产品溯源系统，实时追踪产品存量、在途货品、价格信息、分销网络，实现家纺产品全过程追本溯源：从生产流通到消费全程监控和追溯，并可进行品牌家纺产品的安全防伪。

建立监测与风险预警网络平台，推动家纺质量监管。运用大数据信息分析质量问题，定期在线发布质量信用信息；网上曝光质量黑名单，对行业和区域质量安全进行网络预警；逐步建立家纺质量标准网上公示与鉴证制度。

（5）"互联网+"家纺售后服务。高端家纺品牌可以与专业清洗企业开展合作，为产品提供高质量的清洗、保养等售后服务。

互联网+创新了家纺品牌的运营模式，基于互联网+思维，开发应用于家纺企业的工商业一体化全新模式，使整个产业链上的各环节实现协调统一。互联网+家纺产业战略明确了产业的发展方向，今后需要集中全行业力量在规划发展模型、搭建网络基础、设计组织结构、建立行业标准、培育适用人才等方面，积极开展前瞻性、基础性研究，加快家纺产业在工业4.0愿景下健康发展。

北京服装学院

上市公司

2015年家用纺织品行业上市公司分析

余湘频　柳一洁

一、在全球主要证券市场有12家家纺企业上市

　　截至2015年12月31日在全球主要证券市场（不含我国新三板）上市的家用纺织品企业为12家，其中在上海证券交易所1家、深圳证券交易所5家、中国香港联交所4家、新加坡证券交易所1家、澳大利亚证券交易所1家。12家上市公司的来源地区和细分行业分布如表1、表2所示：

表1　家用纺织品行业上市公司上市地及实际总部分布

序号	上市地及代码	公司简称	实际总部地区
1	HK00146	太平地毡	中国香港
2	HK00692	中国家居（宝源控股）	中国香港
3	HK02223	卡撒天娇	中国香港
4	SZ002083	孚日股份	山东
5	HK00873	国际泰丰床品	山东
6	SGX：COZ	宏诚家纺	山东
7	SH600152	维科精华	浙江
8	ASX：SHU	绅花纺织	浙江
9	SZ002293	罗莱家纺	江苏
10	SZ002327	富安娜	广东
11	SZ002397	梦洁家纺	湖南
12	SZ002761	多喜爱	湖南

表2　家用纺织品行业上市公司行业细分

序号	上市地及代码	公司简称	细分行业
1	SH600152	维科精华	床上用品
2	SZ002293	罗莱家纺	床上用品

序号	上市地及代码	公司简称	细分行业
3	SZ002327	富安娜	床上用品
4	SZ002397	梦洁家纺	床上用品
5	SZ002761	多喜爱	床上用品
6	HK02223	卡撒天娇	床上用品
7	HK00873	国际泰丰床品	床上用品
8	SGX：COZ	宏诚家纺	床上用品
9	ASX：SHU	绅花纺织	床上用品
10	SZ002083	孚日股份	毛巾
11	HK00146	太平地毡	地毯
12	HK00692	中国家居（宝源控股）	家居

表3　2015年家用纺织品上市公司主要经济指标

人民币核算（单位：亿元人民币）						
序号	代码	公司简称	资产总额	营业收入	净利润	盈利质量	运营效率
1	SZ002083	孚日股份	76.6	42.1	3.1	2.84	2.68
2	SZ002293	罗莱家纺	34.8	29.2	4.2	0.8	1.5
3	SZ002327	富安娜	29.3	20.93	4.01	0.73	1.82
4	SZ002397	梦洁家纺	19.77	15.17	1.56	0.43	1.44
5	SZ002761	多喜爱	9.31	5.97	0.372	0.86	1.23
6	SH600152	维科精华	13.88	7.53	0.36	0.77	0.54
7	HK00873	泰丰床品（停牌）					
8	SGX：COZ	宏诚家纺					
9	ASX：SHU	绅花纺织					
合计			183.66	120.9	13.602		
港币核算（单位：亿港元）						
序号	代码	公司简称	资产总额	营业收入	净利润	盈利质量	运营效率
10	HK00146	太平地毡	12.64	13.13	0.2	1.87	1.07
11	HK00692	中国家居	23.88	11.52	−10.88	0.07	0.97
12	HK02223	卡撒天骄	5.26	3.71	−0.16	0.65	0.96
合计			41.78	28.36	−10.84		

　　从表3可以看出，除3家企业没有资料外，其他9家企业利润指标两极分化严重，盈利质量指标大部分小于1，说明企业经营现金流普遍紧张；运营效率指标大部分大于1，只有1家大

于2，还有3家小于1，说明企业运营效率还有待提高。

如果按照企业经营模式分类，我们可以将这12家企业大致分为两大类：一类是有自主品牌，而且围绕自主品牌建立自己的终端渠道开展推广营销，包括罗莱、富安娜、梦洁、多喜爱、卡撒天娇；另一类是以加工制造为主的企业。

二、上市公司经营出现两极分化

从几家主要围绕自主品牌展开推广营销的企业整体情况来看，2015年总体稳定，特别是相对于加工制造型企业，经营质量普遍好于后者。从营业收入和利润增长情况看，罗莱和富安娜保持稳定增长，梦洁营业收入有所下降，但净利润增长，多喜爱、卡撒天娇营业收入和净利润都有所下降；从健康稳定性看，几家企业在存货周转天数控制上都保持了稳定，说明企业在存货管理和控制上是比较成功的，但在应收账款控制上，除卡撒天娇外，其他几家企业应收账款周转天数大幅上升，这不仅使企业资金使用效率下降，如果这个趋势持续下去，会给企业带来不可控制的经营风险；从盈利质量指标看，几家企业的指标值全部小于健康值1，说明企业的盈利没有足够的现金作保障；从运营效率指标看，卡撒天娇小于1，其他几家大于1，但没有一家超过2，说明运营效率还有提高的空间。

孚日股份过去以出口加工为主，近些年在自主品牌建设和推广方面也取得了卓越成效，2015年尽管总的营业收入有所下降，但净利润指标大幅提升，在健康稳定指标方面也保持了相对稳定，在盈利质量和运营效率指标方面还大幅提升，难能可贵！

同时也看到了维科精华自2012年以来，经营持续萎缩，在2015年依然没有被有效遏制的迹象。泰丰床品停牌、宏诚家纺和绅花纺织没有相应的财务资料，但从以往资料分析看，以加工制造为主的企业经营业绩两极分化现象依然严重。

1. 罗莱家纺（SZ002293）

公司最早为1992年薛伟成、薛伟斌兄弟创办的"南通华源绣品有限公司"；1994年成立"南通罗莱卧室用品有限公司"；1995年成立江苏罗莱集团有限公司；1999年成立上海罗莱家用纺织品有限公司，并将公司运营总部迁往上海；1998年，罗莱在家纺行业率先导入特许连锁加盟经营模式，同时，成立了售后服务组；2002年5月23日，罗莱家纺股份有限公司的直接前身南通罗莱家居用品有限公司（中外合资）设立，自2004年起，罗莱开始实施多品牌运作，拥有自有品牌"罗莱"，同时代理国际著名家纺品牌"SHERIDAN""尚·玛可""迪士尼""意欧恋娜"等。2007年7月10日经商务部批准，公司整体变更设立为股份有限公司。2009年9月，罗莱家纺在深圳证券交易所上市。2015年12月，公司名称由"罗莱家纺股份有限公司"变更为"罗莱生活科技股份有限公司"。

2015年公司实现营业收入29.16亿元，比上年同期增长5.59%，利润总额5.12亿元，比上年同期增长13.26%，归属于上市公司股东的净利润4.1亿元，比上年同期增长3.01%。

2015年，公司继续加大旗下专属电商品牌LOVO的品牌打造力度，着重塑造LOVO独特的品牌特质。LOVO品牌营销模式更加灵活，通过T2O（电视+互联网）营销，热点借势营销，与哆啦A梦跨界合作等营销创新，连续荣获金麦奖、艾奇奖、金鼠标奖等国内外多个电子商务营销大奖。引进巴基斯坦毛浴巾、匈牙利进口羽绒被等新产品，应用天然彩棉针织等新材料，推动销售持续增长，2015年"双十一"销售突破1.9亿，创造了双十一家纺品类四连冠的佳绩。

（1）资产分析（图1、图2）。

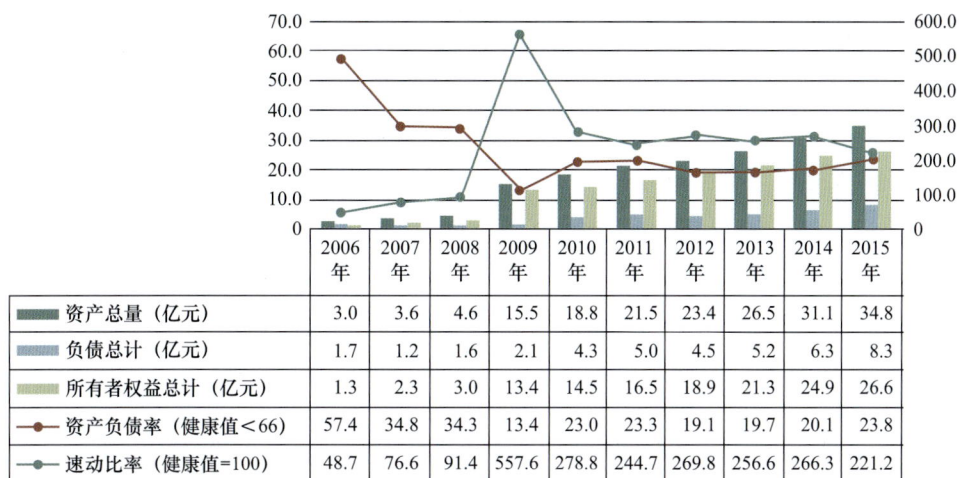

	2006年	2007年	2008年	2009年	2010年	2011年	2012年	2013年	2014年	2015年
资产总量（亿元）	3.0	3.6	4.6	15.5	18.8	21.5	23.4	26.5	31.1	34.8
负债总计（亿元）	1.7	1.2	1.6	2.1	4.3	5.0	4.5	5.2	6.3	8.3
所有者权益总计（亿元）	1.3	2.3	3.0	13.4	14.5	16.5	18.9	21.3	24.9	26.6
资产负债率（健康值<66）	57.4	34.8	34.3	13.4	23.0	23.3	19.1	19.7	20.1	23.8
速动比率（健康值=100）	48.7	76.6	91.4	557.6	278.8	244.7	269.8	256.6	266.3	221.2

图1　罗莱家纺历年资产、负债、所有者权益及其偿债能力指标

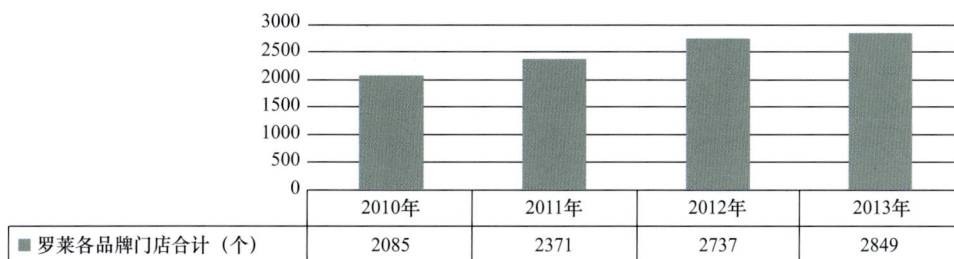

	2010年	2011年	2012年	2013年
罗莱各品牌门店合计（个）	2085	2371	2737	2849

图2　罗莱家纺各品牌实体店数

（2）成长性分析（图3）。

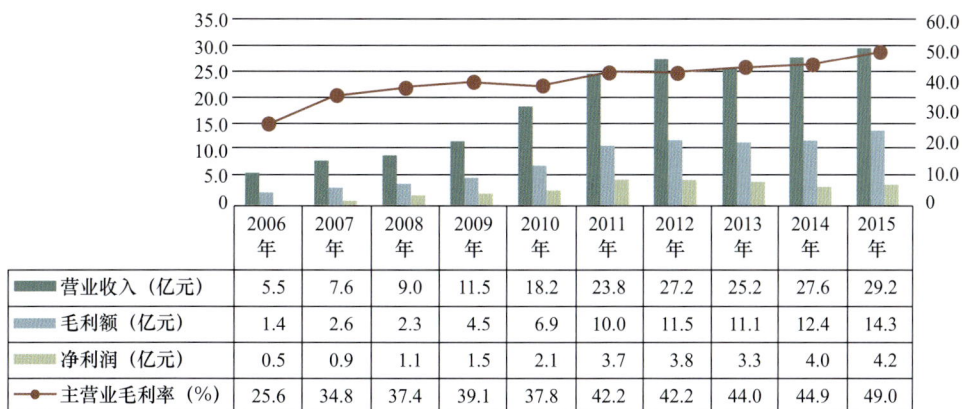

	2006年	2007年	2008年	2009年	2010年	2011年	2012年	2013年	2014年	2015年
营业收入（亿元）	5.5	7.6	9.0	11.5	18.2	23.8	27.2	25.2	27.6	29.2
毛利额（亿元）	1.4	2.6	2.3	4.5	6.9	10.0	11.5	11.1	12.4	14.3
净利润（亿元）	0.5	0.9	1.1	1.5	2.1	3.7	3.8	3.3	4.0	4.2
主营业毛利率（%）	25.6	34.8	37.4	39.1	37.8	42.2	42.2	44.0	44.9	49.0

图3　罗莱家纺历年营业收入、利润及毛利率指标

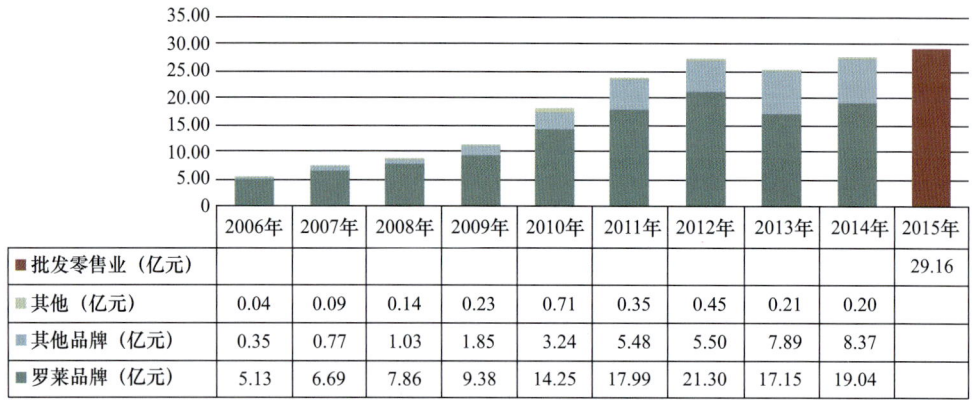

	2006年	2007年	2008年	2009年	2010年	2011年	2012年	2013年	2014年	2015年
■ 批发零售业（亿元）										29.16
■ 其他（亿元）	0.04	0.09	0.14	0.23	0.71	0.35	0.45	0.21	0.20	
■ 其他品牌（亿元）	0.35	0.77	1.03	1.85	3.24	5.48	5.50	7.89	8.37	
■ 罗莱品牌（亿元）	5.13	6.69	7.86	9.38	14.25	17.99	21.30	17.15	19.04	

图4 罗莱家纺历年营业收入按产品分类构成

（3）健康稳定性分析（图5~图10）。

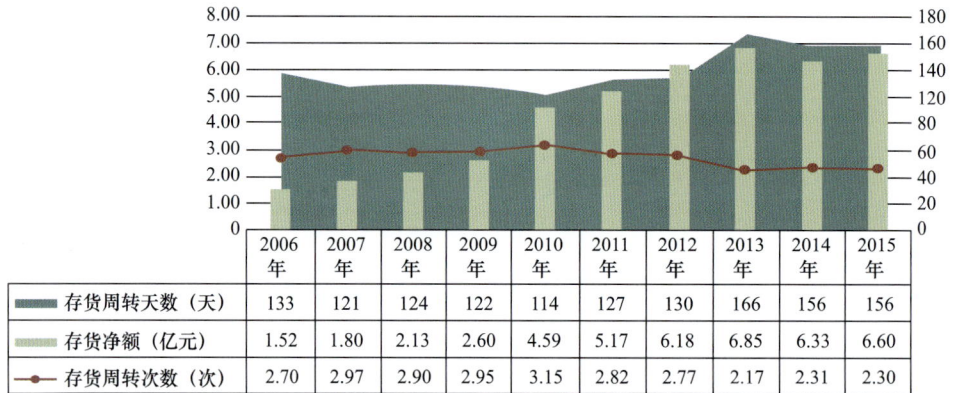

	2006年	2007年	2008年	2009年	2010年	2011年	2012年	2013年	2014年	2015年
■ 存货周转天数（天）	133	121	124	122	114	127	130	166	156	156
■ 存货净额（亿元）	1.52	1.80	2.13	2.60	4.59	5.17	6.18	6.85	6.33	6.60
—●— 存货周转次数（次）	2.70	2.97	2.90	2.95	3.15	2.82	2.77	2.17	2.31	2.30

图5 罗莱家纺历年存货及其周转效率指标

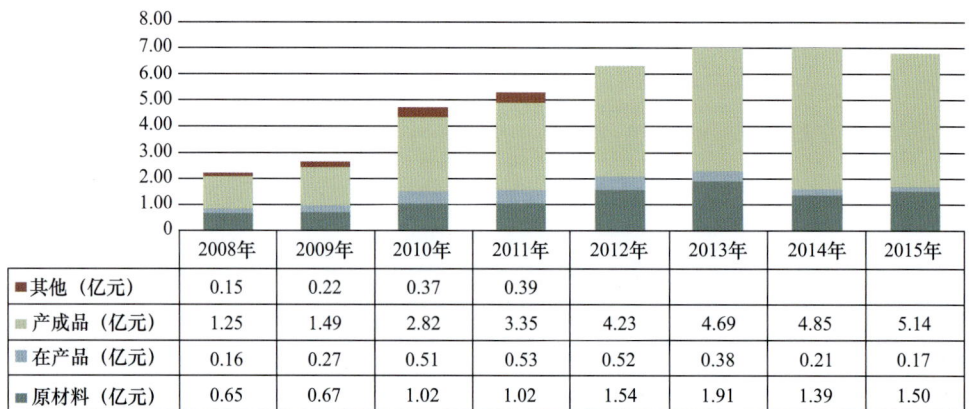

	2008年	2009年	2010年	2011年	2012年	2013年	2014年	2015年
■ 其他（亿元）	0.15	0.22	0.37	0.39				
■ 产成品（亿元）	1.25	1.49	2.82	3.35	4.23	4.69	4.85	5.14
■ 在产品（亿元）	0.16	0.27	0.51	0.53	0.52	0.38	0.21	0.17
■ 原材料（亿元）	0.65	0.67	1.02	1.02	1.54	1.91	1.39	1.50

图6 罗莱家纺历年存货及其构成

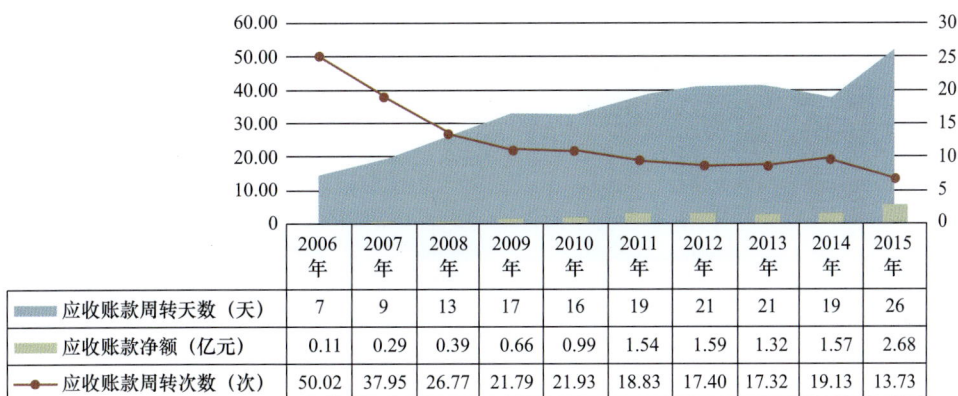

	2006年	2007年	2008年	2009年	2010年	2011年	2012年	2013年	2014年	2015年
应收账款周转天数（天）	7	9	13	17	16	19	21	21	19	26
应收账款净额（亿元）	0.11	0.29	0.39	0.66	0.99	1.54	1.59	1.32	1.57	2.68
应收账款周转次数（次）	50.02	37.95	26.77	21.79	21.93	18.83	17.40	17.32	19.13	13.73

图7 罗莱家纺历年应收账款及其周转效率指标

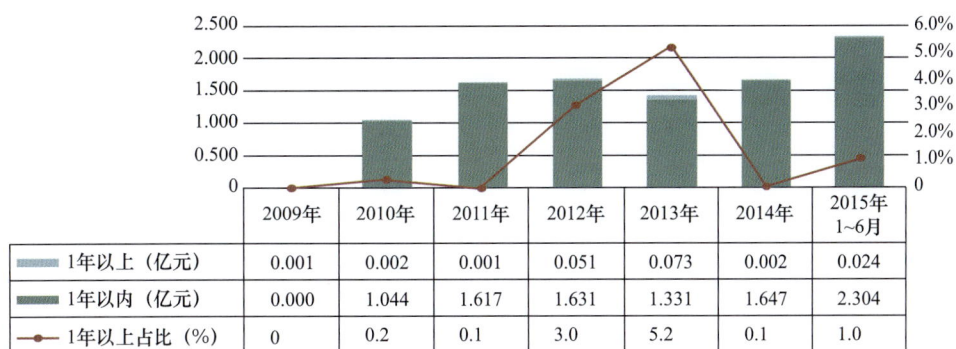

	2009年	2010年	2011年	2012年	2013年	2014年	2015年 1~6月
1年以上（亿元）	0.001	0.002	0.001	0.051	0.073	0.002	0.024
1年以内（亿元）	0.000	1.044	1.617	1.631	1.331	1.647	2.304
1年以上占比（%）	0	0.2	0.1	3.0	5.2	0.1	1.0

图8 罗莱家纺历年应收账款及其构成

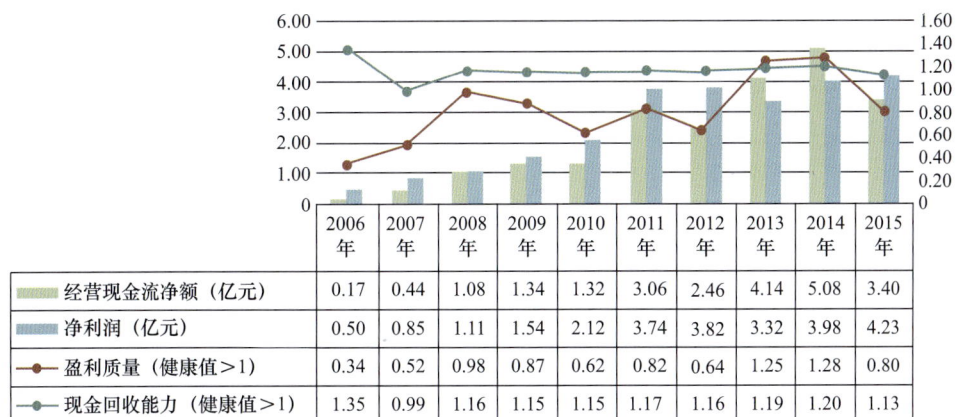

	2006年	2007年	2008年	2009年	2010年	2011年	2012年	2013年	2014年	2015年
经营现金流净额（亿元）	0.17	0.44	1.08	1.34	1.32	3.06	2.46	4.14	5.08	3.40
净利润（亿元）	0.50	0.85	1.11	1.54	2.12	3.74	3.82	3.32	3.98	4.23
盈利质量（健康值＞1）	0.34	0.52	0.98	0.87	0.62	0.82	0.64	1.25	1.28	0.80
现金回收能力（健康值＞1）	1.35	0.99	1.16	1.15	1.15	1.17	1.16	1.19	1.20	1.13

现金回收能力=销售商品或提供劳务收到的现金/主营业务收入

盈利质量=经营现金流净额/净利润

图9 罗莱家纺历年盈利质量、现金回收能力、经营现金流指标

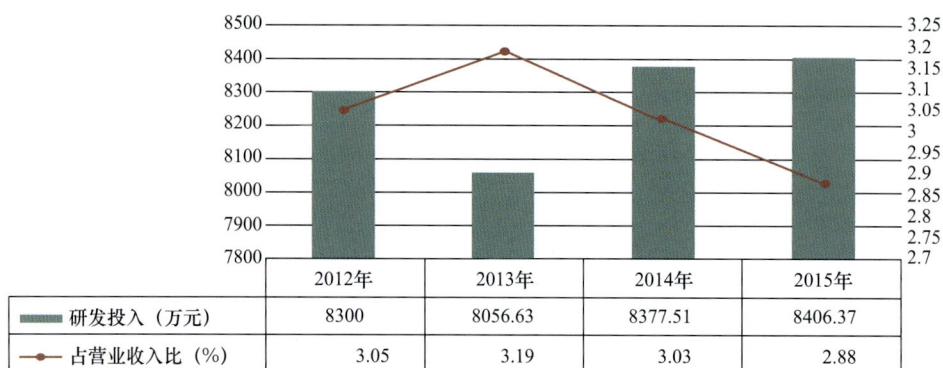

	2012年	2013年	2014年	2015年
研发投入（万元）	8300	8056.63	8377.51	8406.37
占营业收入比（%）	3.05	3.19	3.03	2.88

图10　罗莱家纺历年研发投入及营业收入比例

（4）运营效率分析（图11）。

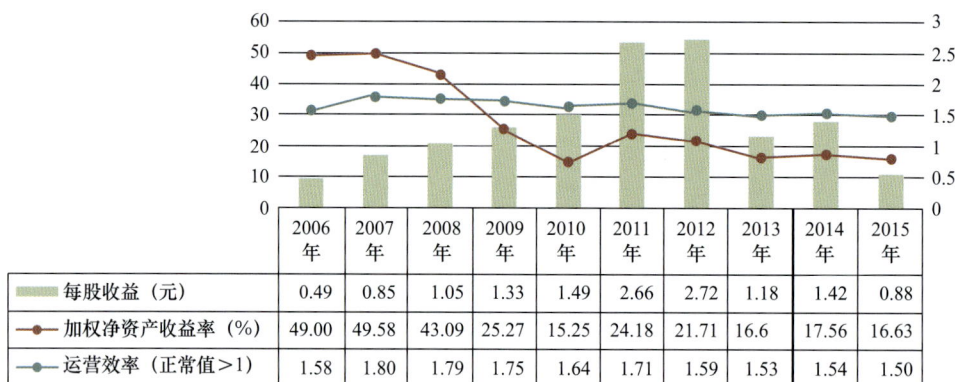

	2006年	2007年	2008年	2009年	2010年	2011年	2012年	2013年	2014年	2015年
每股收益（元）	0.49	0.85	1.05	1.33	1.49	2.66	2.72	1.18	1.42	0.88
加权净资产收益率（%）	49.00	49.58	43.09	25.27	15.25	24.18	21.71	16.6	17.56	16.63
运营效率（正常值＞1）	1.58	1.80	1.79	1.75	1.64	1.71	1.59	1.53	1.54	1.50

运营效率＝毛利额/（销售费+管理费）

图11　罗莱家纺历年综合运营效率指标

2. 富安娜（SZ002327）

深圳市富安娜家居用品股份有限公司，成立于1994年8月，于2009年12月在深圳A股成功上市，是一家集研发、设计、生产、销售于一体的综合型家纺企业，产品涉及家居床品、饰品、居家用品等多个系列。目前公司拥有"富安娜""维莎""馨而乐""酷奇智""圣之花"五大品牌，公司在全国各地布局了生产物流基地，目前，富安娜拥有深圳龙华、江苏常熟、四川南充三大生产基地。富安娜拥有健全的营销服务体系，公司从自营店销售的单一模式发展成为直营销售、加盟经销、电子商务、电购团购等多渠道营销推广模式。

2015年，公司通过调整战略规划，加快了"集成智慧大家居"的全面布局，继续推进"集成智慧大家居"的一体化战略，完成了产业链及产品研发、人才、设备和软件系统等的布局筹备。

公司加强了终端门店的经营质量优化，通过不断创新的营销方式、更积极主动的商品及陈列调整和更完善的门店管理体系，提高单网点的经营质量，对业绩不好的部分中小门店进行主动关闭，以确保整体经营质量的健康。另外，公司针对各营业网点的终端形象进行了新的装修升级改造工作，加大家居品类的扩充，增加货柜陈列的饱满度，丰富销售品类，加大顾客成交率的提升，从而提高单店销售能力，无论是直营渠道还是加盟渠道都获得销售业绩的内生式增长；在互联网的大时代，更加注重电子商务渠道的建设，初步建成了一体两翼的全渠道营销体系，即以天猫、京东、唯品会等第三方平台为主体，公司自建官方商城、微商城和以杭州执御为载体的跨境电商为两翼的全渠道营销架构。

2015年度公司共实现营业收入 20.93 亿元，同比增长 6.24%，实现利润总额 4.91亿元，比上年同期增长 0.14 %，实现净利润 4.01亿元，比上年同期增长了6.55%。

（1）资产分析（图12、图13）。

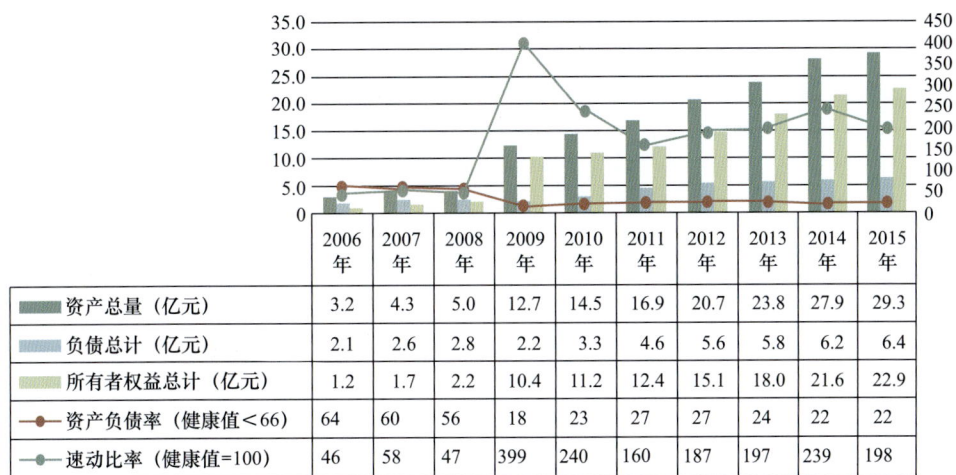

	2006年	2007年	2008年	2009年	2010年	2011年	2012年	2013年	2014年	2015年
资产总量（亿元）	3.2	4.3	5.0	12.7	14.5	16.9	20.7	23.8	27.9	29.3
负债总计（亿元）	2.1	2.6	2.8	2.2	3.3	4.6	5.6	5.8	6.2	6.4
所有者权益总计（亿元）	1.2	1.7	2.2	10.4	11.2	12.4	15.1	18.0	21.6	22.9
资产负债率（健康值<66）	64	60	56	18	23	27	27	24	22	22
速动比率（健康值=100）	46	58	47	399	240	160	187	197	239	198

图12　富安娜历年资产、负债、所有者权益及偿债能力指标

	2012年	2013年	2014年	2015年
直营店（个）		596	566	609
加盟店（个）		1614	1449	1095
富安娜店铺合计（个）	2273	2210	2015	1704

图13　富安娜店铺数及构成

（2）成长性分析（图14）。

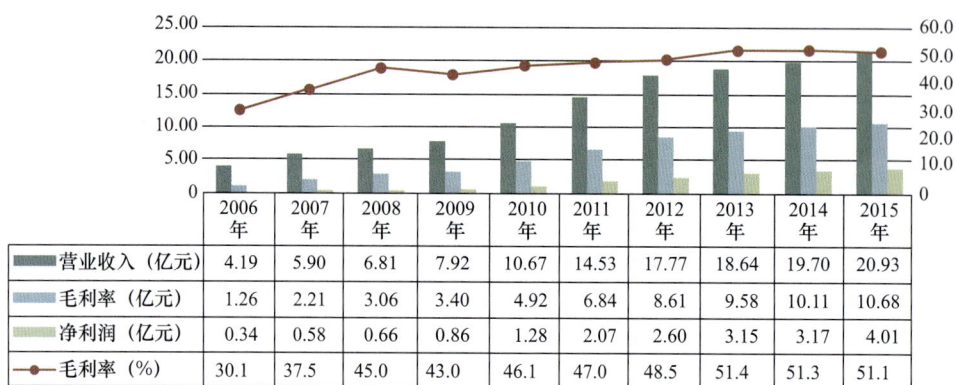

	2006年	2007年	2008年	2009年	2010年	2011年	2012年	2013年	2014年	2015年
营业收入（亿元）	4.19	5.90	6.81	7.92	10.67	14.53	17.77	18.64	19.70	20.93
毛利率（亿元）	1.26	2.21	3.06	3.40	4.92	6.84	8.61	9.58	10.11	10.68
净利润（亿元）	0.34	0.58	0.66	0.86	1.28	2.07	2.60	3.15	3.17	4.01
毛利率（%）	30.1	37.5	45.0	43.0	46.1	47.0	48.5	51.4	51.3	51.1

图14 富安娜历年营业收入、利润及毛利率

（3）健康稳定性分析（图15~图20）。

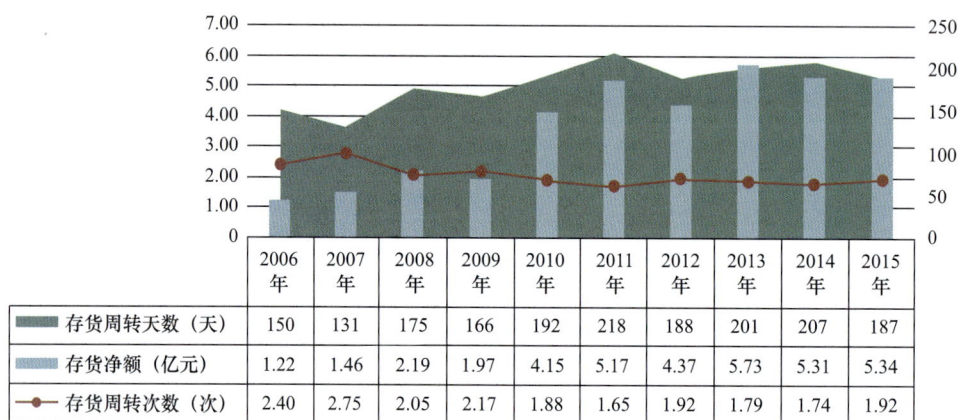

	2006年	2007年	2008年	2009年	2010年	2011年	2012年	2013年	2014年	2015年
存货周转天数（天）	150	131	175	166	192	218	188	201	207	187
存货净额（亿元）	1.22	1.46	2.19	1.97	4.15	5.17	4.37	5.73	5.31	5.34
存货周转次数（次）	2.40	2.75	2.05	2.17	1.88	1.65	1.92	1.79	1.74	1.92

图15 富安娜历年存货及其周转效率

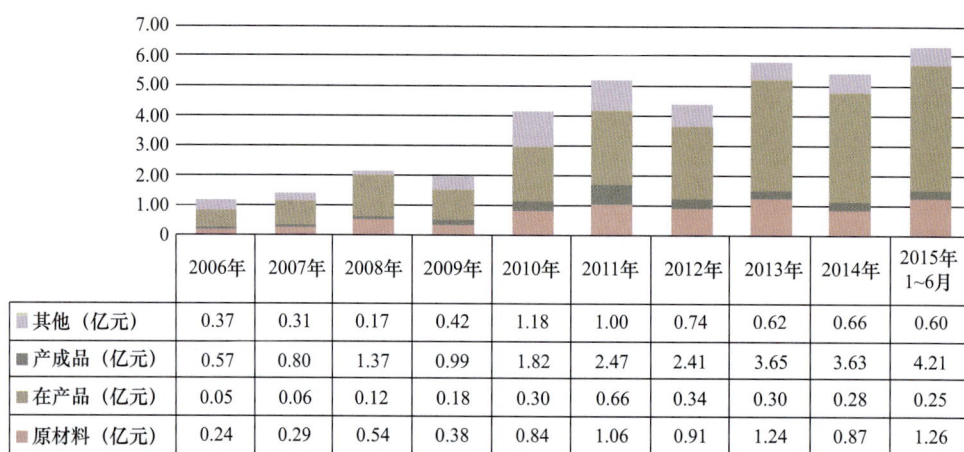

	2006年	2007年	2008年	2009年	2010年	2011年	2012年	2013年	2014年	2015年1~6月
其他（亿元）	0.37	0.31	0.17	0.42	1.18	1.00	0.74	0.62	0.66	0.60
产成品（亿元）	0.57	0.80	1.37	0.99	1.82	2.47	2.41	3.65	3.63	4.21
在产品（亿元）	0.05	0.06	0.12	0.18	0.30	0.66	0.34	0.30	0.28	0.25
原材料（亿元）	0.24	0.29	0.54	0.38	0.84	1.06	0.91	1.24	0.87	1.26

图16 富安娜历年存货及其构成

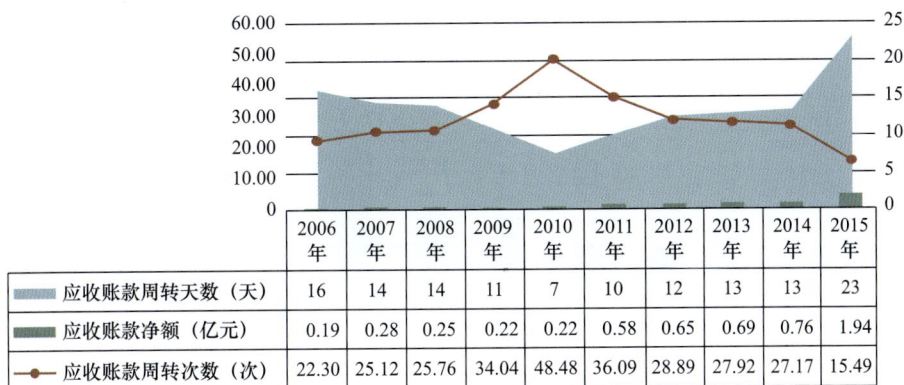

图17　富安娜历年应收账款及其周转率指标

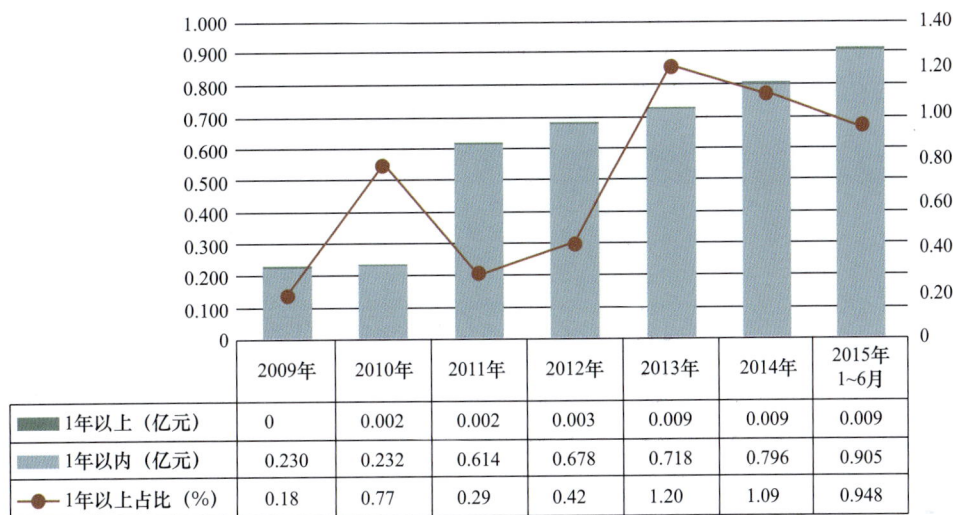

图18　富安娜历年应收账款及其构成

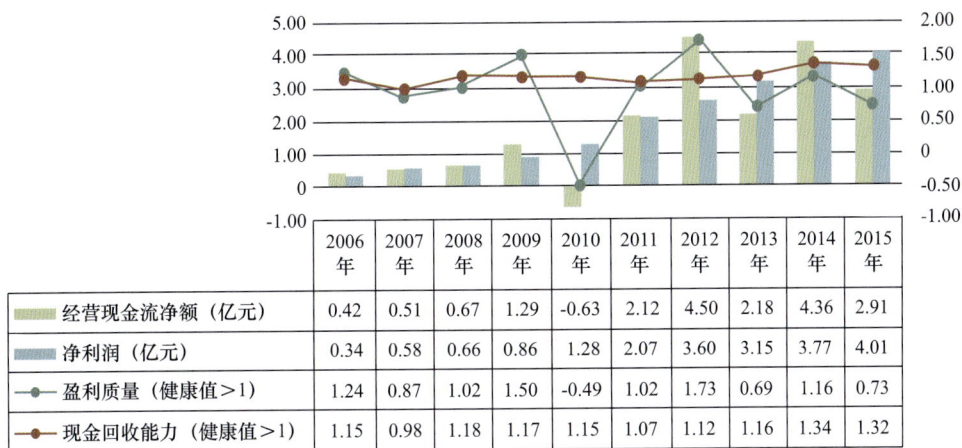

现金回收能力=销售商品或提供劳务收到的现金/主营业务收入

盈利质量=经营现金流净额/净利润

图19　富安娜历年盈利质量、现金回收能力、经营现金流指标

・ 113 ・

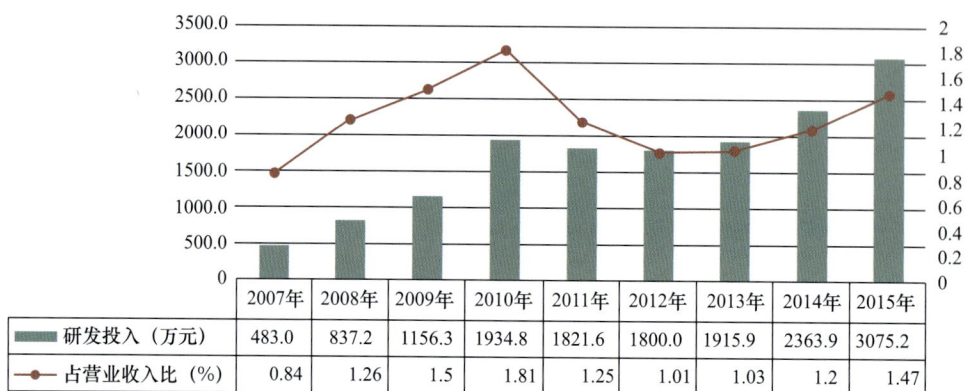

	2007年	2008年	2009年	2010年	2011年	2012年	2013年	2014年	2015年
研发投入（万元）	483.0	837.2	1156.3	1934.8	1821.6	1800.0	1915.9	2363.9	3075.2
占营业收入比（%）	0.84	1.26	1.5	1.81	1.25	1.01	1.03	1.2	1.47

图20　富安娜历年研发投入及占营业收入比例

（4）运营效率分析（图21）。

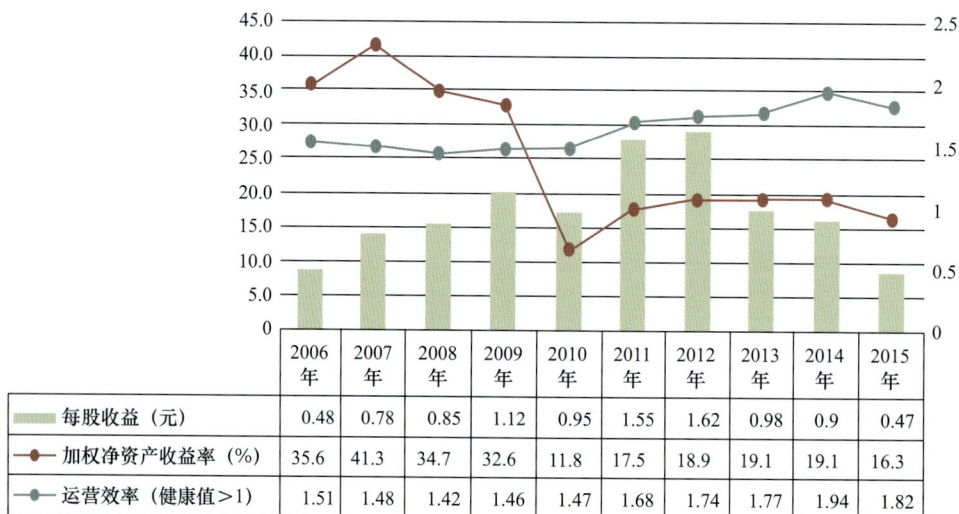

	2006年	2007年	2008年	2009年	2010年	2011年	2012年	2013年	2014年	2015年
每股收益（元）	0.48	0.78	0.85	1.12	0.95	1.55	1.62	0.98	0.9	0.47
加权净资产收益率（%）	35.6	41.3	34.7	32.6	11.8	17.5	18.9	19.1	19.1	16.3
运营效率（健康值＞1）	1.51	1.48	1.42	1.46	1.47	1.68	1.74	1.77	1.94	1.82

运营效率=毛利额/（销售费+管理费）

图21　富安娜历年综合运营效率指标

3. 梦洁家纺（SZ002397）

公司前身为长沙被服厂，始建于1956年，原系长沙市棉麻土产公司下属的非独立法人单位；1990年创立"梦洁"品牌；1994年公司更名为长沙市梦洁绗缝制品实业公司；1997年与市棉麻土产公司实行分立，成为独立法人单位；2000年梦洁实施多品牌战略，推出"寐"及"梦洁床垫"两个品牌；2001年1月10日，经长沙市企业改革和发展领导小组办公室批复，长沙市梦洁绗缝制品实业公司改制为湖南梦洁家纺有限公司，法定代表人为姜天武；2003年成立以"梦洁床垫"为独立运作的控股子公司——湖南梦洁新材料科技有限公司；2005年湖南梦洁家纺有限公司变更为湖南梦洁家纺股份有限公司，成立控股子公司——湖南寐家居科技有限公司；2006年"梦洁宝贝"诞生，属国内第一家专业的儿童家纺品牌；2009年开发全新网购品牌"觅"，进军电子商务领域；2010年梦洁推出环保、大众品牌"平实美学"，倡导环保、低碳、天然的家居生活；2010年湖南梦洁家纺股份有限公司在深圳证券交易所中小板上市。公司位于湖南省长沙市高新技术产业开发区麓谷产业基地。

公司以多品牌战略，打造"梦洁""寐""梦洁宝贝""梦洁床垫""觅""平实美学"6大品牌，公司在全国有3000家零售终端，构成了行业内较强的线下销售网络，同时，公司也积极布局互联网、移动互联网等新兴渠道，公司会员和团购客户日渐扩大，网购和电视购物平台已初具规模。

近年，梦洁在德国并购SICHOU Gmbh（丝绸）公司，在海外代理Somma、Kauffmann、Hnman、Venini、Billerbeck、Drahoma等9家大型家居品牌，覆盖多层次的市场需求。公司与56家外商建立友好业务关系，在欧洲建立300家零售网点，产品出口美国、欧盟、东南亚等20多个国家和地区。企业还在美国、欧盟、韩国、日本、澳大利亚等9个国家和地区进行了涉外商标注册，有效地进行了自主品牌的国际知识产权保护。

2015年，公司全面实施互联网+CPSD战略，寻求新的突破与转型。公司积极布局新兴渠道，电商、电购、微商等增长快速，全年公司新兴渠道销售收入同比增长30%。

2015年，实现销售收入15.17亿元，同比下降3.10%；实现营业利润1.86亿元，同比增长2.19%；实现净利润1.563亿元，同比增长5.13%。

2015年，公司参与设立了"梦金所（上海）互联网金融信息服务有限公司"，投资设立了"广州梦洁宝贝蓝门数字商业有限公司"和"梦洁智能卧室实验室"等。

（1）资产分析（图22）。

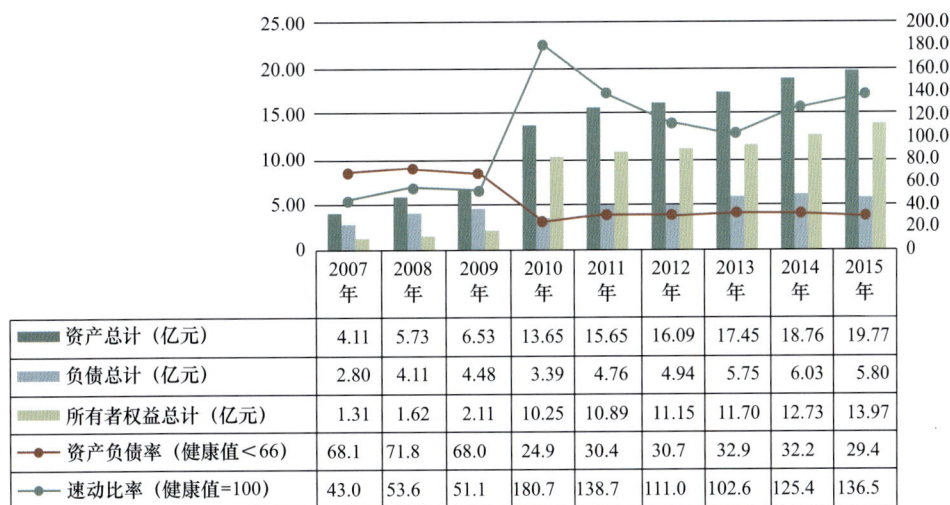

	2007年	2008年	2009年	2010年	2011年	2012年	2013年	2014年	2015年
资产总计（亿元）	4.11	5.73	6.53	13.65	15.65	16.09	17.45	18.76	19.77
负债总计（亿元）	2.80	4.11	4.48	3.39	4.76	4.94	5.75	6.03	5.80
所有者权益总计（亿元）	1.31	1.62	2.11	10.25	10.89	11.15	11.70	12.73	13.97
资产负债率（健康值<66）	68.1	71.8	68.0	24.9	30.4	30.7	32.9	32.2	29.4
速动比率（健康值=100）	43.0	53.6	51.1	180.7	138.7	111.0	102.6	125.4	136.5

图22　梦洁历年资产、负债、所有者权益及其偿债能力指标

（2）成长性分析（图23）。

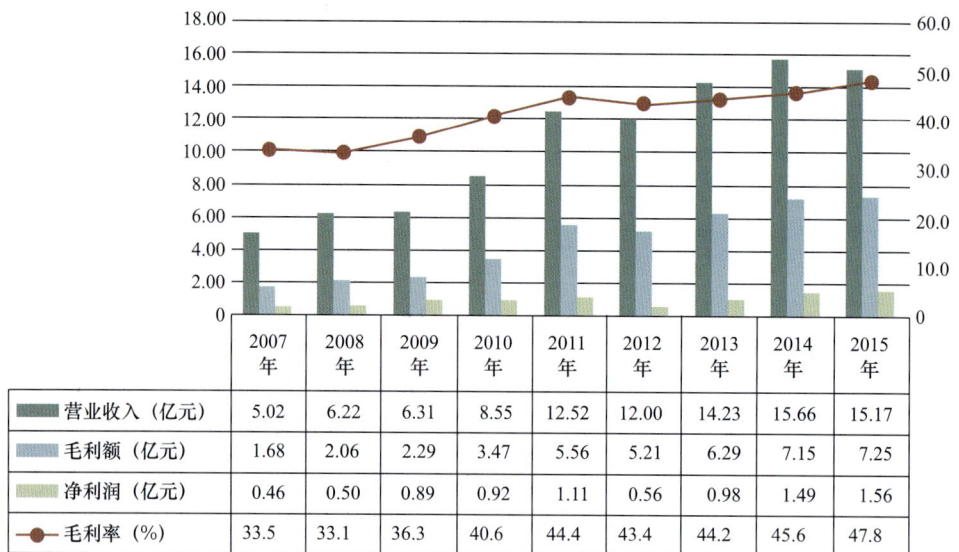

	2007年	2008年	2009年	2010年	2011年	2012年	2013年	2014年	2015年
营业收入（亿元）	5.02	6.22	6.31	8.55	12.52	12.00	14.23	15.66	15.17
毛利额（亿元）	1.68	2.06	2.29	3.47	5.56	5.21	6.29	7.15	7.25
净利润（亿元）	0.46	0.50	0.89	0.92	1.11	0.56	0.98	1.49	1.56
毛利率（%）	33.5	33.1	36.3	40.6	44.4	43.4	44.2	45.6	47.8

图23　梦洁历年营业收入、利润及毛利率

（3）健康稳定性分析（图24~图29）。

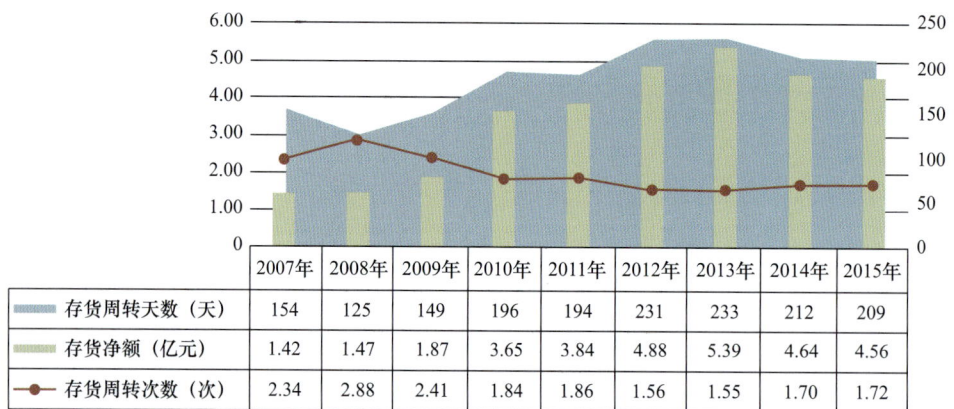

	2007年	2008年	2009年	2010年	2011年	2012年	2013年	2014年	2015年
存货周转天数（天）	154	125	149	196	194	231	233	212	209
存货净额（亿元）	1.42	1.47	1.87	3.65	3.84	4.88	5.39	4.64	4.56
存货周转次数（次）	2.34	2.88	2.41	1.84	1.86	1.56	1.55	1.70	1.72

图24　梦洁历年存货及其周转效率指标

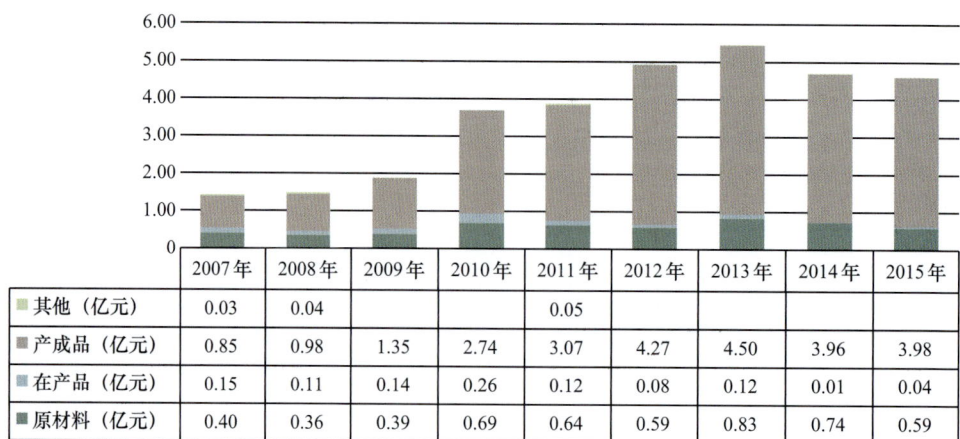

	2007年	2008年	2009年	2010年	2011年	2012年	2013年	2014年	2015年
其他（亿元）	0.03	0.04			0.05				
产成品（亿元）	0.85	0.98	1.35	2.74	3.07	4.27	4.50	3.96	3.98
在产品（亿元）	0.15	0.11	0.14	0.26	0.12	0.08	0.12	0.01	0.04
原材料（亿元）	0.40	0.36	0.39	0.69	0.64	0.59	0.83	0.74	0.59

图25　梦洁历年存货及其构成

2015中国家用纺织品行业发展报告

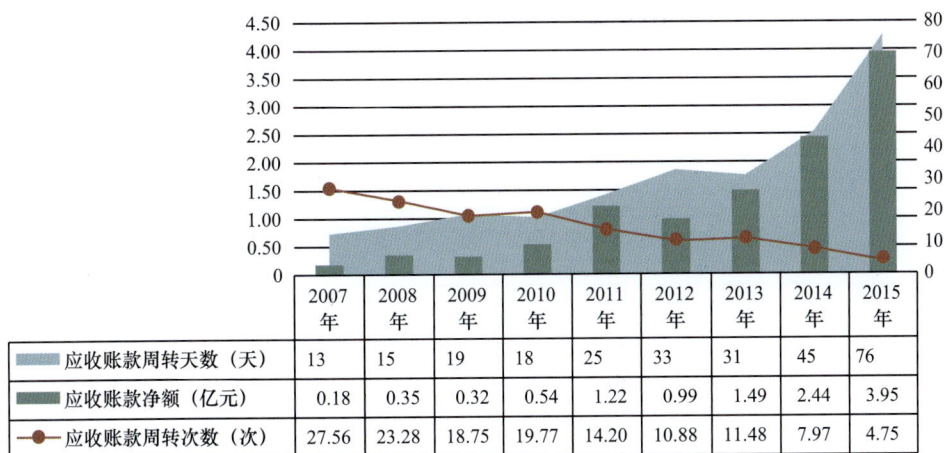

	2007年	2008年	2009年	2010年	2011年	2012年	2013年	2014年	2015年
应收账款周转天数（天）	13	15	19	18	25	33	31	45	76
应收账款净额（亿元）	0.18	0.35	0.32	0.54	1.22	0.99	1.49	2.44	3.95
应收账款周转次数（次）	27.56	23.28	18.75	19.77	14.20	10.88	11.48	7.97	4.75

图26 梦洁历年应收账款及其周转效率指标

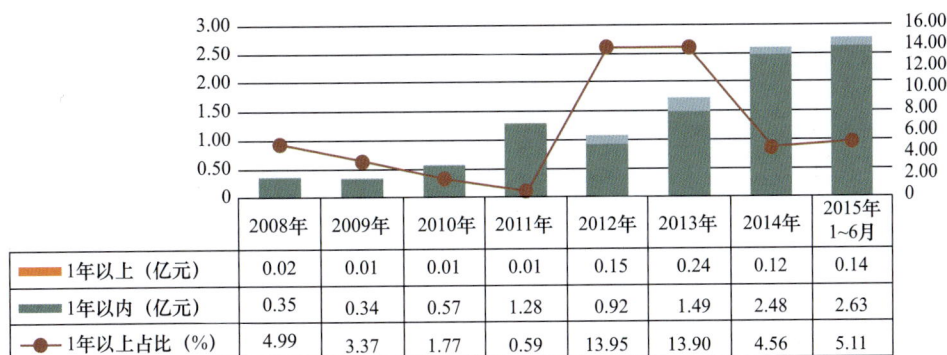

	2008年	2009年	2010年	2011年	2012年	2013年	2014年	2015年 1~6月
1年以上（亿元）	0.02	0.01	0.01	0.01	0.15	0.24	0.12	0.14
1年以内（亿元）	0.35	0.34	0.57	1.28	0.92	1.49	2.48	2.63
1年以上占比（%）	4.99	3.37	1.77	0.59	13.95	13.90	4.56	5.11

图27 梦洁历年应收账款及其构成

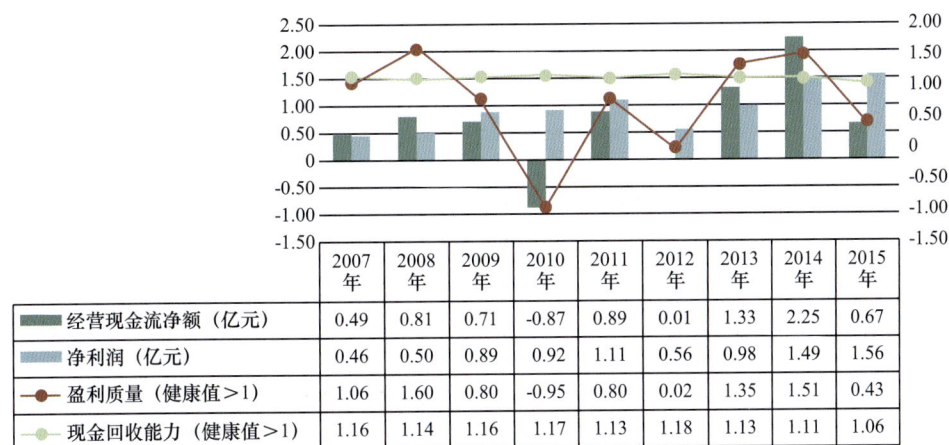

	2007年	2008年	2009年	2010年	2011年	2012年	2013年	2014年	2015年
经营现金流净额（亿元）	0.49	0.81	0.71	-0.87	0.89	0.01	1.33	2.25	0.67
净利润（亿元）	0.46	0.50	0.89	0.92	1.11	0.56	0.98	1.49	1.56
盈利质量（健康值>1）	1.06	1.60	0.80	-0.95	0.80	0.02	1.35	1.51	0.43
现金回收能力（健康值>1）	1.16	1.14	1.16	1.17	1.13	1.18	1.13	1.11	1.06

现金回收能力=销售商品或提供劳务收到的现金/主营业务收入

盈利质量=经营现金流净额/净利润

图28 梦洁历年盈利质量、现金回收能力、经营现金流指标

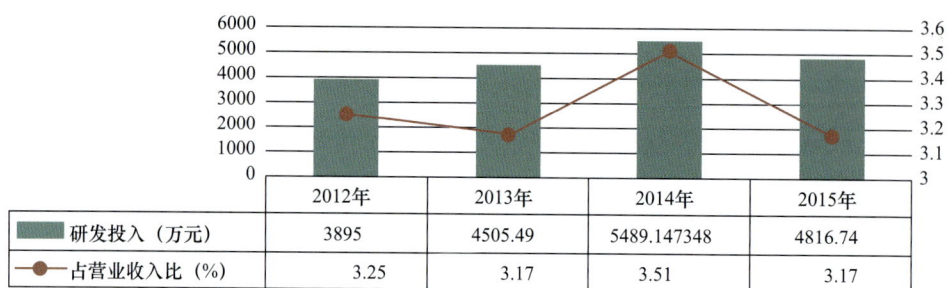

	2012年	2013年	2014年	2015年
■ 研发投入（万元）	3895	4505.49	5489.147348	4816.74
● 占营业收入比（%）	3.25	3.17	3.51	3.17

图29 梦洁历年研发投入及占营业收入比例

（4）运营效率分析（图30）。

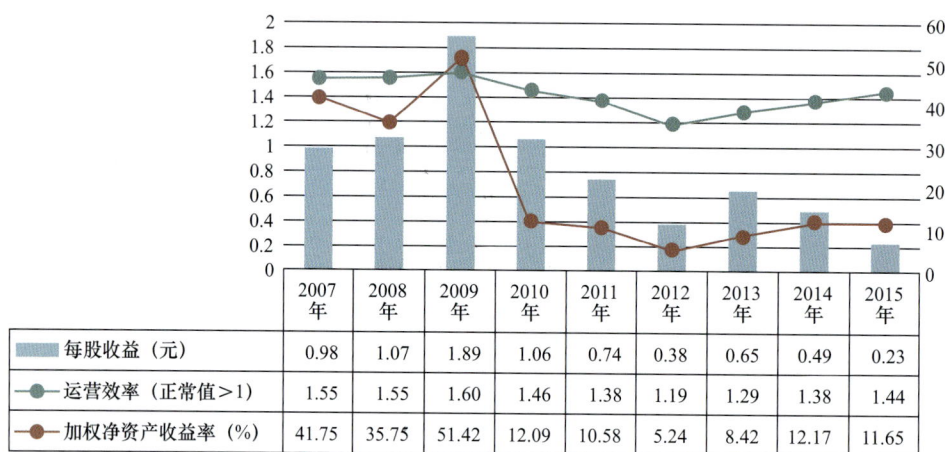

	2007年	2008年	2009年	2010年	2011年	2012年	2013年	2014年	2015年
■ 每股收益（元）	0.98	1.07	1.89	1.06	0.74	0.38	0.65	0.49	0.23
● 运营效率（正常值＞1）	1.55	1.55	1.60	1.46	1.38	1.19	1.29	1.38	1.44
● 加权净资产收益率（%）	41.75	35.75	51.42	12.09	10.58	5.24	8.42	12.17	11.65

运营效率=毛利额/（销售费+管理费）

图30 梦洁历年综合运营效率指标

4. 多喜爱（SZ002761）

公司前身是于2006年12月21日成立的湖南多喜爱保健科技有限公司，成立时注册资本200万元，由陈军、黄娅妮夫妇各占注册资本的50%。后经多次增资至9000万元，2011年8月23日，经股份发起人会议审议同意，以1.773亿元净资产折股9000万元整体变更为股份公司。公司于2015年6月10日在深圳中小板上市。上市后陈军、黄娅妮夫妇合计持有公司股份为50.85%，仍为控股股东。

公司主要从事以套件类产品（含枕套、被套、床单、床笠等）、芯类产品（含枕芯、被芯）为主的家纺用品的研发设计、委托加工的组织、品牌推广、渠道建设和销售业务，并一直致力于新材料面料的应用研发和生产业务。公司的主要产品为"多喜爱"品牌床上用品。公司产品定位于二三线城市的中高端市场，主要面向年轻消费群体。

经过多年经营和发展，已建立了深入、广泛的销售渠道网络，形成了差异化的竞争优势。近年来，随着电子商务的蓬勃发展，公司结合自身产品情况与目标客户需求，逐渐摸索出了一套行之有效的网络营销方式，在网络销售渠道的建设上也取得了长足的进步。公司网络销售收入逐年提高，2012~2014年分别为7306.23万元、11272.69万元和14141.46万元。

公司一直着力打造"时尚家纺"的概念，在产品风格上通过主题、色彩、花型等方式突出时尚、新潮的品牌内涵，并始终坚持对产品功能性的开发和提升，通过各种技术手段有效提高了产品的抗菌、防霉和保健等功能，对细分市场的目标受众具有较强的品牌黏性。"多喜爱"品牌的内涵主要可归纳为时尚、简约、年轻。

2015年，公司业绩增长有所下滑。公司2015年实现营业收入59648.51万元，同比减少7562.59万元，归属于上市公司股东的净利润3724.96万元，同比减少795.52万元。

（1）资产质量分析（图31~图34）。

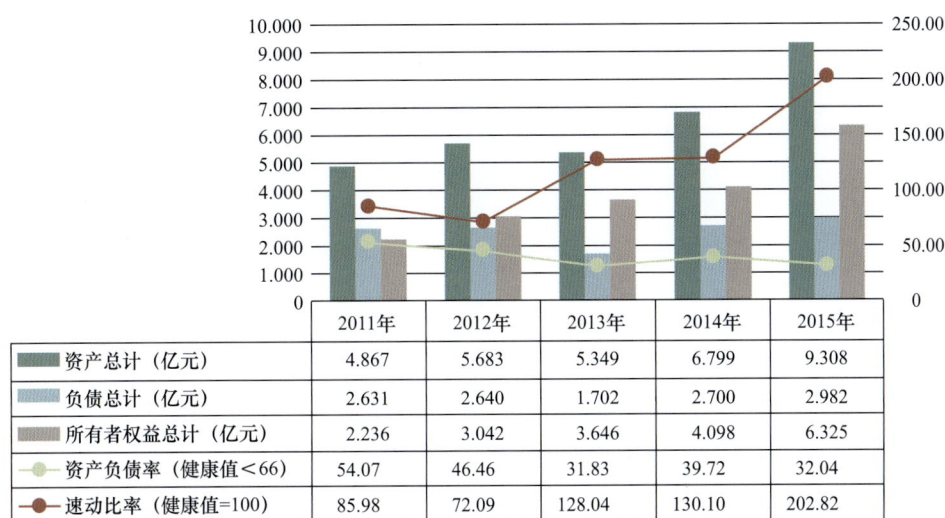

	2011年	2012年	2013年	2014年	2015年
资产总计（亿元）	4.867	5.683	5.349	6.799	9.308
负债总计（亿元）	2.631	2.640	1.702	2.700	2.982
所有者权益总计（亿元）	2.236	3.042	3.646	4.098	6.325
资产负债率（健康值<66）	54.07	46.46	31.83	39.72	32.04
速动比率（健康值=100）	85.98	72.09	128.04	130.10	202.82

图31 多喜爱历年资产、负责、所有者权益及偿债能力指标

	2012年	2013年	2014年
加盟店（个）	997	1008	772
直营店（个）	162	166	117
合计（个）	1159	1174	889

图32 多喜爱历年销售终端数

（2）成长性分析（图33、图34）。

119

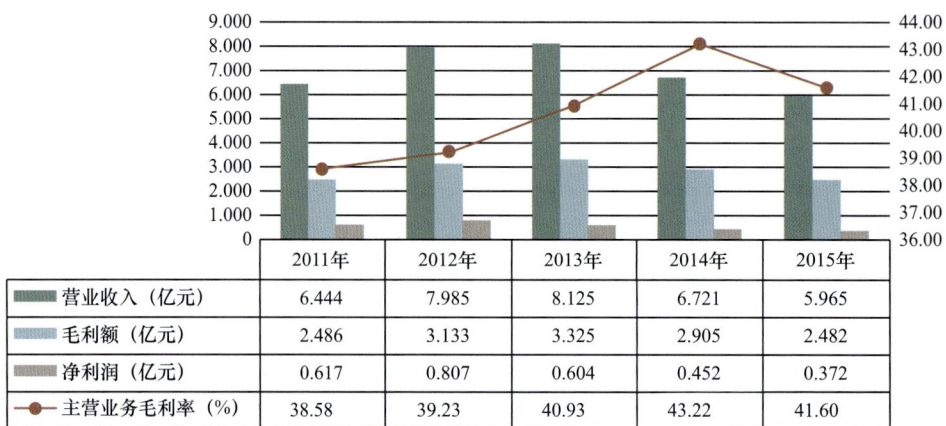

	2011年	2012年	2013年	2014年	2015年
营业收入（亿元）	6.444	7.985	8.125	6.721	5.965
毛利额（亿元）	2.486	3.133	3.325	2.905	2.482
净利润（亿元）	0.617	0.807	0.604	0.452	0.372
主营业务毛利率（%）	38.58	39.23	40.93	43.22	41.60

图33　多喜爱历年营业收入、利润及毛利率

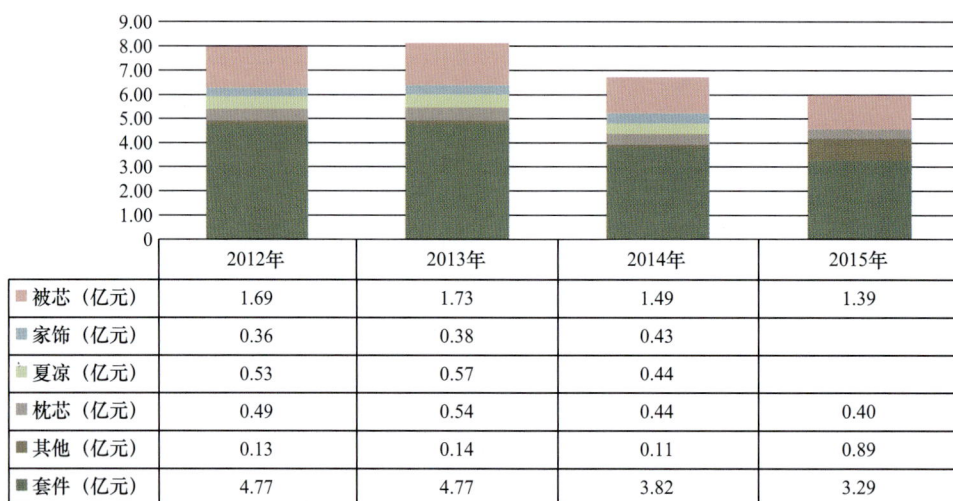

	2012年	2013年	2014年	2015年
被芯（亿元）	1.69	1.73	1.49	1.39
家饰（亿元）	0.36	0.38	0.43	
夏凉（亿元）	0.53	0.57	0.44	
枕芯（亿元）	0.49	0.54	0.44	0.40
其他（亿元）	0.13	0.14	0.11	0.89
套件（亿元）	4.77	4.77	3.82	3.29

图34　多喜爱历年营业收入按产品分类构成

（3）稳定性分析（图35~图40）。

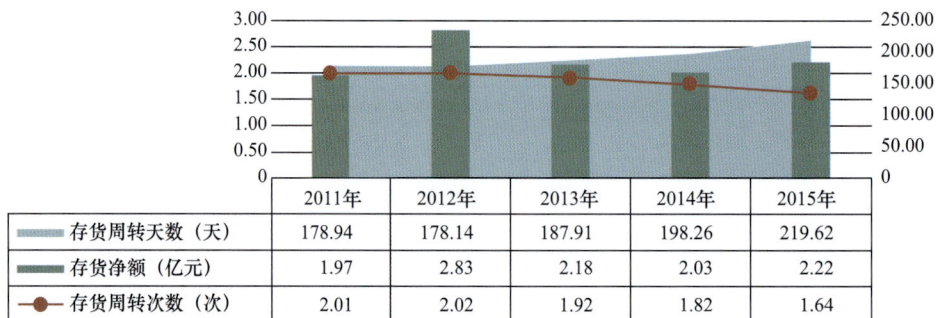

	2011年	2012年	2013年	2014年	2015年
存货周转天数（天）	178.94	178.14	187.91	198.26	219.62
存货净额（亿元）	1.97	2.83	2.18	2.03	2.22
存货周转次数（次）	2.01	2.02	1.92	1.82	1.64

图35　多喜爱历年存货及其周转效率指标

	2014年	2015年
■ 其他（亿元）	0.02	0.28
■ 产成品（亿元）	1.37	1.57
■ 在产品（亿元）		0.03
■ 原材料（亿元）	0.38	0.37

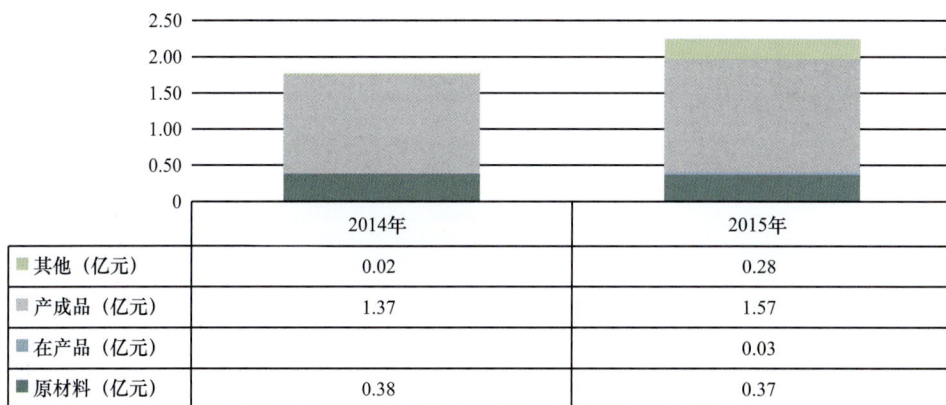

图36　多喜爱历年存货构成

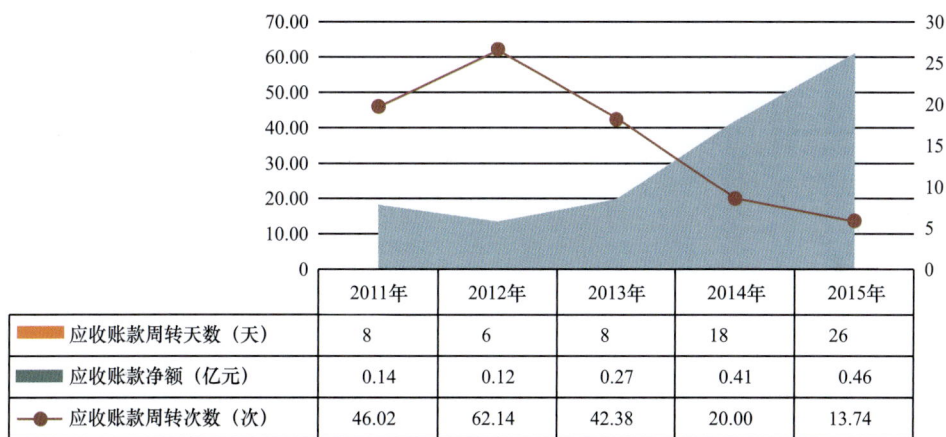

	2011年	2012年	2013年	2014年	2015年
■ 应收账款周转天数（天）	8	6	8	18	26
■ 应收账款净额（亿元）	0.14	0.12	0.27	0.41	0.46
—●— 应收账款周转次数（次）	46.02	62.14	42.38	20.00	13.74

图37　多喜爱历年应收账款及其周转率指标

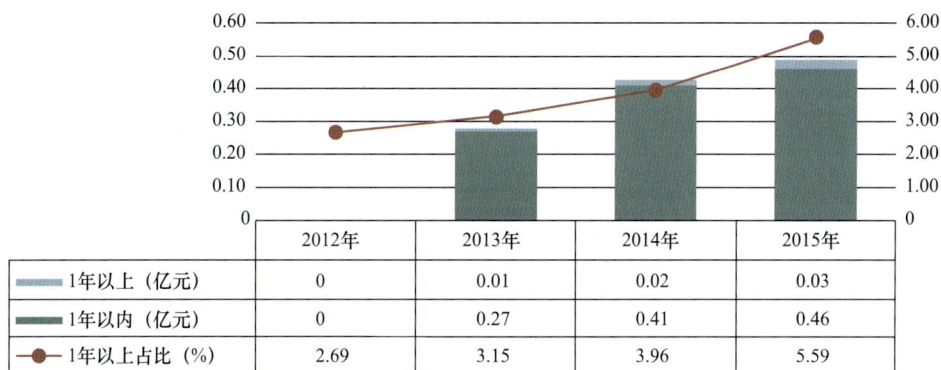

	2012年	2013年	2014年	2015年
■ 1年以上（亿元）	0	0.01	0.02	0.03
■ 1年以内（亿元）	0	0.27	0.41	0.46
—●— 1年以上占比（%）	2.69	3.15	3.96	5.59

图38　多喜爱历年应收账款构成

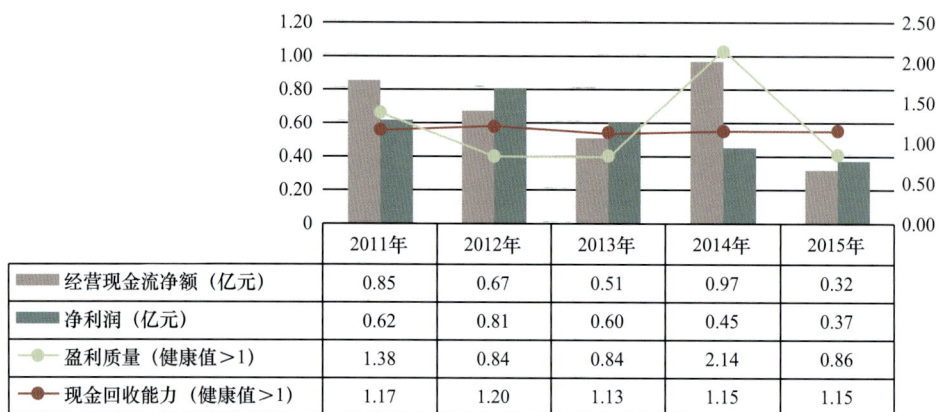

	2011年	2012年	2013年	2014年	2015年
经营现金流净额（亿元）	0.85	0.67	0.51	0.97	0.32
净利润（亿元）	0.62	0.81	0.60	0.45	0.37
盈利质量（健康值＞1）	1.38	0.84	0.84	2.14	0.86
现金回收能力（健康值＞1）	1.17	1.20	1.13	1.15	1.15

现金回收能力=销售商品或提供劳务收到的现金/主营业务收入

盈利质量=经营现金流净额/净利润

图39 多喜爱历年盈利质量、现金回收能力、经营现金流指标

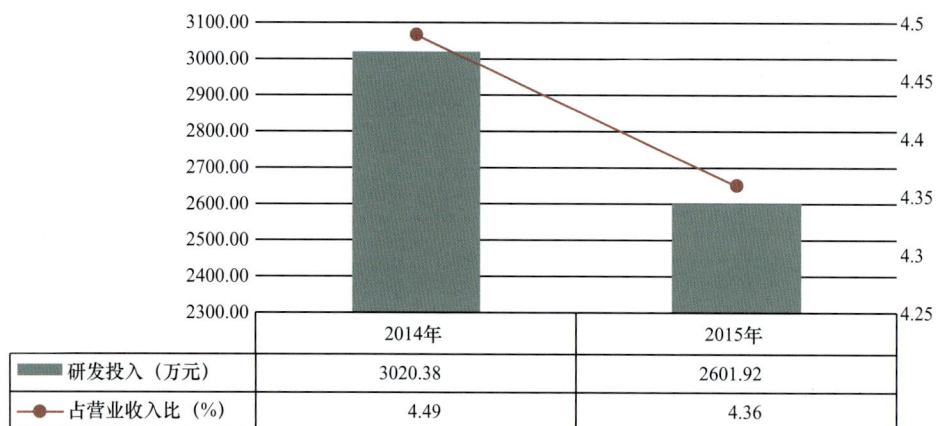

	2014年	2015年
研发投入（万元）	3020.38	2601.92
占营业收入比（%）	4.49	4.36

图40 多喜爱历年研发投入及占营业收入比例

（4）综合运营效率分析（图41）。

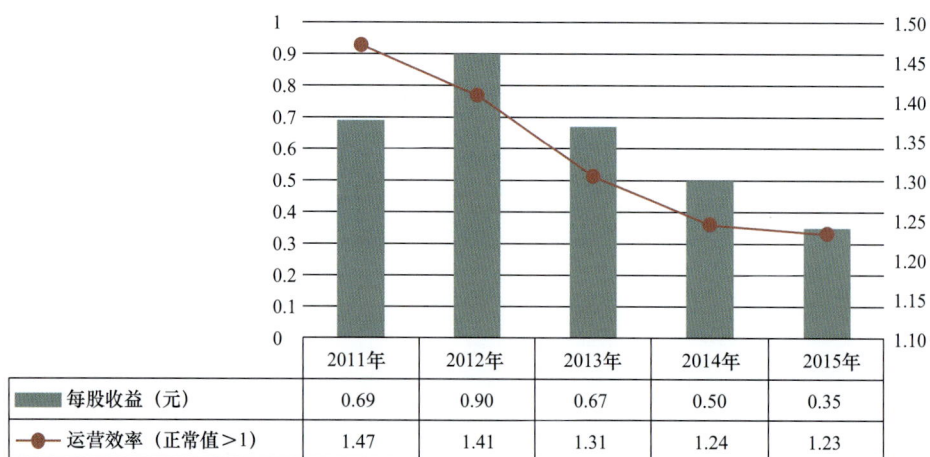

	2011年	2012年	2013年	2014年	2015年
每股收益（元）	0.69	0.90	0.67	0.50	0.35
运营效率（正常值＞1）	1.47	1.41	1.31	1.24	1.23

运营效率=毛利额/（销售费+管理费）

图41 多喜爱历年综合运营效率指标

5. 卡撒天娇（HK02223）

1980年公司创始人郑斯坚先生在中国香港开始从事纺织品贸易；1993年卡撒天娇国际有限公司在中国香港成立，并创立"CASABLANCA 卡撒天娇"品牌；1995年针对高端市场推出"Casa Calvin卡撒·珂芬"品牌；1997年开始获得迪士尼等授权使用流行卡通人物形象；2003年业务范围扩大至中国内地，深圳生产设施投入使用；2006年获得法国著名品牌"ELLE DECO"大中华独家授权；2012年卡撒天娇集团在中国香港主板上市。集团总部位于中国香港，国内营销中心位于深圳。

公司主要从事各种床上用品的设计、生产、分销及零售业务，在高端和顶级床上用品市场占据一定地位。公司采用多品牌策略，主要经营Casablanca和Casa Calvin两个自有品牌，并代理Elle Deco、Centa Star、Tru Trussardi等国际牌。公司产品包括床上用品套件、被芯、枕芯、毛毯、床褥以及毛巾等家居用品。公司在大中华地区销售网点近300个。

2015年公司继续调整国内销售网络结构以降低成本及提升营运效益。受服务范围重叠及营运成本偏高等问题的影响，公司关闭了75个盈利能力不太理想的自营网点，并策略性在公司品牌客户聚集地区开设了11个新自营网点。截至2015年12月31日，公司销售网络共有287个网点（2014年为361个网点），遍布大中华地区30个省、自治区、直辖市及特别行政区的92个城市，涵盖合共140个自营网点及由分销商经营的147个网点。

2015年度，公司收入3.71亿港元（2014年收入4.61亿港元），较2014年减少19.5%。收入减少主要是由于本年度内根据一份大额购买协议向香港某批发客户作出的销售下跌及自营网点（大部分位于中国）数目减少所致。

卡撒·珂芬、卡撒天娇及CASA-V是公司的主要自创品牌。自创品牌的销售额2015年整体下降20.7%至2.996亿港元（2014年为3.777亿港元）。公司特许及授权品牌在2015年的销售额下降14.2%至0.714亿港元（2014年为0.831亿港元），主要是由于中国内地特许及授权品牌的零售额下跌所致。

（1）资产分析（图42、图43）。

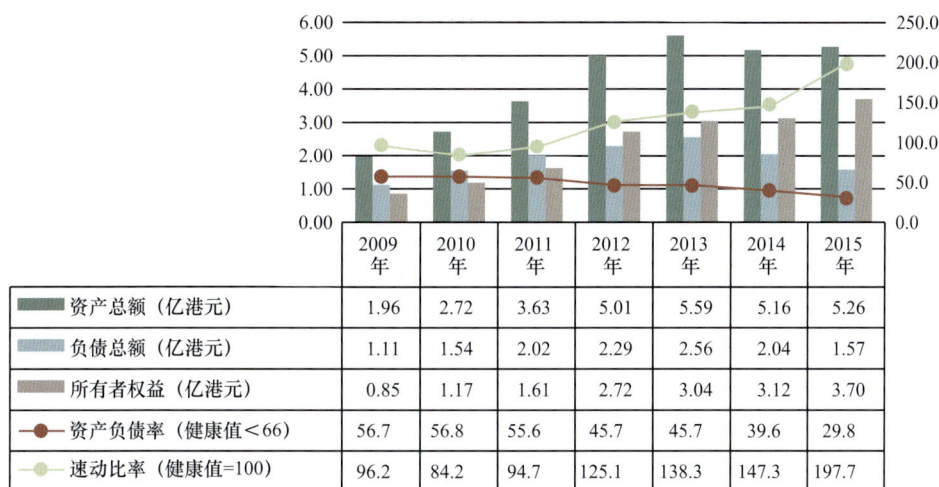

	2009年	2010年	2011年	2012年	2013年	2014年	2015年
资产总额（亿港元）	1.96	2.72	3.63	5.01	5.59	5.16	5.26
负债总额（亿港元）	1.11	1.54	2.02	2.29	2.56	2.04	1.57
所有者权益（亿港元）	0.85	1.17	1.61	2.72	3.04	3.12	3.70
资产负债率（健康值<66）	56.7	56.8	55.6	45.7	45.7	39.6	29.8
速动比率（健康值=100）	96.2	84.2	94.7	125.1	138.3	147.3	197.7

图42　卡撒天娇历年资产、负债、所有者权益及其偿债能力指标

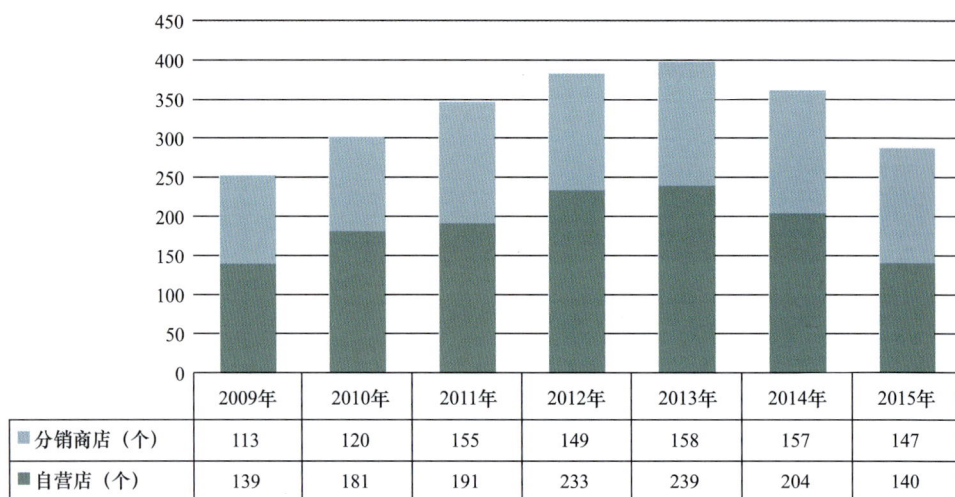

	2009年	2010年	2011年	2012年	2013年	2014年	2015年
分销商店（个）	113	120	155	149	158	157	147
自营店（个）	139	181	191	233	239	204	140

图43 卡撒天娇零售终端及其构成

（2）成长性分析（图44~图46）。

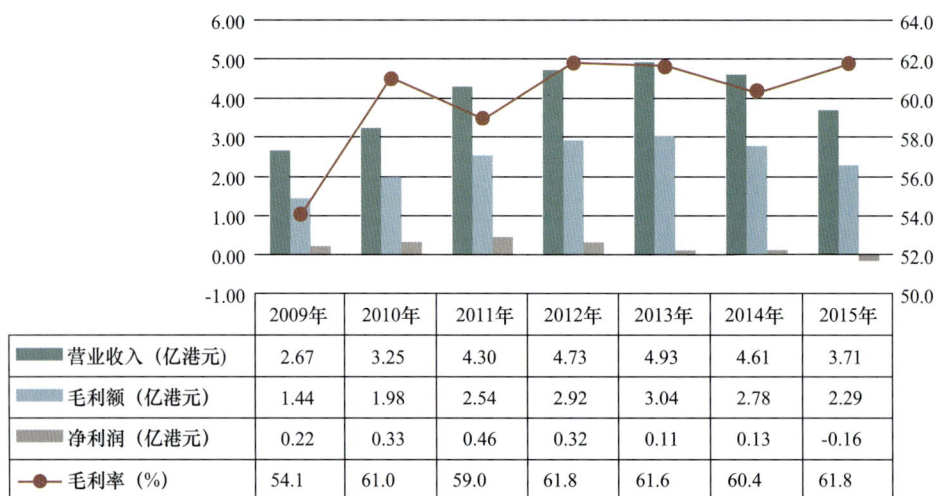

	2009年	2010年	2011年	2012年	2013年	2014年	2015年
营业收入（亿港元）	2.67	3.25	4.30	4.73	4.93	4.61	3.71
毛利额（亿港元）	1.44	1.98	2.54	2.92	3.04	2.78	2.29
净利润（亿港元）	0.22	0.33	0.46	0.32	0.11	0.13	-0.16
毛利率（%）	54.1	61.0	59.0	61.8	61.6	60.4	61.8

图44 卡撒天娇历年营业收入、利润及毛利率指标

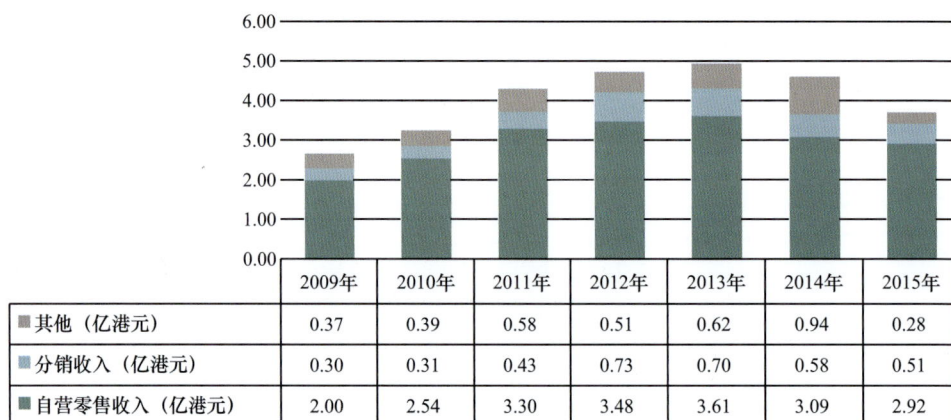

	2009年	2010年	2011年	2012年	2013年	2014年	2015年
其他（亿港元）	0.37	0.39	0.58	0.51	0.62	0.94	0.28
分销收入（亿港元）	0.30	0.31	0.43	0.73	0.70	0.58	0.51
自营零售收入（亿港元）	2.00	2.54	3.30	3.48	3.61	3.09	2.92

图45 卡撒天娇营业收入按业务板块分类构成

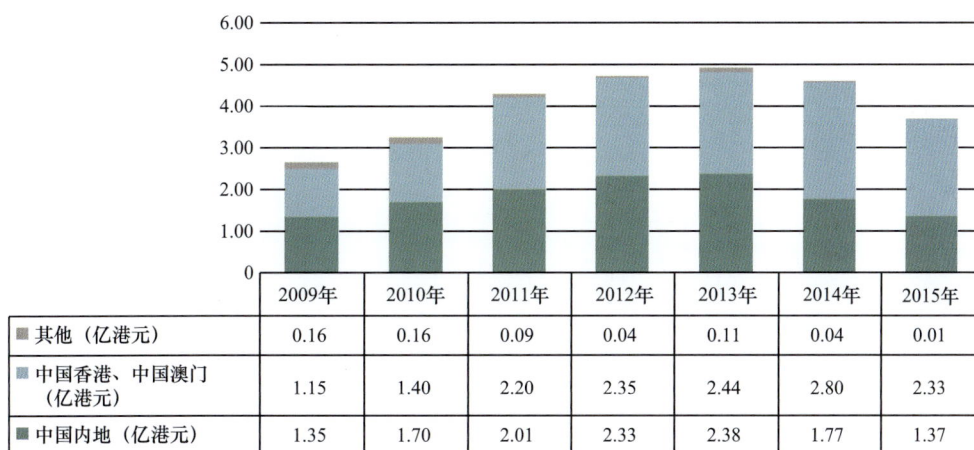

	2009年	2010年	2011年	2012年	2013年	2014年	2015年
其他（亿港元）	0.16	0.16	0.09	0.04	0.11	0.04	0.01
中国香港、中国澳门（亿港元）	1.15	1.40	2.20	2.35	2.44	2.80	2.33
中国内地（亿港元）	1.35	1.70	2.01	2.33	2.38	1.77	1.37

图46　卡撒天娇营业收入按销售市场分类构成

（3）健康稳定性分析（图47~图51）。

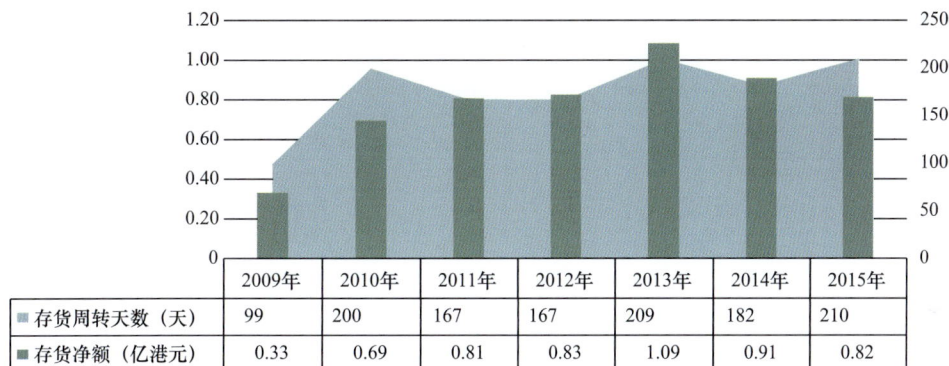

	2009年	2010年	2011年	2012年	2013年	2014年	2015年
存货周转天数（天）	99	200	167	167	209	182	210
存货净额（亿港元）	0.33	0.69	0.81	0.83	1.09	0.91	0.82

图47　卡撒天娇历年存货及其周转效率指标

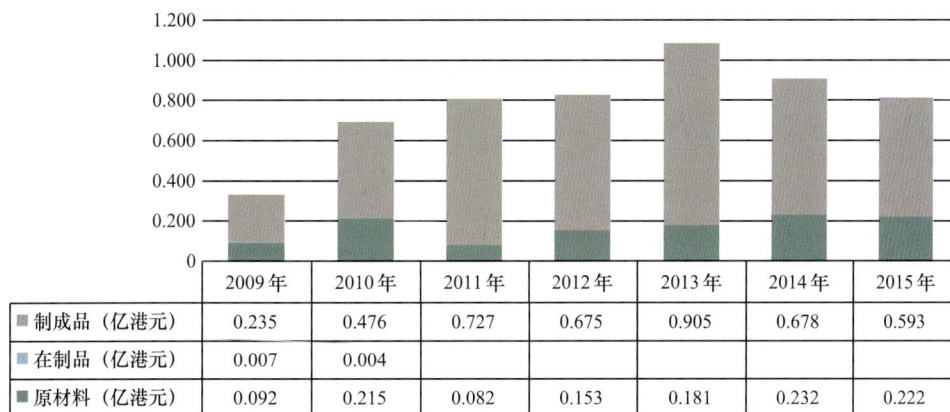

	2009 年	2010 年	2011 年	2012 年	2013 年	2014 年	2015 年
制成品（亿港元）	0.235	0.476	0.727	0.675	0.905	0.678	0.593
在制品（亿港元）	0.007	0.004					
原材料（亿港元）	0.092	0.215	0.082	0.153	0.181	0.232	0.222

图48　卡撒天娇历年存货及构成

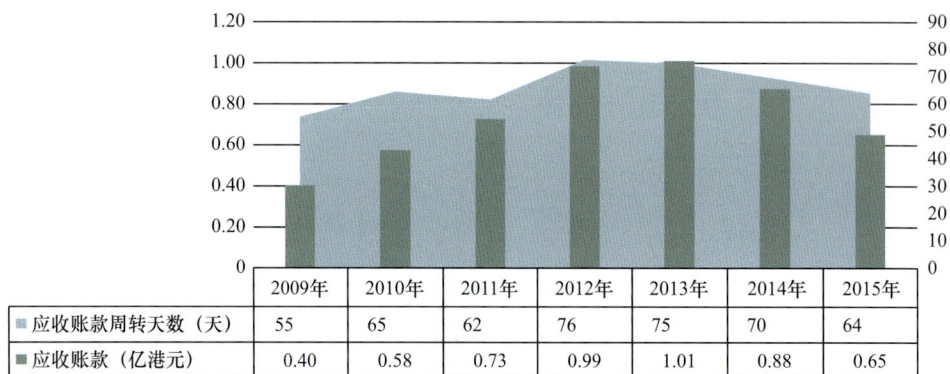

	2009年	2010年	2011年	2012年	2013年	2014年	2015年
■ 应收账款周转天数（天）	55	65	62	76	75	70	64
■ 应收账款（亿港元）	0.40	0.58	0.73	0.99	1.01	0.88	0.65

公司对一般客户授信期为30~75天

图49　卡撒天娇历年应收账款及周转效率指标

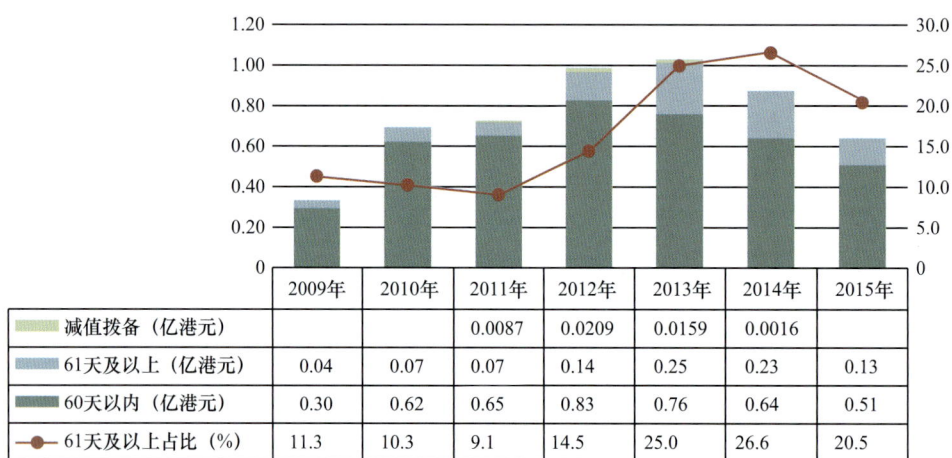

	2009年	2010年	2011年	2012年	2013年	2014年	2015年
■ 减值拨备（亿港元）			0.0087	0.0209	0.0159	0.0016	
■ 61天及以上（亿港元）	0.04	0.07	0.07	0.14	0.25	0.23	0.13
■ 60天以内（亿港元）	0.30	0.62	0.65	0.83	0.76	0.64	0.51
● 61天及以上占比（%）	11.3	10.3	9.1	14.5	25.0	26.6	20.5

图50　卡撒天娇历年应收账款及构成指标

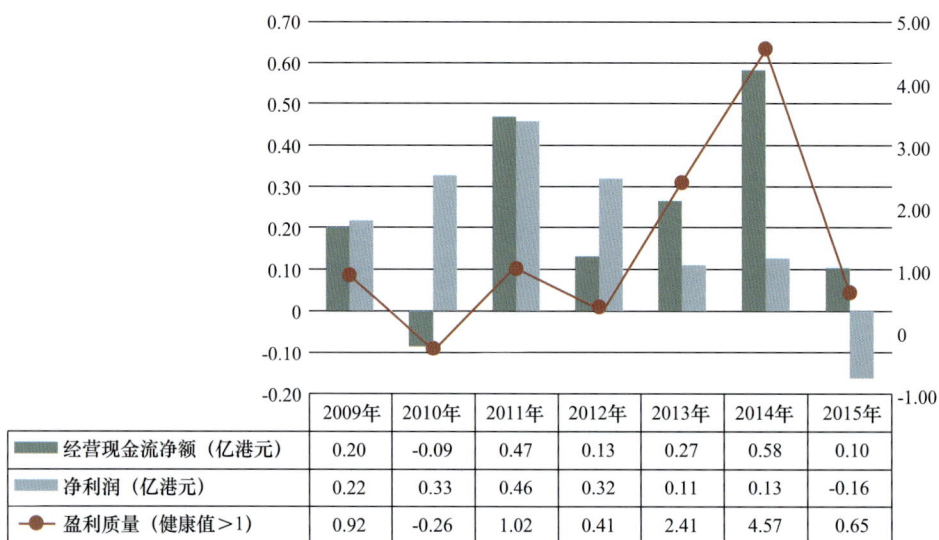

	2009年	2010年	2011年	2012年	2013年	2014年	2015年
■ 经营现金流净额（亿港元）	0.20	-0.09	0.47	0.13	0.27	0.58	0.10
■ 净利润（亿港元）	0.22	0.33	0.46	0.32	0.11	0.13	-0.16
● 盈利质量（健康值＞1）	0.92	-0.26	1.02	0.41	2.41	4.57	0.65

盈利质量=经营现金流净额/净利润

图51　卡撒天娇历年盈利质量及经营现金流净额指标

（4）运营效率分析（图52）。

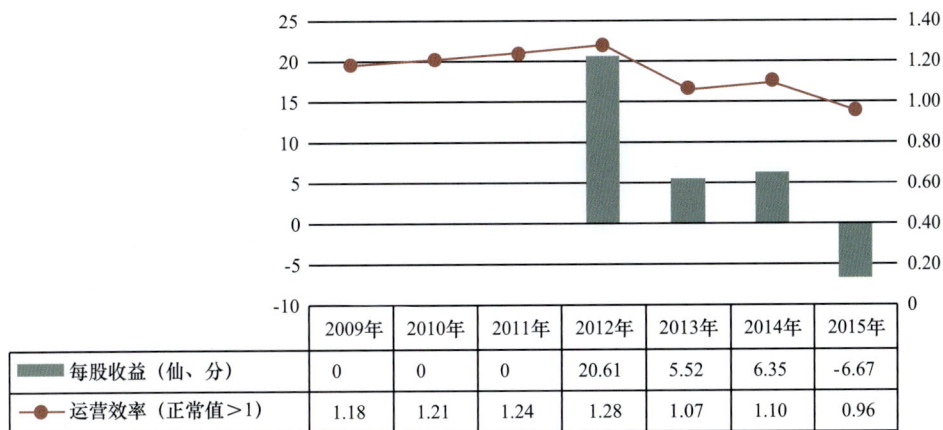

运营效率=主营业务毛利额/（销售费+管理费）

图52　卡撒天娇历年综合运营效率指标

	2009年	2010年	2011年	2012年	2013年	2014年	2015年
每股收益（仙、分）	0	0	0	20.61	5.52	6.35	-6.67
运营效率（正常值＞1）	1.18	1.21	1.24	1.28	1.07	1.10	0.96

6. 孚日股份（SZ002083）

1987年3月，潍坊电机厂织带车间实行独立经营，成立高密县织带厂；1987年10月，高密织带厂改名为高密毛巾厂，生产出第一条彩条毛巾；1988年10月，生产出第一批符合出口日本标准的白毛巾产品，企业开始走向国际市场；1991年，高密毛巾厂成为山东省外纺定点生产厂家；1992年1月，高密毛巾厂与香港基信工业有限公司合资成立潍坊华斯纺织公司，引进12台日本高速剑杆织机等关键设备，产品质量和档次得到大幅提高；1994年12月，高密毛巾厂获取了自主进出口经营权，成为自营进出口业务企业，1994年年底，产品第一次直接出口日本市场；1999年8月，高密毛巾厂改制为山东洁玉纺织有限公司；2002年2月4日，山东洁玉纺织股份有限公司成立，成为规范的股份制公司，2002年7月1日，山东洁玉纺织股份有限公司更名为孚日家纺股份有限公司；2006年11月，孚日集团股份有限公司股票在深圳证券交易所正式挂牌上市。公司总部在山东高密。

公司是以毛巾为主打业务的大型家用纺织品企业。它是目前全球生产规模非常大、技术装备水平比较高的家用纺织品企业之一，出口额自1999年以来一直蝉联全国家纺行业第一位，毛巾的主要出口国为日本，其次是美国。

2015年公司共实现营业收入42.05亿元，比去年同期减少3.48亿元，主要是房地产公司确认收入比去年同期减少2.3亿元，光伏项目处置后减少收入6288万元；实现净利润3.1亿元，同比增长达325%，是迄今为止企业经济运行质量最高、经济效益最好的一年。报告期内，出口销售额4.6亿美元，连续第17年保持中国家纺行业第一位。

公司从2014年年底开始，开展了以扁平化、市场化为方向的深化改革活动，大幅减少管理层次，精简管理人员，提高工作效率，同时全面扩大各分子公司的管理自主权，使企业的决策执行效率和运转效率、市场反应速度明显加快，市场竞争力进一步提升，企业运行质量和效益显著提高。在国际市场开发方面，公司以中高端市场为重点目标，加快产品结构和市场结构调整，加快新产品开发速度，加强与客户的沟通交流，积极提供更优质产品、更快捷的交货和更周到的服务，日本市场顶住了消费需求下降、日元贬值和订单转移的巨大压力，客户信心不断增强，订单持续回流，业务空间持续加大；欧洲市场顶住了土耳其等国家近距离、零关税及原料差价大等竞争压力，加快开发差异化、高附加值产品，严格保证交期要求，努力稳定老客户，积极开发新客户，中高端订单比例不断增加；美洲市场毛巾产品出口保持平稳，高附加值订单增长较快，尤其在毛巾带动床品战略支撑下，床上用品出口业务取得重大突破，全年增长22%，创造了良好的经营业绩。

在国内品牌建设方面，公司加强品牌推广与渠道拓展，抢占团购市场，提高线上运营能力，推动了国内市场平稳增长。其中，洁玉品牌同比增长5%，呈现出逆势增长的良好局面；孚日品牌直营渠道增长较快，市场掌控能力进一步提高。

（1）资产分析（图53）。

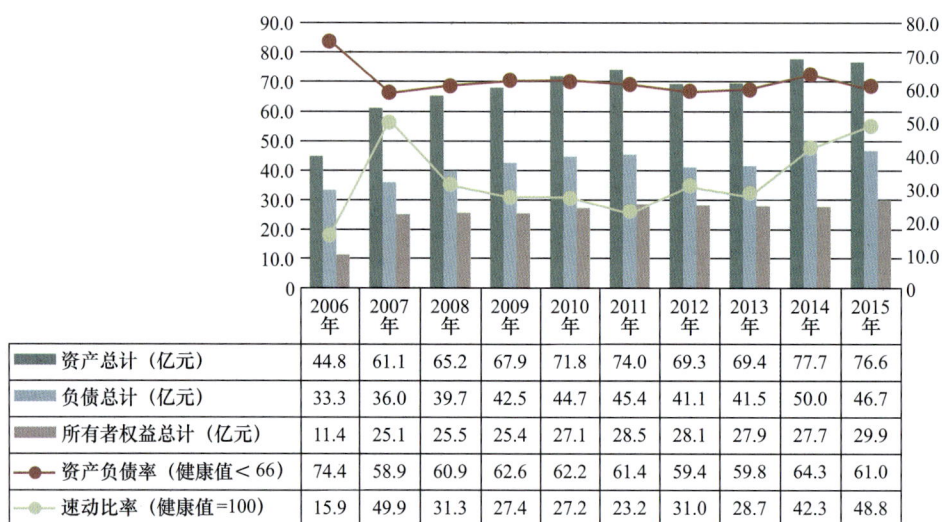

	2006年	2007年	2008年	2009年	2010年	2011年	2012年	2013年	2014年	2015年
资产总计（亿元）	44.8	61.1	65.2	67.9	71.8	74.0	69.3	69.4	77.7	76.6
负债总计（亿元）	33.3	36.0	39.7	42.5	44.7	45.4	41.1	41.5	50.0	46.7
所有者权益总计（亿元）	11.4	25.1	25.5	25.4	27.1	28.5	28.1	27.9	27.7	29.9
资产负债率（健康值＜66）	74.4	58.9	60.9	62.6	62.2	61.4	59.4	59.8	64.3	61.0
速动比率（健康值=100）	15.9	49.9	31.3	27.4	27.2	23.2	31.0	28.7	42.3	48.8

图53　孚日股份历年资产、负债、所有者权益及其偿债能力指标

（2）成长性分析（图54~图56）。

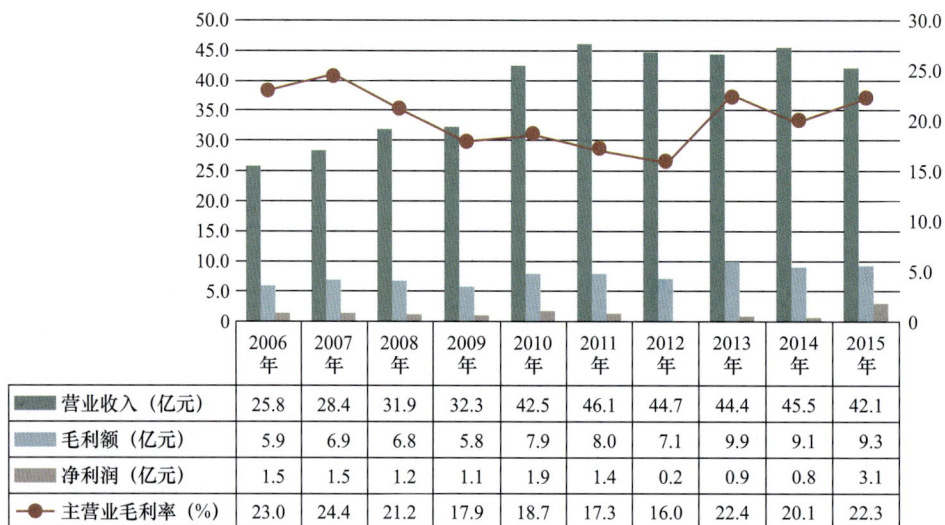

	2006年	2007年	2008年	2009年	2010年	2011年	2012年	2013年	2014年	2015年
营业收入（亿元）	25.8	28.4	31.9	32.3	42.5	46.1	44.7	44.4	45.5	42.1
毛利额（亿元）	5.9	6.9	6.8	5.8	7.9	8.0	7.1	9.9	9.1	9.3
净利润（亿元）	1.5	1.5	1.2	1.1	1.9	1.4	0.2	0.9	0.8	3.1
主营业毛利率（%）	23.0	24.4	21.2	17.9	18.7	17.3	16.0	22.4	20.1	22.3

图54　孚日股份历年营业收入、利润及毛利率指标

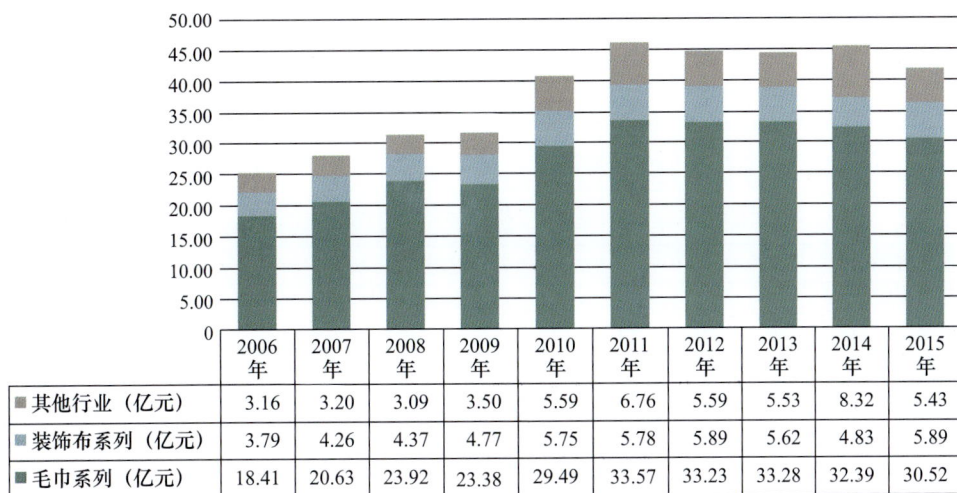

	2006年	2007年	2008年	2009年	2010年	2011年	2012年	2013年	2014年	2015年
其他行业（亿元）	3.16	3.20	3.09	3.50	5.59	6.76	5.59	5.53	8.32	5.43
装饰布系列（亿元）	3.79	4.26	4.37	4.77	5.75	5.78	5.89	5.62	4.83	5.89
毛巾系列（亿元）	18.41	20.63	23.92	23.38	29.49	33.57	33.23	33.28	32.39	30.52

图55 孚日历年营业收入按产品分类构成

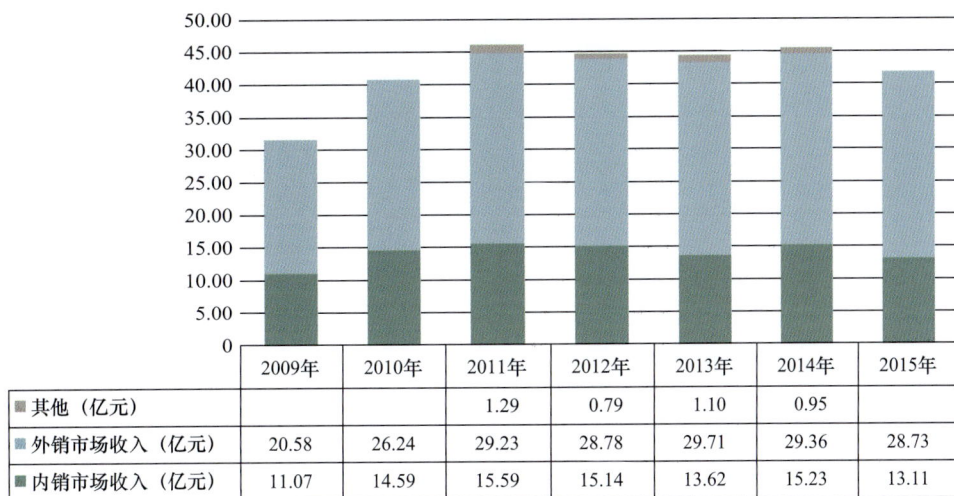

	2009年	2010年	2011年	2012年	2013年	2014年	2015年
其他（亿元）			1.29	0.79	1.10	0.95	
外销市场收入（亿元）	20.58	26.24	29.23	28.78	29.71	29.36	28.73
内销市场收入（亿元）	11.07	14.59	15.59	15.14	13.62	15.23	13.11

图56 孚日历年营业收入按销售市场分类构成

（3）健康稳定性分析（图57~图62）。

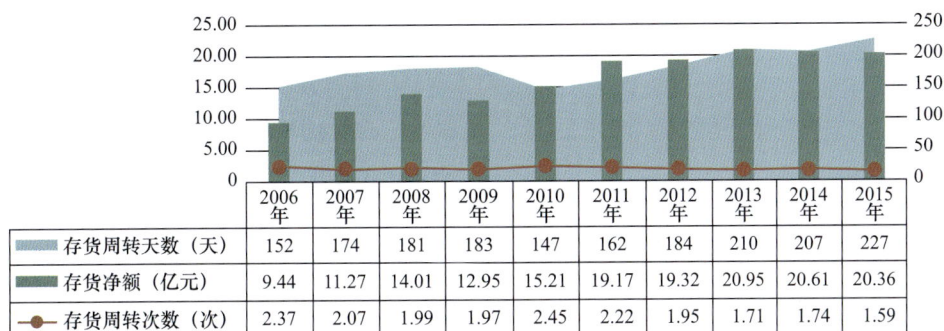

	2006年	2007年	2008年	2009年	2010年	2011年	2012年	2013年	2014年	2015年
存货周转天数（天）	152	174	181	183	147	162	184	210	207	227
存货净额（亿元）	9.44	11.27	14.01	12.95	15.21	19.17	19.32	20.95	20.61	20.36
存货周转次数（次）	2.37	2.07	1.99	1.97	2.45	2.22	1.95	1.71	1.74	1.59

图57 孚日历年存货及其周转效率指标

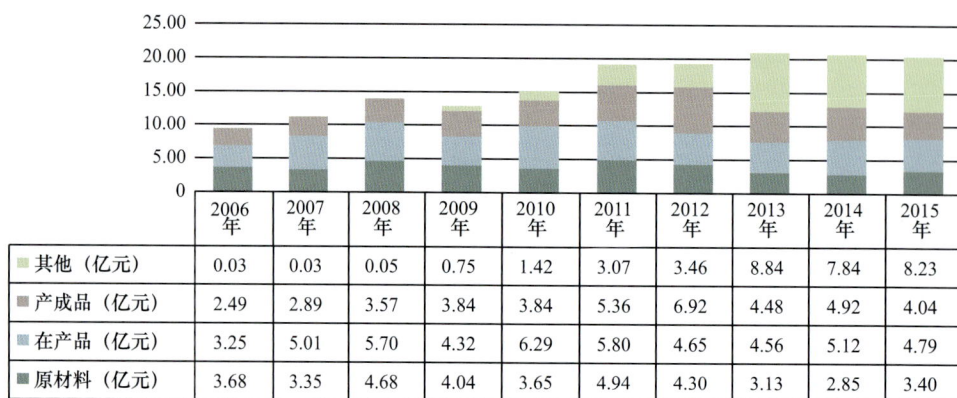

	2006年	2007年	2008年	2009年	2010年	2011年	2012年	2013年	2014年	2015年
其他（亿元）	0.03	0.03	0.05	0.75	1.42	3.07	3.46	8.84	7.84	8.23
产成品（亿元）	2.49	2.89	3.57	3.84	3.84	5.36	6.92	4.48	4.92	4.04
在产品（亿元）	3.25	5.01	5.70	4.32	6.29	5.80	4.65	4.56	5.12	4.79
原材料（亿元）	3.68	3.35	4.68	4.04	3.65	4.94	4.30	3.13	2.85	3.40

图58　孚日历年存货及其构成

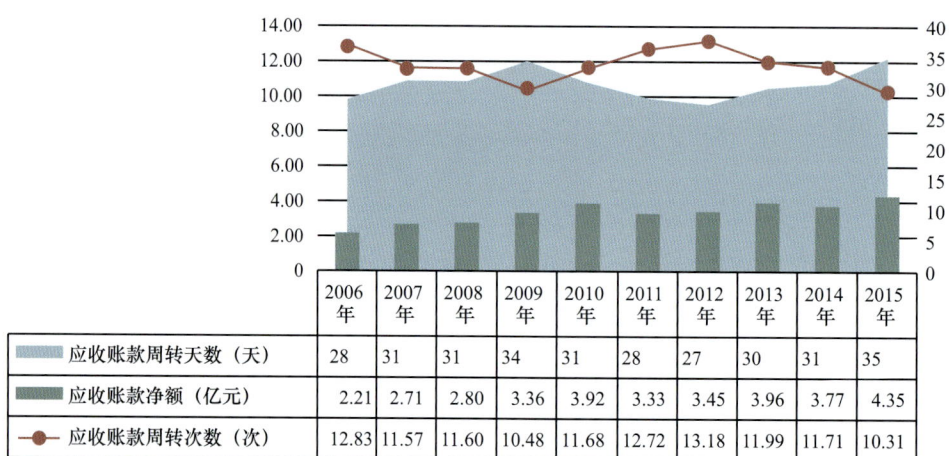

	2006年	2007年	2008年	2009年	2010年	2011年	2012年	2013年	2014年	2015年
应收账款周转天数（天）	28	31	31	34	31	28	27	30	31	35
应收账款净额（亿元）	2.21	2.71	2.80	3.36	3.92	3.33	3.45	3.96	3.77	4.35
应收账款周转次数（次）	12.83	11.57	11.60	10.48	11.68	12.72	13.18	11.99	11.71	10.31

图59　孚日历年应收账款及其周转效率指标

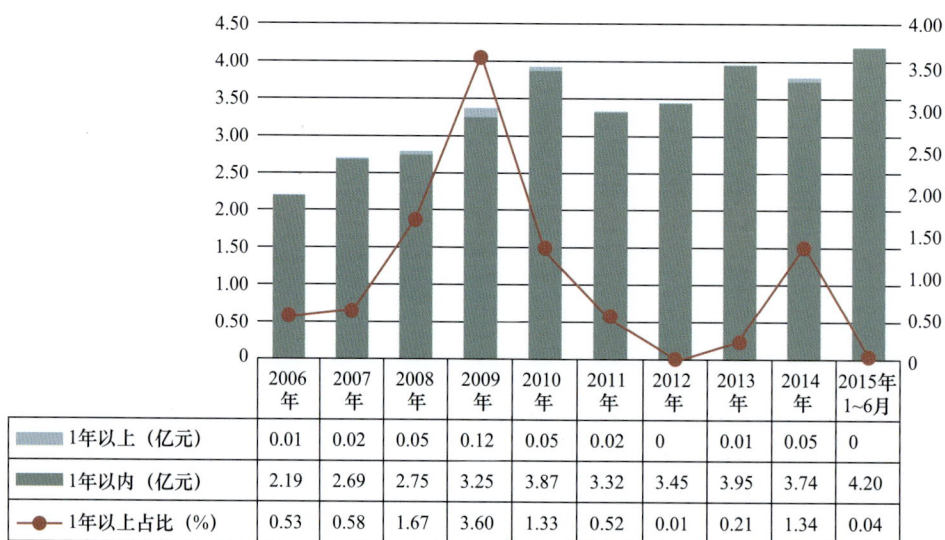

	2006年	2007年	2008年	2009年	2010年	2011年	2012年	2013年	2014年	2015年 1~6月
1年以上（亿元）	0.01	0.02	0.05	0.12	0.05	0.02	0	0.01	0.05	0
1年以内（亿元）	2.19	2.69	2.75	3.25	3.87	3.32	3.45	3.95	3.74	4.20
1年以上占比（%）	0.53	0.58	1.67	3.60	1.33	0.52	0.01	0.21	1.34	0.04

图60　孚日历年应收账款及其构成

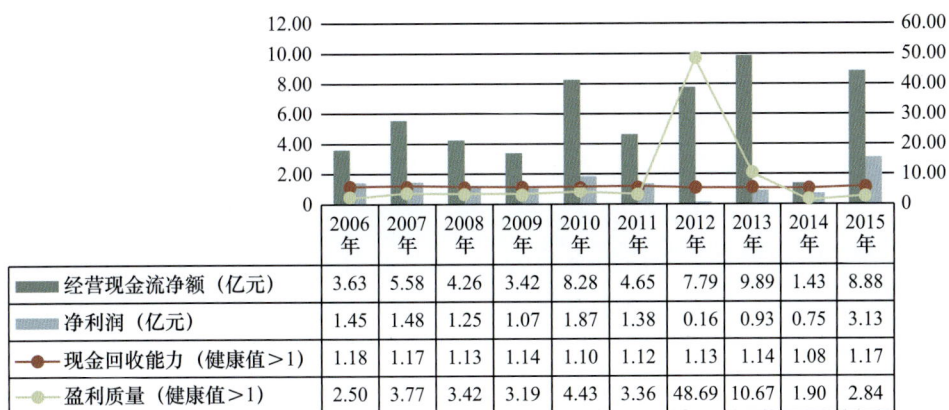

	2006年	2007年	2008年	2009年	2010年	2011年	2012年	2013年	2014年	2015年
经营现金流净额（亿元）	3.63	5.58	4.26	3.42	8.28	4.65	7.79	9.89	1.43	8.88
净利润（亿元）	1.45	1.48	1.25	1.07	1.87	1.38	0.16	0.93	0.75	3.13
现金回收能力（健康值>1）	1.18	1.17	1.13	1.14	1.10	1.12	1.13	1.14	1.08	1.17
盈利质量（健康值>1）	2.50	3.77	3.42	3.19	4.43	3.36	48.69	10.67	1.90	2.84

现金回收能力=销售商品或提供劳务收到的现金/主营业务收入

盈利质量=经营现金流净额/净利润

图61　孚日历年盈利质量、现金回收能力、经营现金流指标

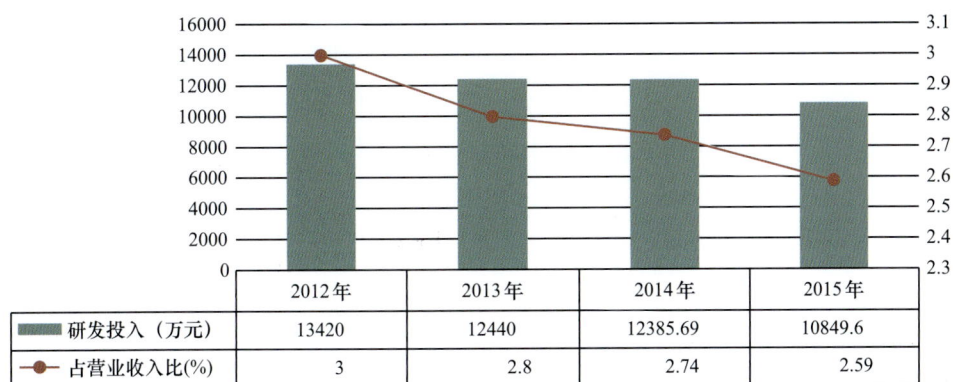

	2012年	2013年	2014年	2015年
研发投入（万元）	13420	12440	12385.69	10849.6
占营业收入比(%)	3	2.8	2.74	2.59

图62　孚日历年研发投入及占营业收入的比例

（4）运营效率分析（图63）。

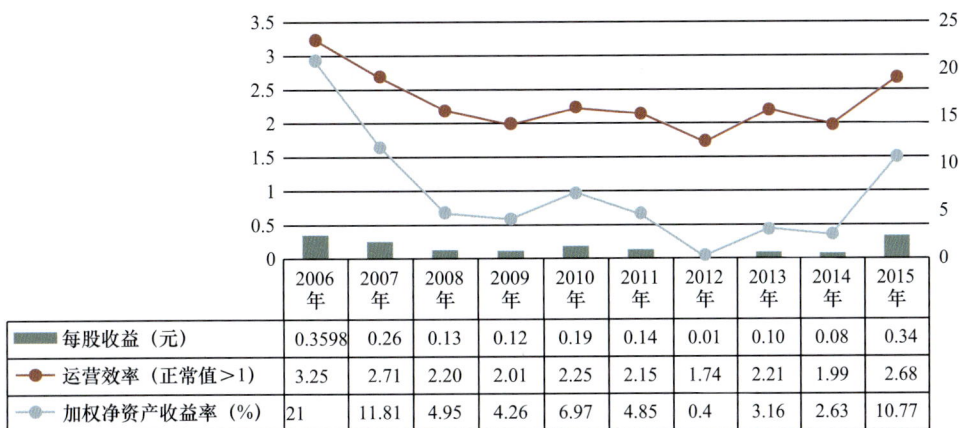

	2006年	2007年	2008年	2009年	2010年	2011年	2012年	2013年	2014年	2015年
每股收益（元）	0.3598	0.26	0.13	0.12	0.19	0.14	0.01	0.10	0.08	0.34
运营效率（正常值>1）	3.25	2.71	2.20	2.01	2.25	2.15	1.74	2.21	1.99	2.68
加权净资产收益率（%）	21	11.81	4.95	4.26	6.97	4.85	0.4	3.16	2.63	10.77

运营效率=毛利额/（销售费+管理费）

图63　孚日历年综合运营效率指标

7. 维科精华（SH600152）

公司的前身可以追溯到1905年创办的和丰纱厂，1955年宁波线厂成立，是当时浙江省唯一定点制线企业；1993年由宁波线带集团公司独家发起，并吸收其他社会法人和内部职工参股，采用定向募集方式设立了宁波敦煌集团股份有限公司，股本总额为4500万元。1998年5月18日，宁波纺织系统进行大规模重组，宁波纺织（控股）集团公司旗下企业改制创立了宁波维科集团股份有限公司，6月29日，宁波纺控旗下的"宁波敦煌集团股份公司"股票在上海证券交易所挂牌交易。1999年9月，维科集团协议受让宁波纺织（控股）集团有限公司持有的敦煌公司4025.96万股国家股，成为公司第一大股东，同月，公司进行了资产置换，受让了维科集团下属企业的优质资产；2000年2月28日，公司更名为"宁波维科精华集团股份有限公司"，股票简称由"敦煌集团"变更为"维科精华"。

宁波维科精华集团股份有限公司是以高档家纺产品、纱线、针织服装、面料为主导产品的大型企业集团上市公司。

2015年公司营业收入进一步大幅萎缩至7.53亿元，较上年同期下降39.91%，但公司业绩扭亏为盈，利润总额3921.72万元，归属于上市公司的净利润4423.27万元，扭亏为盈的主要原因为公司主营业务亏损减少、转让合营企业华美线业有限公司50%股权取得4921.81万元收益、出售宁波市北仑区小港纬五路27号房地产取得5961.52万元收益及通过二级市场卖出所持交通银行股票787336股，取得收益559.32万元所致。

公司分析业务萎缩的原因：在产品内销方面，一大批线上网店的价格战，严重挤压了企业有限的利润空间；外销方面，海外客户进一步加大订单转移，公司主营业务亟须通过结构调整，创新驱动来寻找新的发展空间和新的发展出路。

（1）资产分析（图64、图65）。

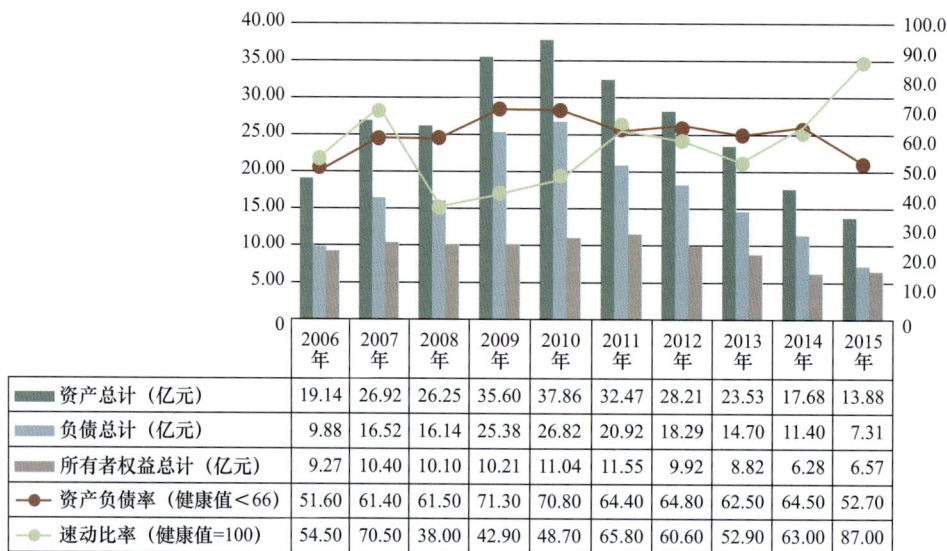

	2006年	2007年	2008年	2009年	2010年	2011年	2012年	2013年	2014年	2015年
资产总计（亿元）	19.14	26.92	26.25	35.60	37.86	32.47	28.21	23.53	17.68	13.88
负债总计（亿元）	9.88	16.52	16.14	25.38	26.82	20.92	18.29	14.70	11.40	7.31
所有者权益总计（亿元）	9.27	10.40	10.10	10.21	11.04	11.55	9.92	8.82	6.28	6.57
资产负债率（健康值<66）	51.60	61.40	61.50	71.30	70.80	64.40	64.80	62.50	64.50	52.70
速动比率（健康值=100）	54.50	70.50	38.00	42.90	48.70	65.80	60.60	52.90	63.00	87.00

图64 维科精华历年资产、负债、所有者权益及其偿债能力指标

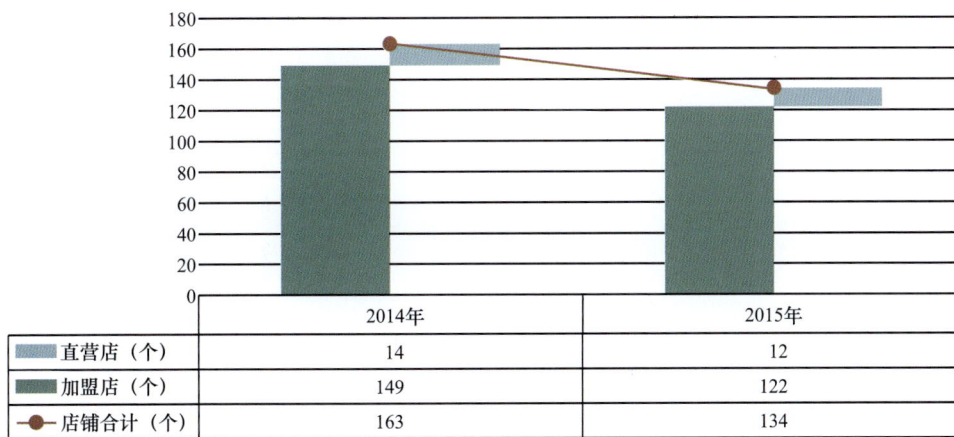

	2014年	2015年
■ 直营店（个）	14	12
■ 加盟店（个）	149	122
● 店铺合计（个）	163	134

图65　维科家纺品牌店铺构成

（2）成长性分析（图66~图68）。

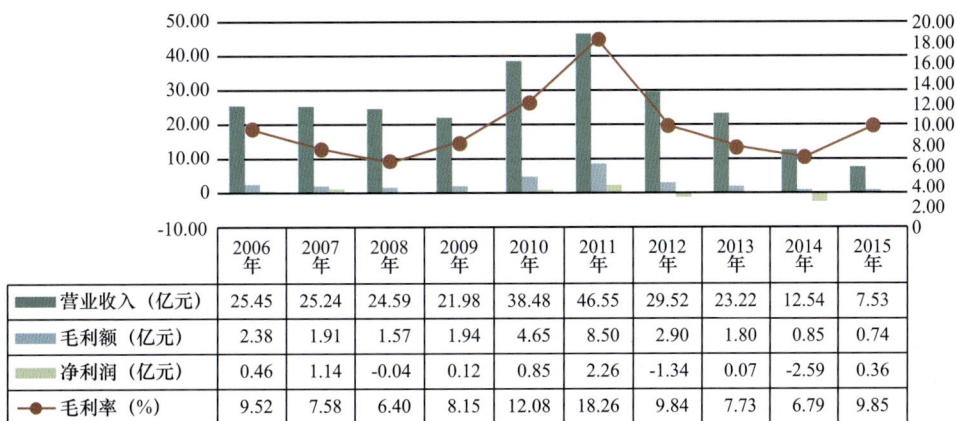

	2006年	2007年	2008年	2009年	2010年	2011年	2012年	2013年	2014年	2015年
■ 营业收入（亿元）	25.45	25.24	24.59	21.98	38.48	46.55	29.52	23.22	12.54	7.53
■ 毛利额（亿元）	2.38	1.91	1.57	1.94	4.65	8.50	2.90	1.80	0.85	0.74
■ 净利润（亿元）	0.46	1.14	-0.04	0.12	0.85	2.26	-1.34	0.07	-2.59	0.36
● 毛利率（%）	9.52	7.58	6.40	8.15	12.08	18.26	9.84	7.73	6.79	9.85

图66　维科精华历年营业收入、利润及毛利率指标

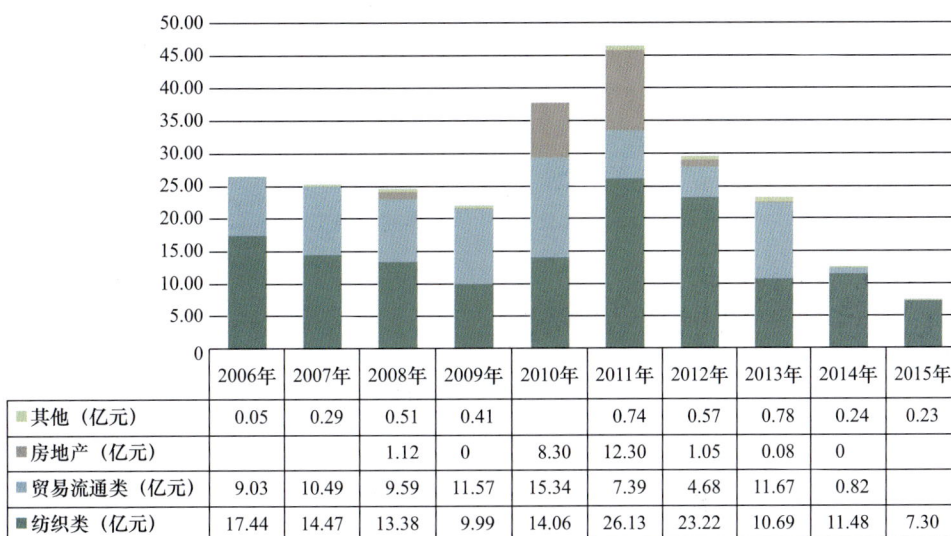

	2006年	2007年	2008年	2009年	2010年	2011年	2012年	2013年	2014年	2015年
■ 其他（亿元）	0.05	0.29	0.51	0.41		0.74	0.57	0.78	0.24	0.23
■ 房地产（亿元）			1.12	0	8.30	12.30	1.05	0.08	0	
■ 贸易流通类（亿元）	9.03	10.49	9.59	11.57	15.34	7.39	4.68	11.67	0.82	
■ 纺织类（亿元）	17.44	14.47	13.38	9.99	14.06	26.13	23.22	10.69	11.48	7.30

图67　维科精华历年营业收入按业务板块分类构成

· 133 ·

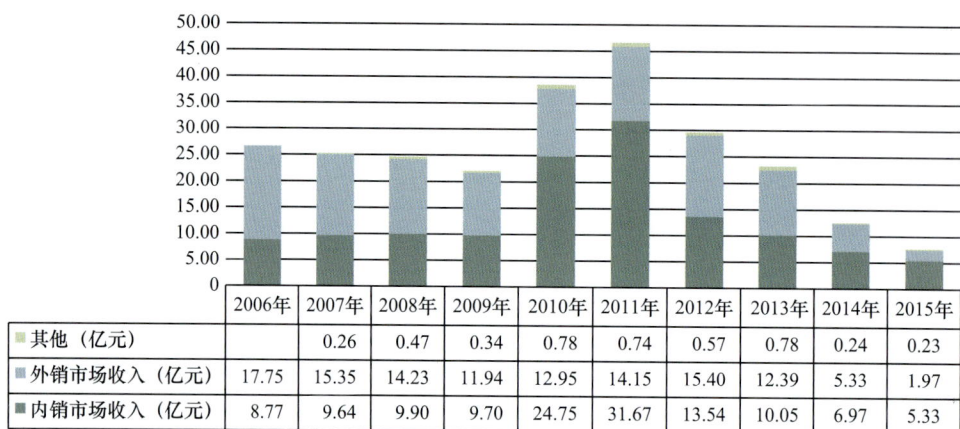

	2006年	2007年	2008年	2009年	2010年	2011年	2012年	2013年	2014年	2015年
其他（亿元）		0.26	0.47	0.34	0.78	0.74	0.57	0.78	0.24	0.23
外销市场收入（亿元）	17.75	15.35	14.23	11.94	12.95	14.15	15.40	12.39	5.33	1.97
内销市场收入（亿元）	8.77	9.64	9.90	9.70	24.75	31.67	13.54	10.05	6.97	5.33

图68　维科精华历年营业收入按销售市场分类构成

（3）健康稳定性分析（图69~图74）。

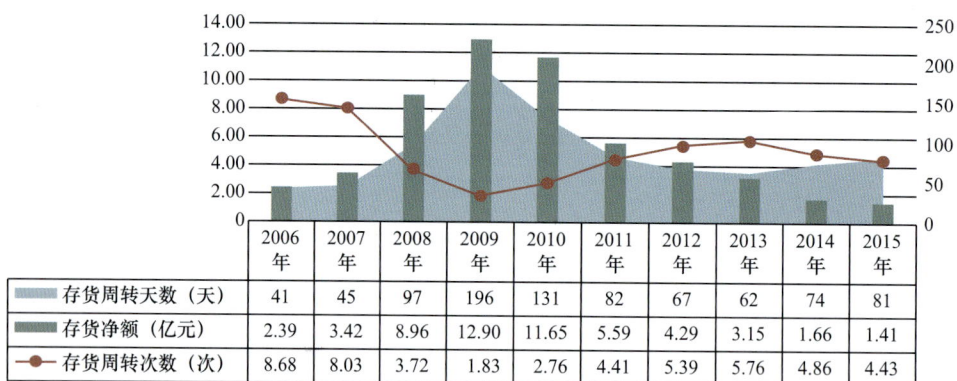

	2006年	2007年	2008年	2009年	2010年	2011年	2012年	2013年	2014年	2015年
存货周转天数（天）	41	45	97	196	131	82	67	62	74	81
存货净额（亿元）	2.39	3.42	8.96	12.90	11.65	5.59	4.29	3.15	1.66	1.41
存货周转次数（次）	8.68	8.03	3.72	1.83	2.76	4.41	5.39	5.76	4.86	4.43

图69　维科精华历年存货及其周转效率指标

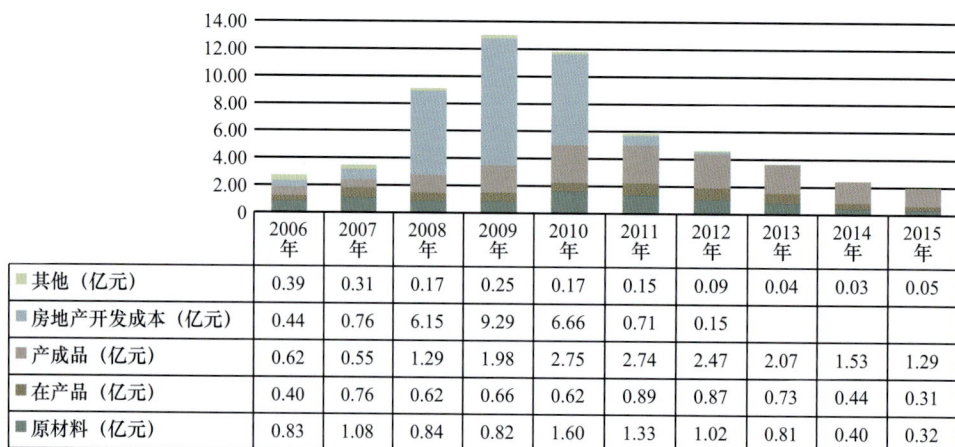

	2006年	2007年	2008年	2009年	2010年	2011年	2012年	2013年	2014年	2015年
其他（亿元）	0.39	0.31	0.17	0.25	0.17	0.15	0.09	0.04	0.03	0.05
房地产开发成本（亿元）	0.44	0.76	6.15	9.29	6.66	0.71	0.15			
产成品（亿元）	0.62	0.55	1.29	1.98	2.75	2.74	2.47	2.07	1.53	1.29
在产品（亿元）	0.40	0.76	0.62	0.66	0.62	0.89	0.87	0.73	0.44	0.31
原材料（亿元）	0.83	1.08	0.84	0.82	1.60	1.33	1.02	0.81	0.40	0.32

图70　维科精华历年存货及其构成

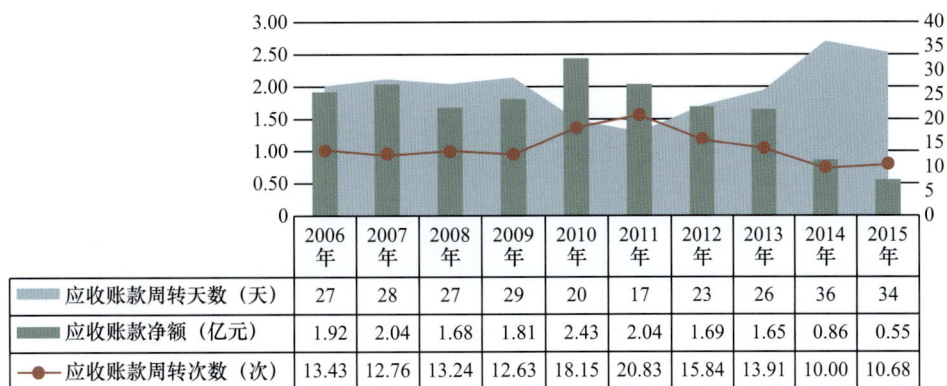

	2006年	2007年	2008年	2009年	2010年	2011年	2012年	2013年	2014年	2015年
应收账款周转天数（天）	27	28	27	29	20	17	23	26	36	34
应收账款净额（亿元）	1.92	2.04	1.68	1.81	2.43	2.04	1.69	1.65	0.86	0.55
应收账款周转次数（次）	13.43	12.76	13.24	12.63	18.15	20.83	15.84	13.91	10.00	10.68

图71　维科精华历年应收账款及其周转效率指标

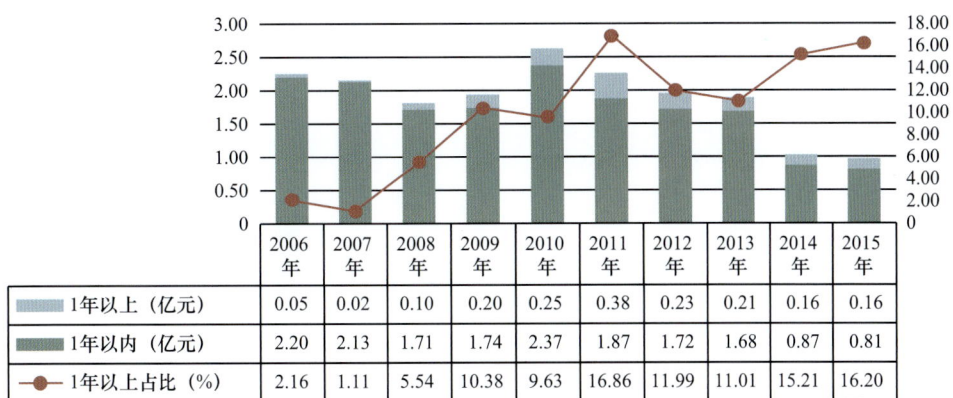

	2006年	2007年	2008年	2009年	2010年	2011年	2012年	2013年	2014年	2015年
1年以上（亿元）	0.05	0.02	0.10	0.20	0.25	0.38	0.23	0.21	0.16	0.16
1年以内（亿元）	2.20	2.13	1.71	1.74	2.37	1.87	1.72	1.68	0.87	0.81
1年以上占比（%）	2.16	1.11	5.54	10.38	9.63	16.86	11.99	11.01	15.21	16.20

图72　维科精华历年应收账款及其构成

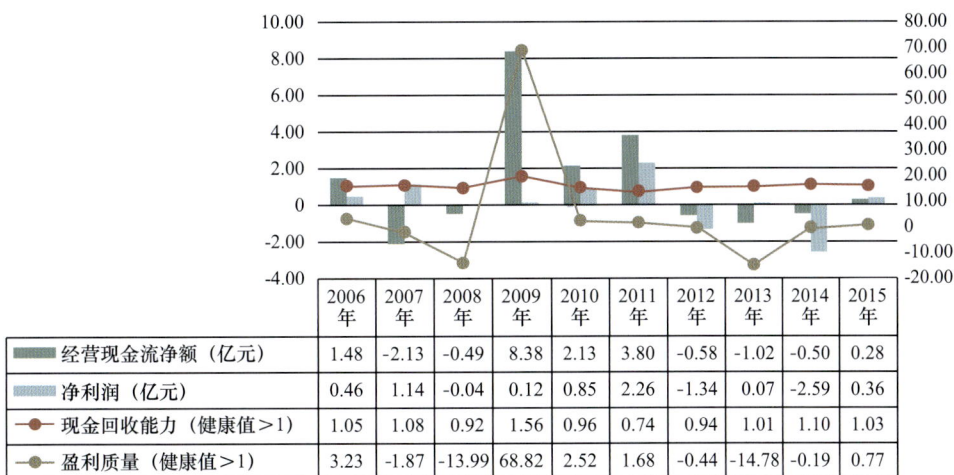

	2006年	2007年	2008年	2009年	2010年	2011年	2012年	2013年	2014年	2015年
经营现金流净额（亿元）	1.48	-2.13	-0.49	8.38	2.13	3.80	-0.58	-1.02	-0.50	0.28
净利润（亿元）	0.46	1.14	-0.04	0.12	0.85	2.26	-1.34	0.07	-2.59	0.36
现金回收能力（健康值>1）	1.05	1.08	0.92	1.56	0.96	0.74	0.94	1.01	1.10	1.03
盈利质量（健康值>1）	3.23	-1.87	-13.99	68.82	2.52	1.68	-0.44	-14.78	-0.19	0.77

现金回收能力=销售商品或提供劳务收到的现金/主营业务收入

盈利质量=经营现金流净额/净利润

图73　维科精华历年盈利质量、现金回收能力、经营现金流指标

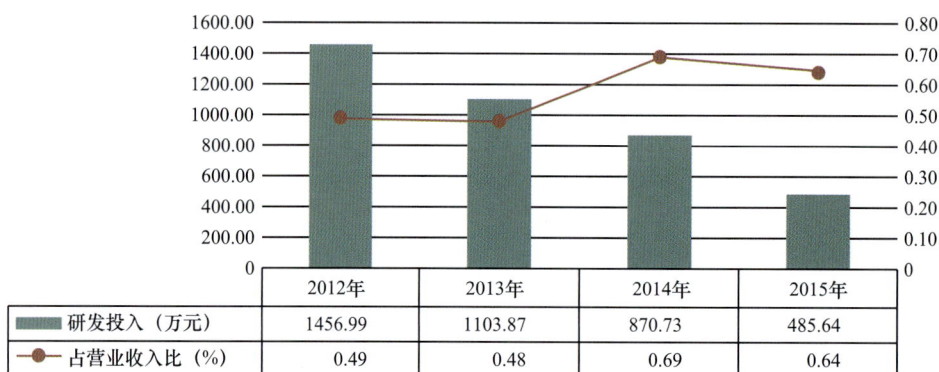

	2012年	2013年	2014年	2015年
■ 研发投入（万元）	1456.99	1103.87	870.73	485.64
—●— 占营业收入比（%）	0.49	0.48	0.69	0.64

图74 维科精华历年研发投入及占营业收入比例

（4）运营效率分析（图75）。

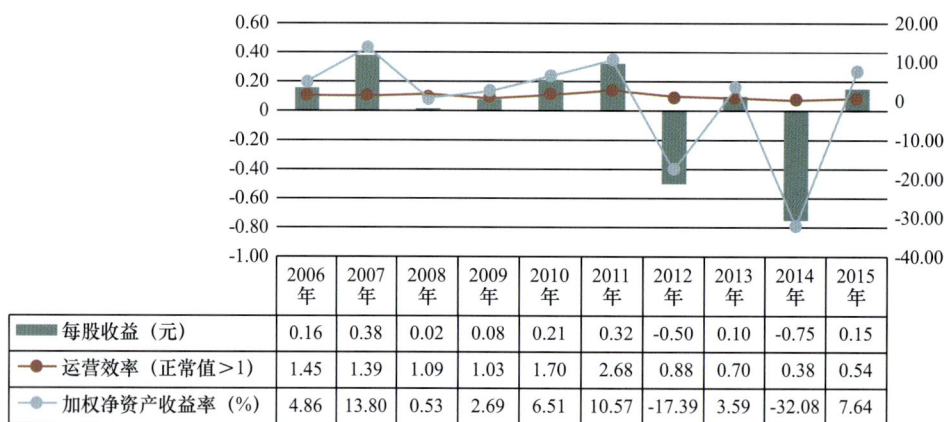

	2006年	2007年	2008年	2009年	2010年	2011年	2012年	2013年	2014年	2015年
■ 每股收益（元）	0.16	0.38	0.02	0.08	0.21	0.32	-0.50	0.10	-0.75	0.15
—●— 运营效率（正常值＞1）	1.45	1.39	1.09	1.03	1.70	2.68	0.88	0.70	0.38	0.54
—●— 加权净资产收益率（%）	4.86	13.80	0.53	2.69	6.51	10.57	-17.39	3.59	-32.08	7.64

运营效率=毛利额/（销售费+管理费）

图75 维科精华历年综合运营效率指标

8. 太平地毯（HK00146）

太平地毯国际有限公司，简称太平地毯，由叶元章和罗兰士·嘉道理勋爵于1956年在中国香港成立了第一间Tai Ping（太平地毯）工作室，为中国内地移民提供了一座避难所，并使得古老的手工编织和手工簇绒工艺得以传承保护，后来叶元章先生发明了手持簇绒枪，作为行业内一项具有里程碑式的创造发明，使之成为数十年来行业标准工具。

公司早期叫"香港地毯制造有限公司"，主要经营及生产各类地毯产品，旗下企业包括泰国地毯国际股份有限公司。公司股份自1973年11月7日在香港交易所主板上市，也是香港首家上市的地毯企业，1990年2月7日，公司已迁册至百慕大。生产厂房位于泰国、中国、菲律宾、欧洲、美国等国家。

2015年公司旗下商业品牌营业额回落8%。主要因亚洲的销售减少所致，亚洲地区营业额下跌14%，泰国的整体收入较去年下跌13%，亚洲其余地区的业务下跌16%，原因为酒店业及博彩业发展疲弱，但菲律宾市场表现较正面，其博彩业及酒店业务具有可观潜力。欧洲及中东的业务如果按当地货币折算表现保持平稳，但因欧元疲弱，兑换为港币之后营业额较去年下跌8%。欧洲的亮点包括英国增长58%（与酒店及住宅相关的业务均有提升）及德国增长11%，这两地的良好表现主要受惠于与私人游艇相关的业务增长25%。美洲的销售则维持去年同等水平。

（1）资产分析（图76）。

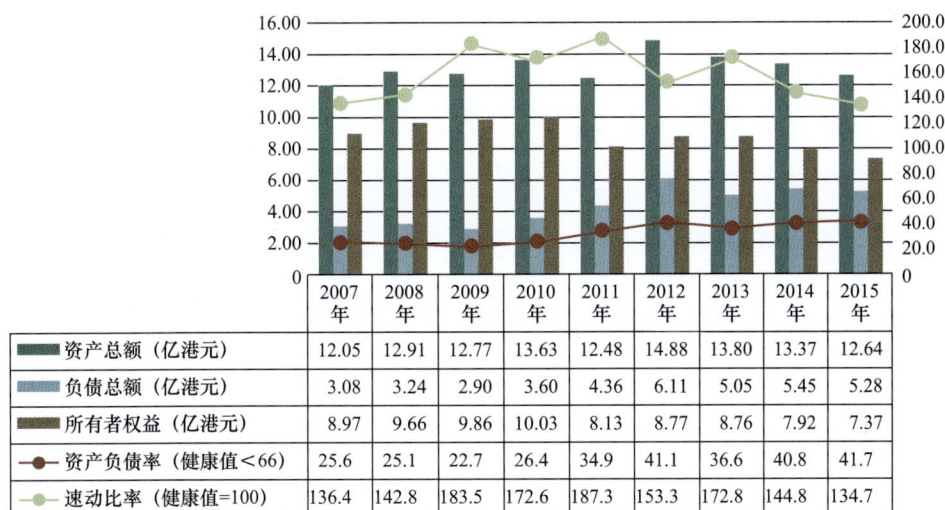

	2007年	2008年	2009年	2010年	2011年	2012年	2013年	2014年	2015年
资产总额（亿港元）	12.05	12.91	12.77	13.63	12.48	14.88	13.80	13.37	12.64
负债总额（亿港元）	3.08	3.24	2.90	3.60	4.36	6.11	5.05	5.45	5.28
所有者权益（亿港元）	8.97	9.66	9.86	10.03	8.13	8.77	8.76	7.92	7.37
资产负债率（健康值<66）	25.6	25.1	22.7	26.4	34.9	41.1	36.6	40.8	41.7
速动比率（健康值=100）	136.4	142.8	183.5	172.6	187.3	153.3	172.8	144.8	134.7

图76　太平地毡历年资产、负债、所有者权益及其偿债能力指标

（2）成长性分析（图77~图79）。

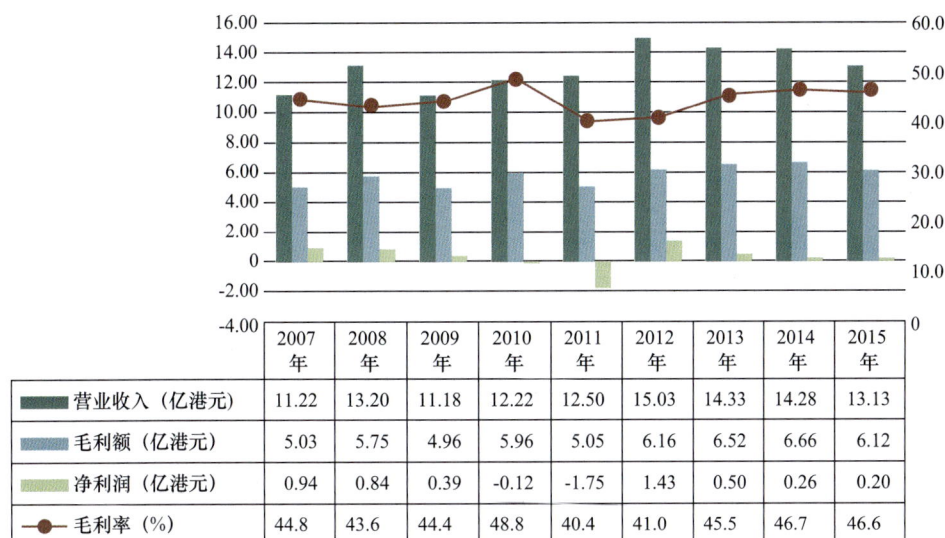

	2007年	2008年	2009年	2010年	2011年	2012年	2013年	2014年	2015年
营业收入（亿港元）	11.22	13.20	11.18	12.22	12.50	15.03	14.33	14.28	13.13
毛利额（亿港元）	5.03	5.75	4.96	5.96	5.05	6.16	6.52	6.66	6.12
净利润（亿港元）	0.94	0.84	0.39	-0.12	-1.75	1.43	0.50	0.26	0.20
毛利率（%）	44.8	43.6	44.4	48.8	40.4	41.0	45.5	46.7	46.6

图77　太平地毡历年营业收入、利润及毛利率指标

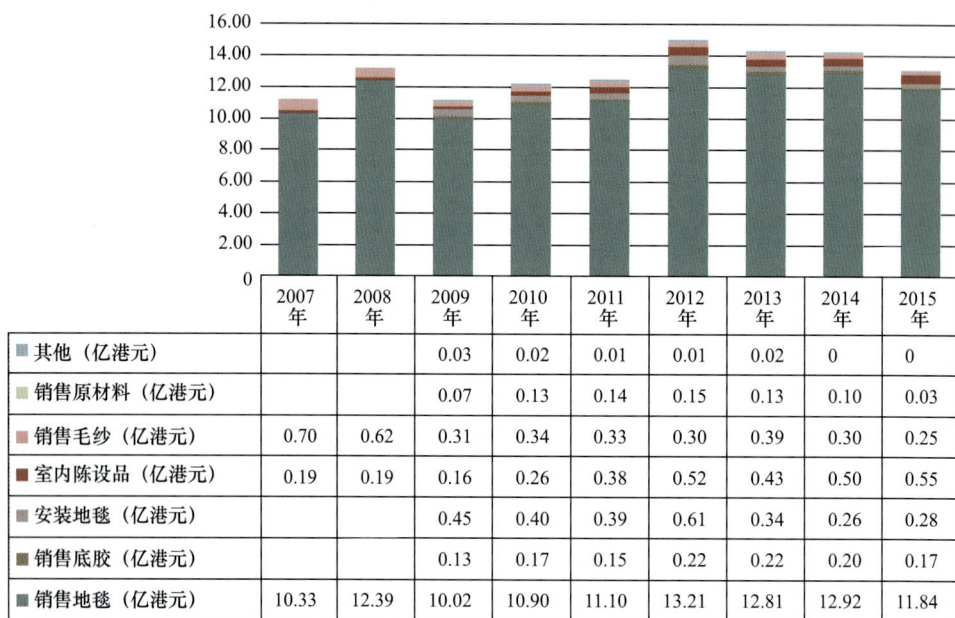

	2007年	2008年	2009年	2010年	2011年	2012年	2013年	2014年	2015年
其他（亿港元）			0.03	0.02	0.01	0.01	0.02	0	0
销售原材料（亿港元）			0.07	0.13	0.14	0.15	0.13	0.10	0.03
销售毛纱（亿港元）	0.70	0.62	0.31	0.34	0.33	0.30	0.39	0.30	0.25
室内陈设品（亿港元）	0.19	0.19	0.16	0.26	0.38	0.52	0.43	0.50	0.55
安装地毯（亿港元）			0.45	0.40	0.39	0.61	0.34	0.26	0.28
销售底胶（亿港元）			0.13	0.17	0.15	0.22	0.22	0.20	0.17
销售地毯（亿港元）	10.33	12.39	10.02	10.90	11.10	13.21	12.81	12.92	11.84

图78　太平地毯历年营业收入按业务板块分类构成

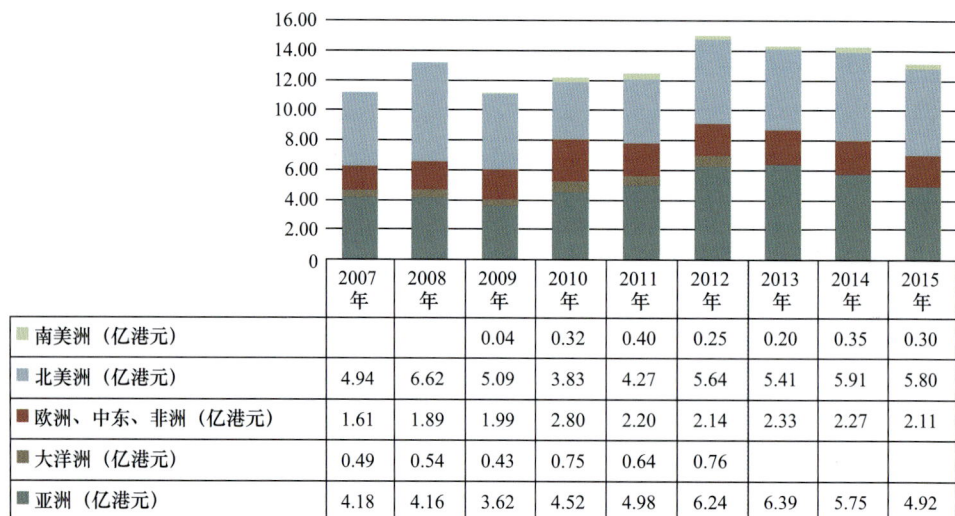

	2007年	2008年	2009年	2010年	2011年	2012年	2013年	2014年	2015年
南美洲（亿港元）			0.04	0.32	0.40	0.25	0.20	0.35	0.30
北美洲（亿港元）	4.94	6.62	5.09	3.83	4.27	5.64	5.41	5.91	5.80
欧洲、中东、非洲（亿港元）	1.61	1.89	1.99	2.80	2.20	2.14	2.33	2.27	2.11
大洋洲（亿港元）	0.49	0.54	0.43	0.75	0.64	0.76			
亚洲（亿港元）	4.18	4.16	3.62	4.52	4.98	6.24	6.39	5.75	4.92

图79　太平地毯营业收入按销售市场分类

（3）健康稳定性分析（图80~图84）。

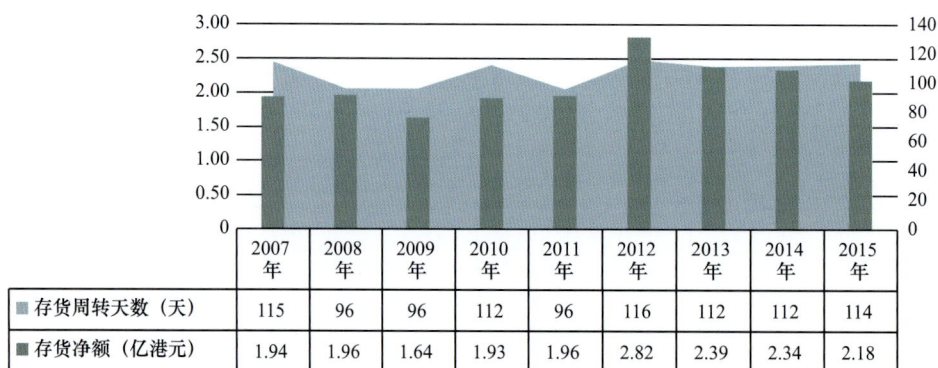

	2007年	2008年	2009年	2010年	2011年	2012年	2013年	2014年	2015年
存货周转天数（天）	115	96	96	112	96	116	112	112	114
存货净额（亿港元）	1.94	1.96	1.64	1.93	1.96	2.82	2.39	2.34	2.18

图80　太平地毯历年存货及其周转效率指标

	2007年	2008年	2009年	2010年	2011年	2012年	2013年
易耗品（亿港元）	0.09	0.09	0.05	0.10	0.10	0.10	0.10
制成品（亿港元）	0.78	0.77	0.57	0.81	0.96	1.43	1.10
在制品（亿港元）	0.25	0.29	0.24	0.24	0.22	0.31	0.26
原材料（亿港元）	0.82	0.82	0.78	0.78	1.04	1.15	1.13

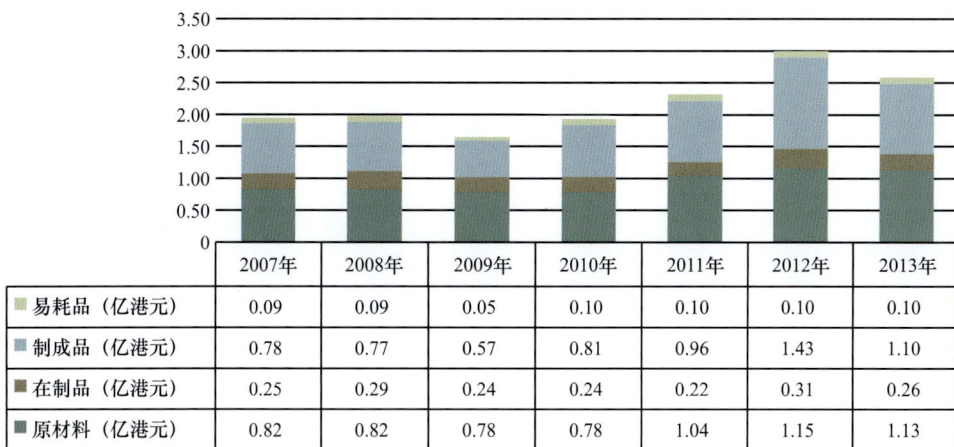

图81　太平地毡历年存货及构成

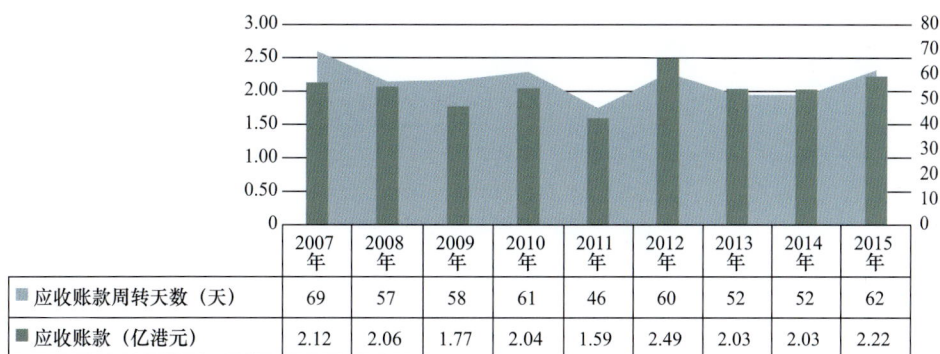

	2007年	2008年	2009年	2010年	2011年	2012年	2013年	2014年	2015年
应收账款周转天数（天）	69	57	58	61	46	60	52	52	62
应收账款（亿港元）	2.12	2.06	1.77	2.04	1.59	2.49	2.03	2.03	2.22

公司对一般客户授信期为90天

图82　太平地毡历年应收账款及其周转效率指标

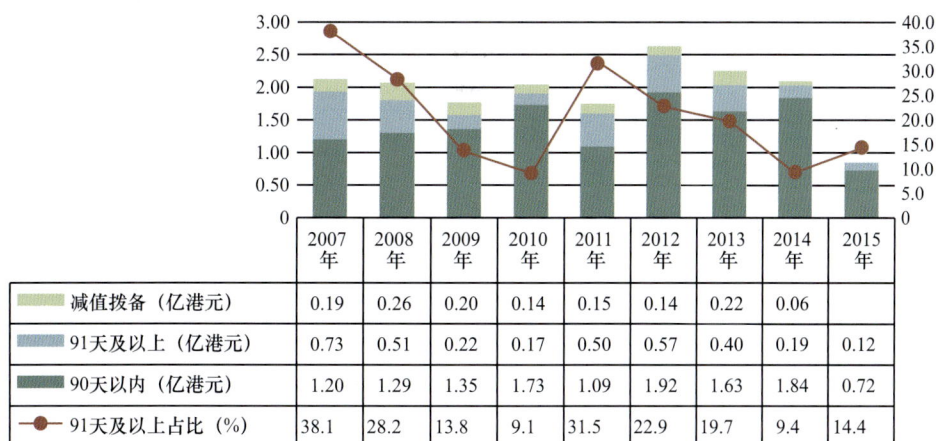

	2007年	2008年	2009年	2010年	2011年	2012年	2013年	2014年	2015年
减值拨备（亿港元）	0.19	0.26	0.20	0.14	0.15	0.14	0.22	0.06	
91天及以上（亿港元）	0.73	0.51	0.22	0.17	0.50	0.57	0.40	0.19	0.12
90天以内（亿港元）	1.20	1.29	1.35	1.73	1.09	1.92	1.63	1.84	0.72
91天及以上占比（%）	38.1	28.2	13.8	9.1	31.5	22.9	19.7	9.4	14.4

图83　太平地毡历年应收账款及其构成

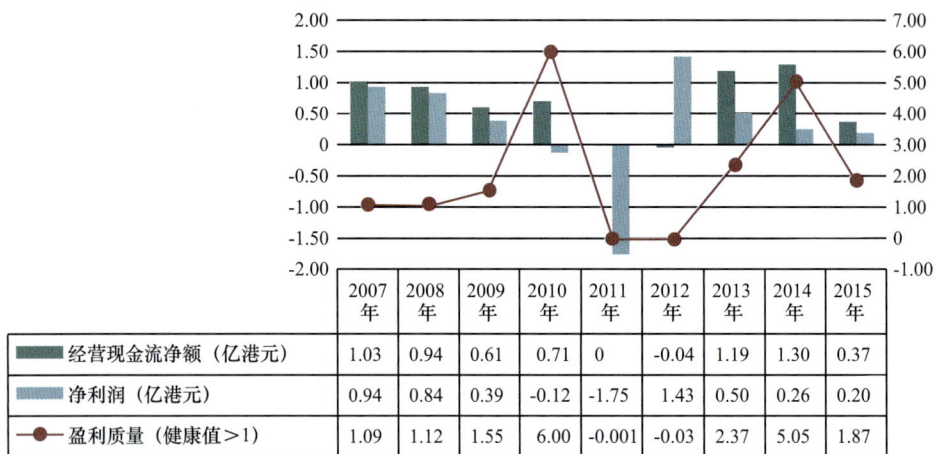

	2007年	2008年	2009年	2010年	2011年	2012年	2013年	2014年	2015年
■ 经营现金流净额（亿港元）	1.03	0.94	0.61	0.71	0	-0.04	1.19	1.30	0.37
■ 净利润（亿港元）	0.94	0.84	0.39	-0.12	-1.75	1.43	0.50	0.26	0.20
● 盈利质量（健康值＞1）	1.09	1.12	1.55	6.00	-0.001	-0.03	2.37	5.05	1.87

盈利质量=经营现金流净额/净利润

图84　太平地毯历年盈利质量及经营现金流净额指标

（4）运营效率分析（图85）。

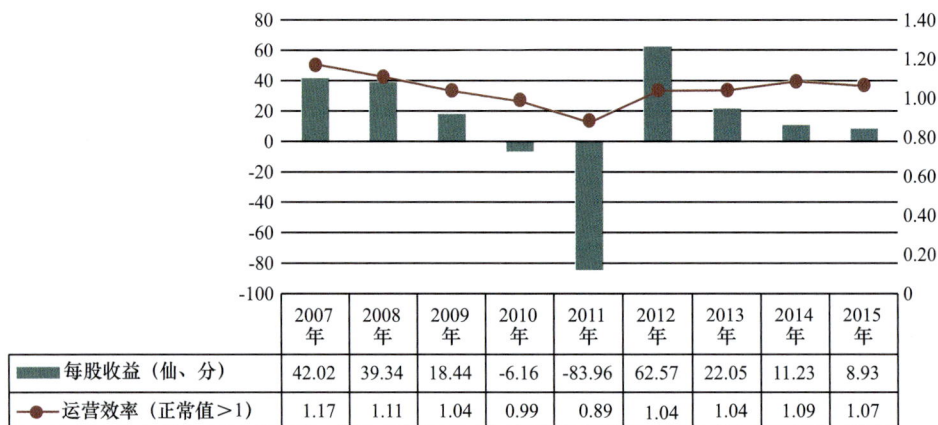

	2007年	2008年	2009年	2010年	2011年	2012年	2013年	2014年	2015年
■ 每股收益（仙、分）	42.02	39.34	18.44	-6.16	-83.96	62.57	22.05	11.23	8.93
● 运营效率（正常值＞1）	1.17	1.11	1.04	0.99	0.89	1.04	1.04	1.09	1.07

运营效率=主营业务毛利额/（销售费+管理费）

图85　太平地毯历年综合运营效率指标

9. 泰丰床品（HK00873）

中国泰丰床品控股有限公司，在2001年由刘庆平（董事长）创立，其主要附属公司山东泰丰股份公司则最早起源于莱芜纺织厂的纺纱车间和色织车间，后经多次改制成为山东泰丰；公司股份在2010年6月11日于香港交易所主板上市，招股价为3.09港元，全球发售为2.8亿股，募集资金8.652亿港元，公司实际运营总部位于中国山东省莱芜市高新科技开发区。

公司业务主要包括：纺纱和床品业务。

床品业务方面主要围绕"泰丰"和"IBEKA"两个品牌开展设计研发、生产、零售等，产品主要有床罩、枕头、枕套、被褥及被套等系列产品。

由于公司无法提交2014年度报告，公司股票于2015年2月27日开始停牌至今。

（1）资产分析（图86）。

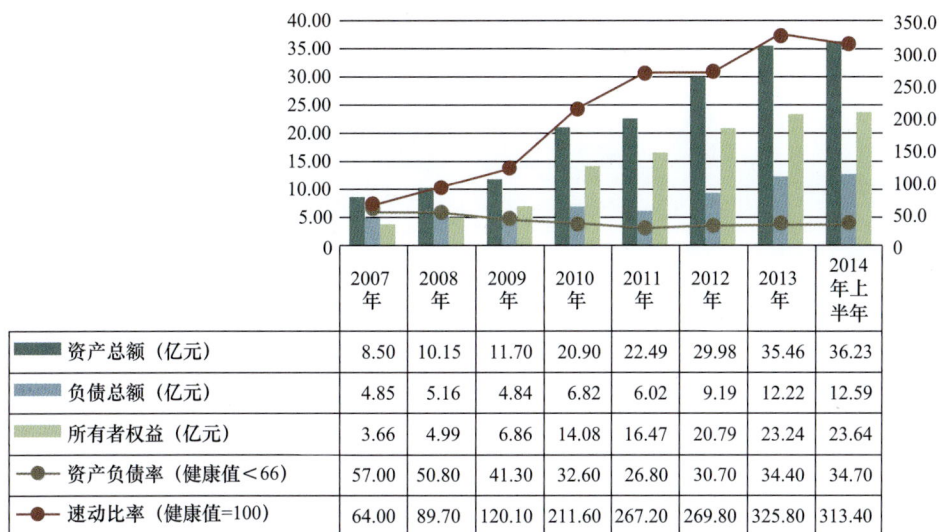

	2007年	2008年	2009年	2010年	2011年	2012年	2013年	2014年上半年
资产总额（亿元）	8.50	10.15	11.70	20.90	22.49	29.98	35.46	36.23
负债总额（亿元）	4.85	5.16	4.84	6.82	6.02	9.19	12.22	12.59
所有者权益（亿元）	3.66	4.99	6.86	14.08	16.47	20.79	23.24	23.64
资产负债率（健康值＜66）	57.00	50.80	41.30	32.60	26.80	30.70	34.40	34.70
速动比率（健康值=100）	64.00	89.70	120.10	211.60	267.20	269.80	325.80	313.40

图86　泰丰床品历年资产、负债、所有者权益及其偿债能力指标

（2）成长性分析（图87~图90）。

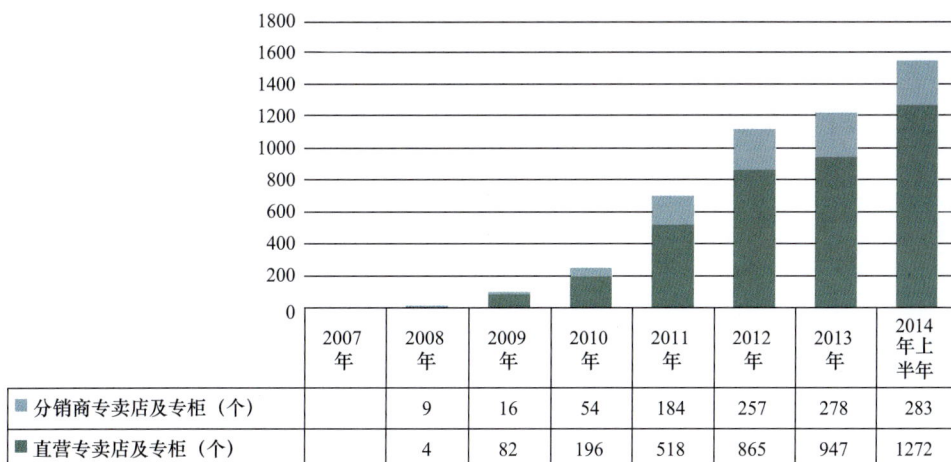

	2007年	2008年	2009年	2010年	2011年	2012年	2013年	2014年上半年
分销商专卖店及专柜（个）		9	16	54	184	257	278	283
直营专卖店及专柜（个）		4	82	196	518	865	947	1272

图87　泰丰床品零售终端数及构成

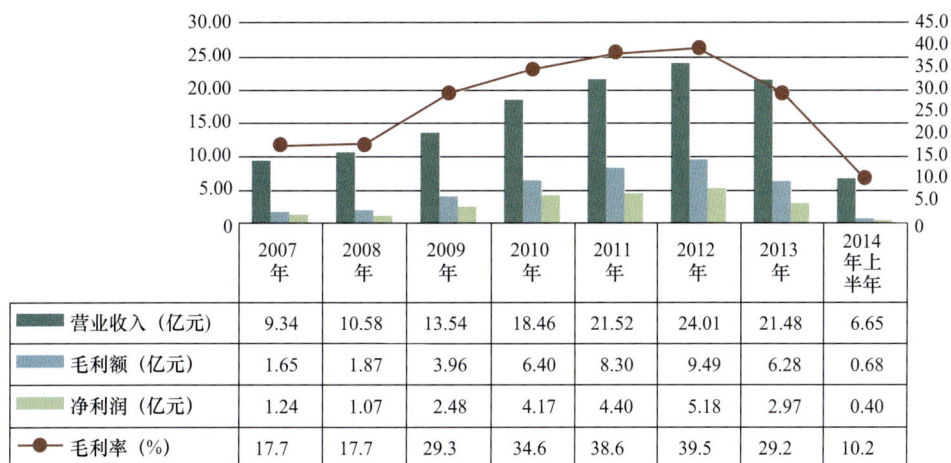

	2007年	2008年	2009年	2010年	2011年	2012年	2013年	2014年上半年
营业收入（亿元）	9.34	10.58	13.54	18.46	21.52	24.01	21.48	6.65
毛利额（亿元）	1.65	1.87	3.96	6.40	8.30	9.49	6.28	0.68
净利润（亿元）	1.24	1.07	2.48	4.17	4.40	5.18	2.97	0.40
毛利率（%）	17.7	17.7	29.3	34.6	38.6	39.5	29.2	10.2

图88　泰丰床品历年营业收入、利润及毛利率指标

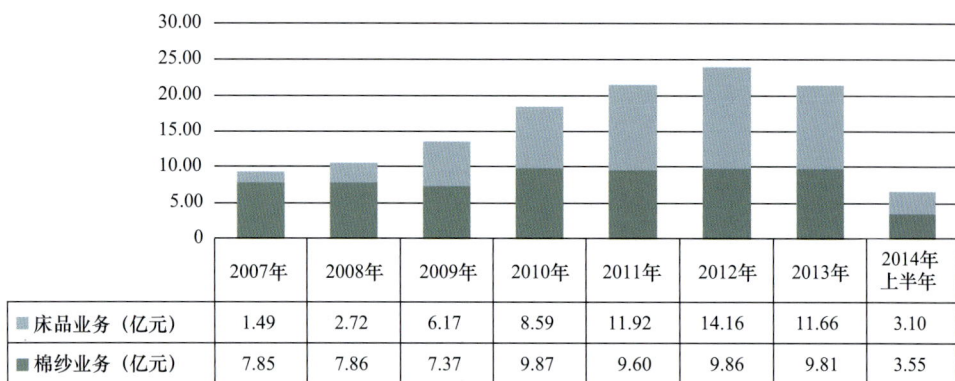

	2007年	2008年	2009年	2010年	2011年	2012年	2013年	2014年上半年
床品业务（亿元）	1.49	2.72	6.17	8.59	11.92	14.16	11.66	3.10
棉纱业务（亿元）	7.85	7.86	7.37	9.87	9.60	9.86	9.81	3.55

图89　泰丰床品历年营业收入按业务板块分类构成

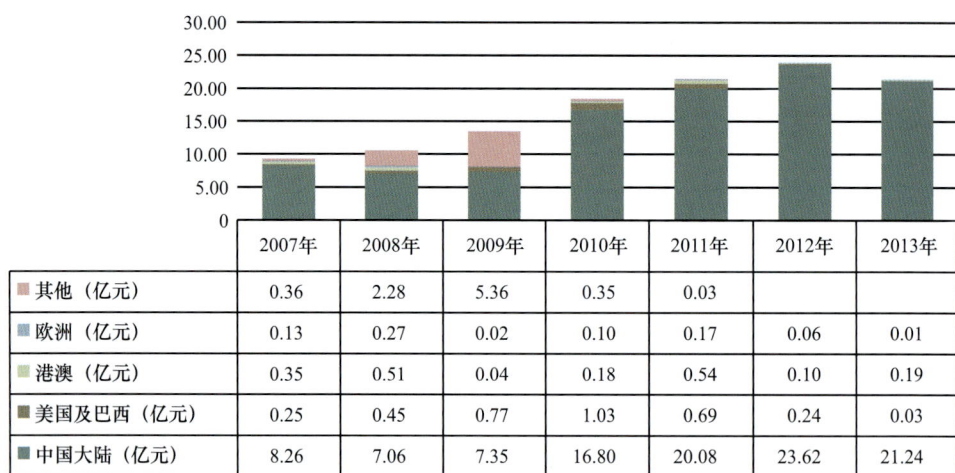

	2007年	2008年	2009年	2010年	2011年	2012年	2013年
其他（亿元）	0.36	2.28	5.36	0.35	0.03		
欧洲（亿元）	0.13	0.27	0.02	0.10	0.17	0.06	0.01
港澳（亿元）	0.35	0.51	0.04	0.18	0.54	0.10	0.19
美国及巴西（亿元）	0.25	0.45	0.77	1.03	0.69	0.24	0.03
中国大陆（亿元）	8.26	7.06	7.35	16.80	20.08	23.62	21.24

图90　泰丰床品历年营业收入按销售市场分类构成

（3）健康稳定性分析（图91~图95）。

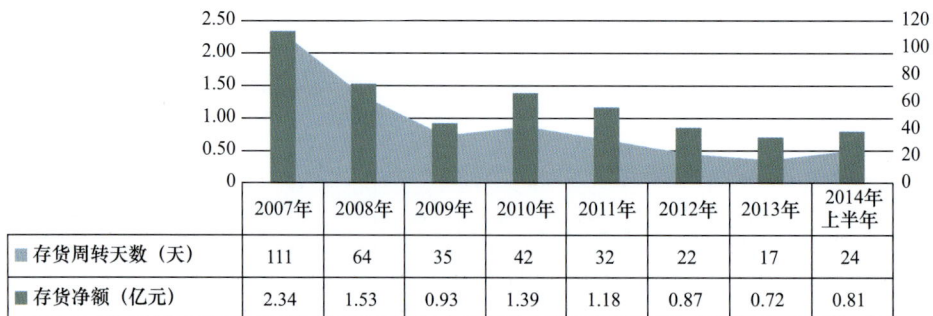

	2007年	2008年	2009年	2010年	2011年	2012年	2013年	2014年上半年
存货周转天数（天）	111	64	35	42	32	22	17	24
存货净额（亿元）	2.34	1.53	0.93	1.39	1.18	0.87	0.72	0.81

图91　泰丰床品历年存货及其周转效率指标

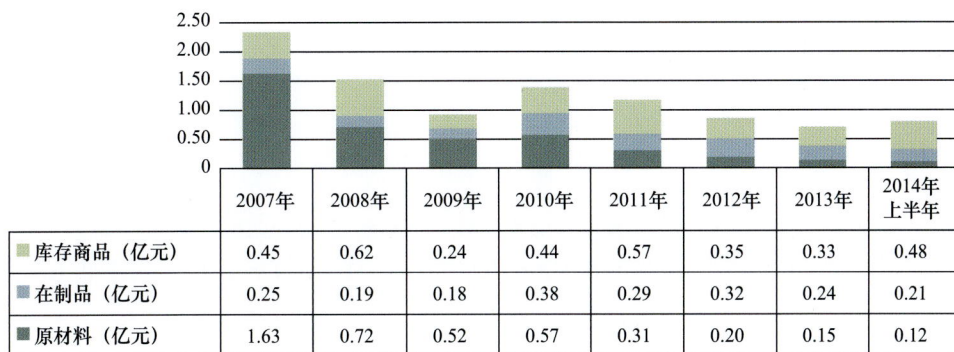

	2007年	2008年	2009年	2010年	2011年	2012年	2013年	2014年上半年
库存商品（亿元）	0.45	0.62	0.24	0.44	0.57	0.35	0.33	0.48
在制品（亿元）	0.25	0.19	0.18	0.38	0.29	0.32	0.24	0.21
原材料（亿元）	1.63	0.72	0.52	0.57	0.31	0.20	0.15	0.12

图92　泰丰床品历年存货及其构成

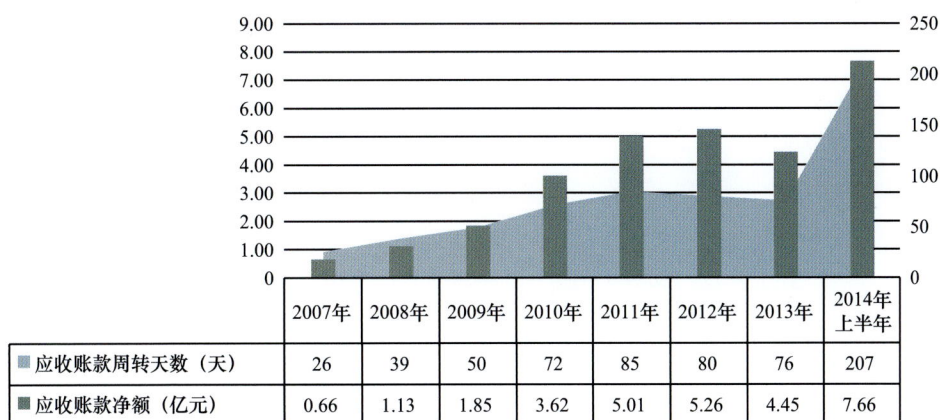

	2007年	2008年	2009年	2010年	2011年	2012年	2013年	2014年上半年
应收账款周转天数（天）	26	39	50	72	85	80	76	207
应收账款净额（亿元）	0.66	1.13	1.85	3.62	5.01	5.26	4.45	7.66

公司根据不同客户给与授信期分为30~120天

图93　泰丰床品历年应收账款及其周转效率指标

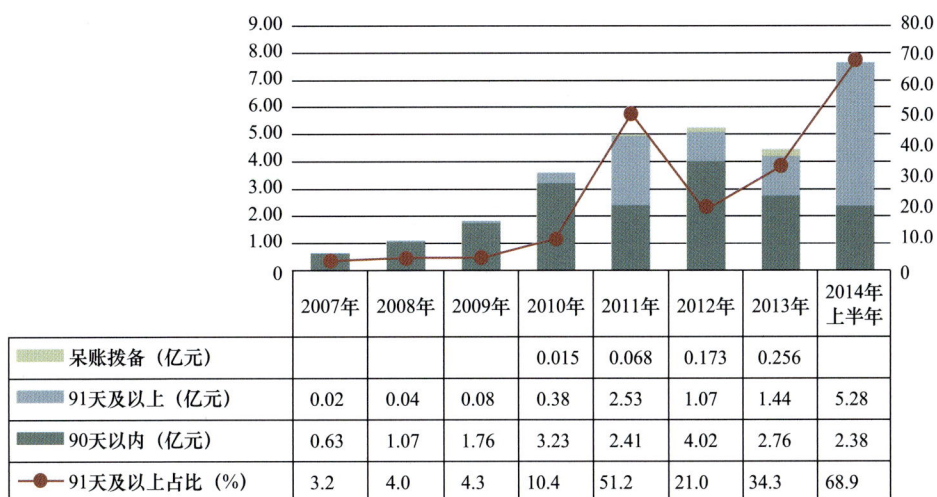

	2007年	2008年	2009年	2010年	2011年	2012年	2013年	2014年上半年
呆账拨备（亿元）				0.015	0.068	0.173	0.256	
91天及以上（亿元）	0.02	0.04	0.08	0.38	2.53	1.07	1.44	5.28
90天以内（亿元）	0.63	1.07	1.76	3.23	2.41	4.02	2.76	2.38
91天及以上占比（%）	3.2	4.0	4.3	10.4	51.2	21.0	34.3	68.9

图94　泰丰床品历年应收账款及其构成

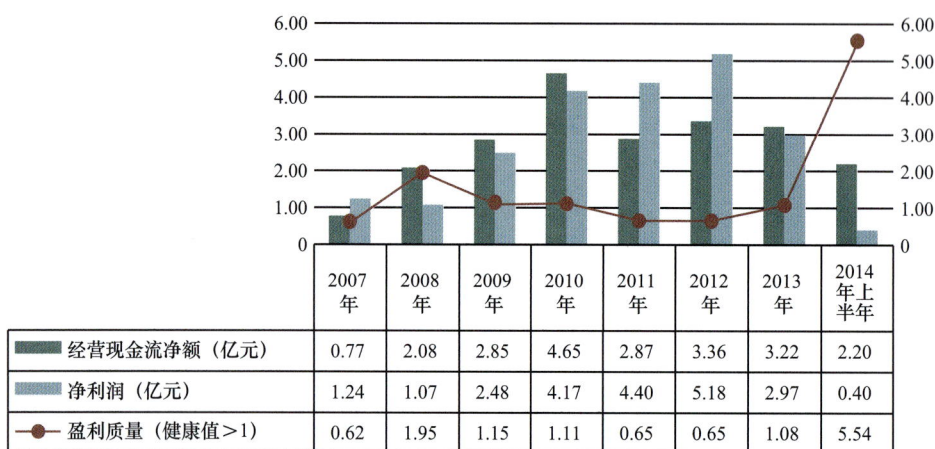

	2007年	2008年	2009年	2010年	2011年	2012年	2013年	2014年上半年
经营现金流净额（亿元）	0.77	2.08	2.85	4.65	2.87	3.36	3.22	2.20
净利润（亿元）	1.24	1.07	2.48	4.17	4.40	5.18	2.97	0.40
盈利质量（健康值＞1）	0.62	1.95	1.15	1.11	0.65	0.65	1.08	5.54

盈利质量=经营现金流净额/净利润

图95　泰丰床品历年盈利质量指标及经营现金流净额指标

（4）运营效率分析（图96）。

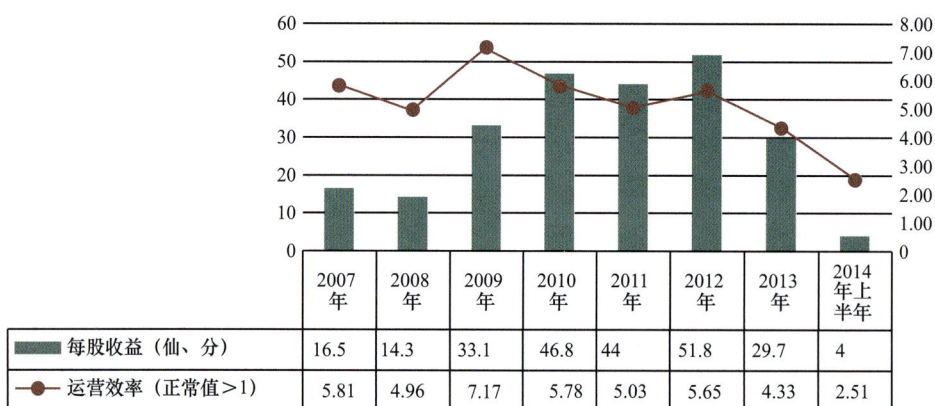

	2007年	2008年	2009年	2010年	2011年	2012年	2013年	2014年上半年
每股收益（仙、分）	16.5	14.3	33.1	46.8	44	51.8	29.7	4
运营效率（正常值＞1）	5.81	4.96	7.17	5.78	5.03	5.65	4.33	2.51

运营效率=主营业务毛利额/（销售费+管理费）

图96　泰丰床品历年综合运营效率指标

10. 中国家居（HK00692）

　　1975年姚正安先生于中国香港创办布料买卖及成衣制造业务；1987年香港业务扩展至布料漂白及染色；1992年布料加工设施迁移至广东省中山市南头镇，在当地成立中山正兴纺织厂有限公司；2000年1月成功在香港联合交易所公开上市；2010年3月收购一家位于中国陕西省紫阳县的矿场进行采矿，同年11月，公司由"正兴（集团）有限公司"改名为"宝源控股有限公司"；2013年1月，公司完成收购Chang Ye Holdings Limited，全面进入中国家居市场，并将名称由"宝源控股有限公司"更改为"中国家居控股有限公司"，Chang Ye Holdings Limited之附属公司中山市普纳度风尚家居有限公司（普纳度）之核心业务为木制家居产品贸易，提供整体家居全程解决方案，并设有自家施工队伍，为不同层面的客户提供服务，从居室规划，设计，装修，到装饰材料、橱柜、家具等的统筹安排，提出全方位的家装新概念，从在线到线下提供全屋家居一站式整体解决方案。

公司的名称随业务演变而更改：正兴集团（纺织）——宝源控股（采矿，但一直在办批文，没有实际采矿业务）——中国家居（家具）。公司似乎一直在寻找适合自己的主业。

2015年公司亏损10.88亿港元（2014年亏损约为8.65亿港元），每股亏损为0.306港元。有关亏损增加主要由于勘探及评估资产进一步减值约6.992亿港元以及商誉减值2.728亿港元及无形资产一次性减值约3.43亿港元所致。公司财务稳健并未受影响，原因为其并无涉及公司之任何现金流出，且公司仍然保持其毛利率，财务状况稳健。

（1）资产分析（图97）。公司于2010年通过增加股本和可转换债的方式提高了公司资产总规模。

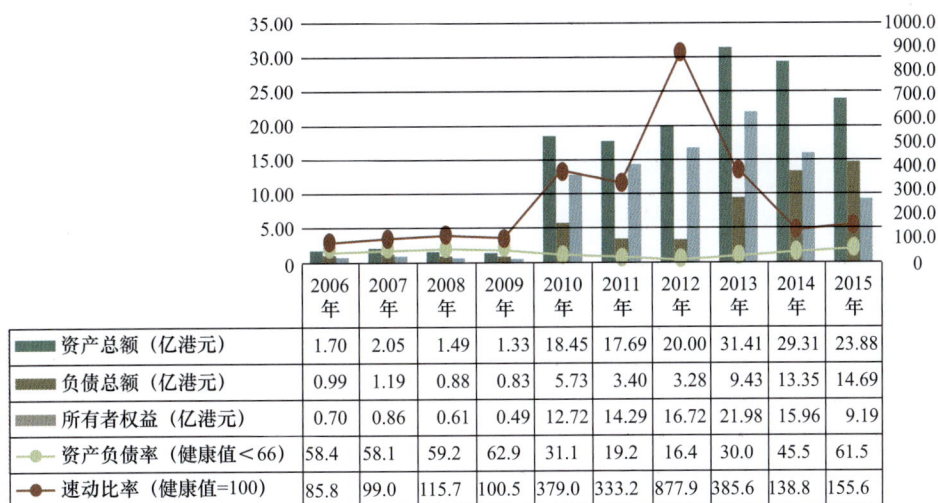

	2006年	2007年	2008年	2009年	2010年	2011年	2012年	2013年	2014年	2015年
资产总额（亿港元）	1.70	2.05	1.49	1.33	18.45	17.69	20.00	31.41	29.31	23.88
负债总额（亿港元）	0.99	1.19	0.88	0.83	5.73	3.40	3.28	9.43	13.35	14.69
所有者权益（亿港元）	0.70	0.86	0.61	0.49	12.72	14.29	16.72	21.98	15.96	9.19
资产负债率（健康值<66）	58.4	58.1	59.2	62.9	31.1	19.2	16.4	30.0	45.5	61.5
速动比率（健康值=100）	85.8	99.0	115.7	100.5	379.0	333.2	877.9	385.6	138.8	155.6

图97　中国家居历年资产、负债、所有者权益及其偿债能力指标

（2）成长性分析（图98~图100）。

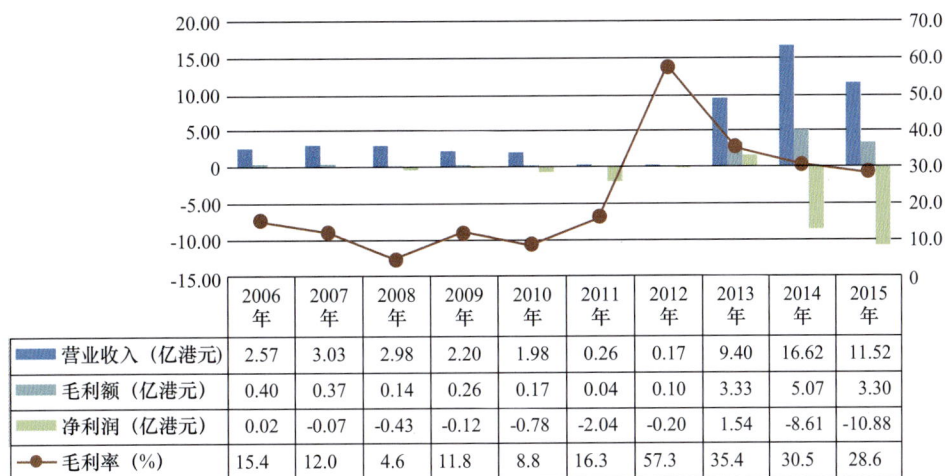

	2006年	2007年	2008年	2009年	2010年	2011年	2012年	2013年	2014年	2015年
营业收入（亿港元）	2.57	3.03	2.98	2.20	1.98	0.26	0.17	9.40	16.62	11.52
毛利额（亿港元）	0.40	0.37	0.14	0.26	0.17	0.04	0.10	3.33	5.07	3.30
净利润（亿港元）	0.02	-0.07	-0.43	-0.12	-0.78	-2.04	-0.20	1.54	-8.61	-10.88
毛利率（%）	15.4	12.0	4.6	11.8	8.8	16.3	57.3	35.4	30.5	28.6

图98　中国家居历年营业收入、利润及毛利率指标

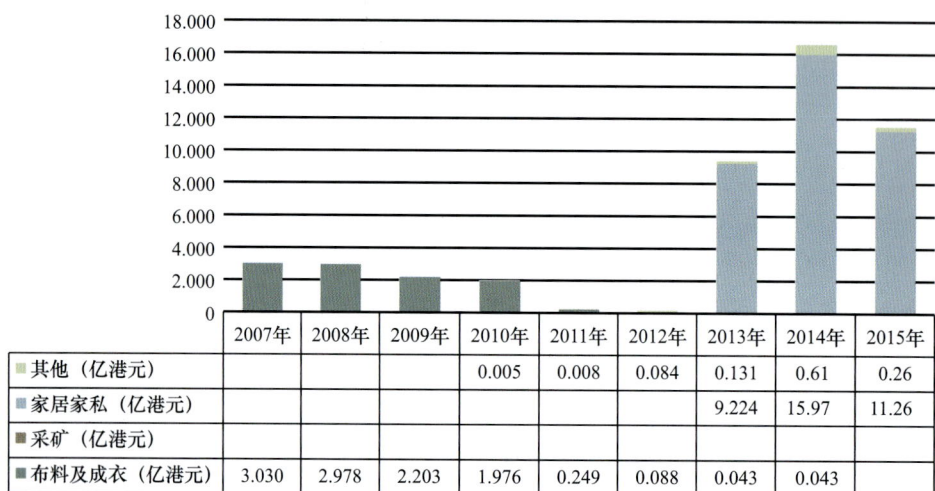

	2007年	2008年	2009年	2010年	2011年	2012年	2013年	2014年	2015年
■ 其他（亿港元）				0.005	0.008	0.084	0.131	0.61	0.26
■ 家居家私（亿港元）							9.224	15.97	11.26
■ 采矿（亿港元）									
■ 布料及成衣（亿港元）	3.030	2.978	2.203	1.976	0.249	0.088	0.043	0.043	

图99　中国家居历年营业收入按业务板块分类构成

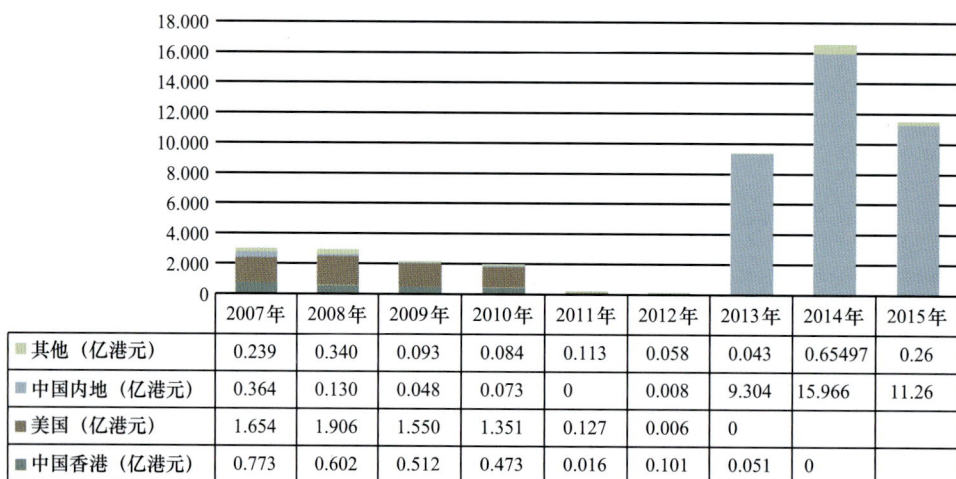

	2007年	2008年	2009年	2010年	2011年	2012年	2013年	2014年	2015年
■ 其他（亿港元）	0.239	0.340	0.093	0.084	0.113	0.058	0.043	0.65497	0.26
■ 中国内地（亿港元）	0.364	0.130	0.048	0.073	0	0.008	9.304	15.966	11.26
■ 美国（亿港元）	1.654	1.906	1.550	1.351	0.127	0.006	0		
■ 中国香港（亿港元）	0.773	0.602	0.512	0.473	0.016	0.101	0.051	0	

图100　中国家居历年营业收入按销售市场分类构成

（3）健康稳定性分析（图101~图105）。

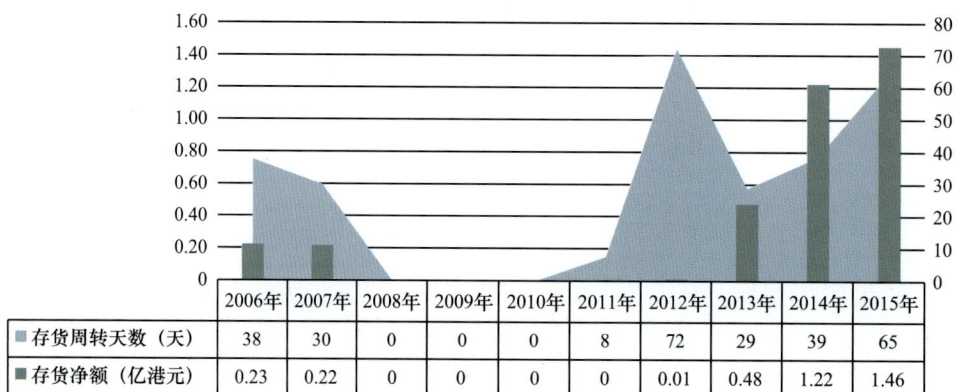

	2006年	2007年	2008年	2009年	2010年	2011年	2012年	2013年	2014年	2015年
■ 存货周转天数（天）	38	30	0	0	0	8	72	29	39	65
■ 存货净额（亿港元）	0.23	0.22	0	0	0	0	0.01	0.48	1.22	1.46

图101　中国家居历年存货及周转效率指标

	2007年	2008年	2009年	2010年	2011年	2012年	2013年	2014年	2015年
■ 制成品（亿港元）	0.518	0	0	0	7×10⁻⁵	0.0024	0.003	1.04	1.24
■ 在制品（亿港元）	0.016	0	0	0	0.00357	0		0.03	
■ 原材料（亿港元）	0.150	0	0	0	0.00082	0.0122	0.48	0.15	0.22

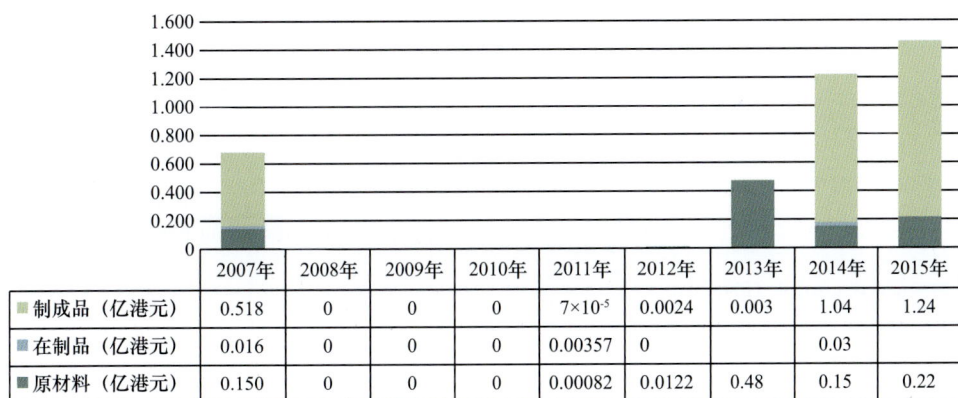

图102　中国家居历年存货及构成

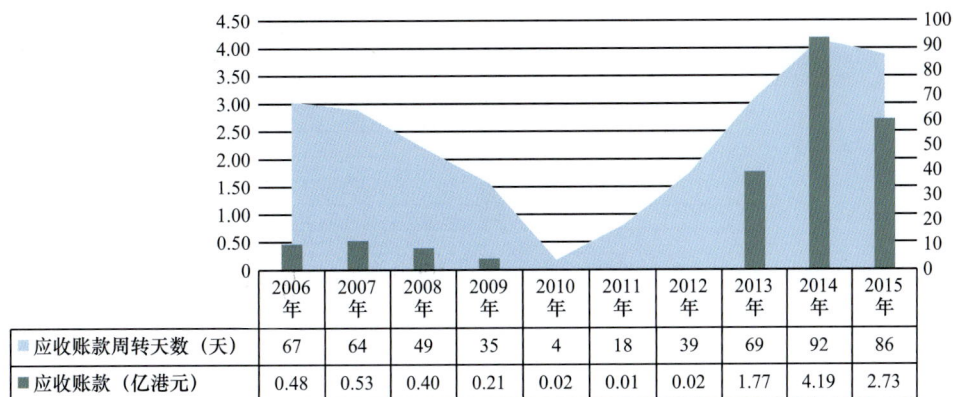

	2006年	2007年	2008年	2009年	2010年	2011年	2012年	2013年	2014年	2015年
应收账款周转天数（天）	67	64	49	35	4	18	39	69	92	86
应收账款（亿港元）	0.48	0.53	0.40	0.21	0.02	0.01	0.02	1.77	4.19	2.73

公司对不同的客户给与不同授信期，分别为45~120天

图103　中国家居历年应收账款及其周转率

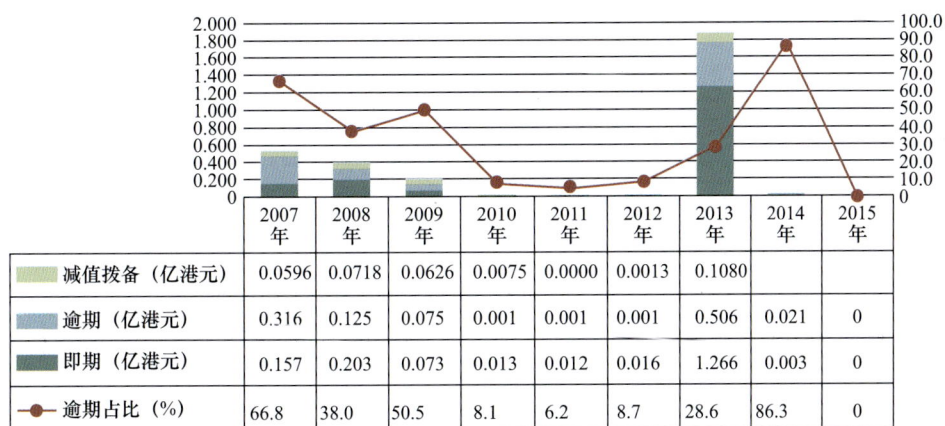

	2007年	2008年	2009年	2010年	2011年	2012年	2013年	2014年	2015年
减值拨备（亿港元）	0.0596	0.0718	0.0626	0.0075	0.0000	0.0013	0.1080		
逾期（亿港元）	0.316	0.125	0.075	0.001	0.001	0.001	0.506	0.021	0
即期（亿港元）	0.157	0.203	0.073	0.013	0.012	0.016	1.266	0.003	0
逾期占比（%）	66.8	38.0	50.5	8.1	6.2	8.7	28.6	86.3	0

图104　中国家居历年应收账款及构成

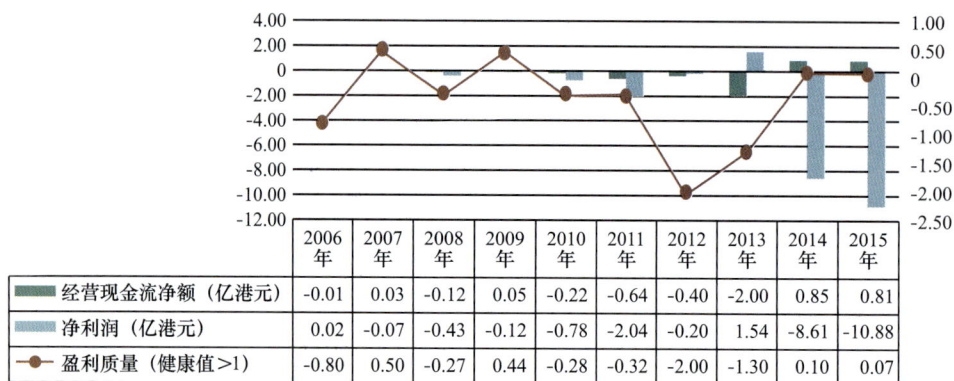

	2006年	2007年	2008年	2009年	2010年	2011年	2012年	2013年	2014年	2015年
经营现金流净额（亿港元）	-0.01	0.03	-0.12	0.05	-0.22	-0.64	-0.40	-2.00	0.85	0.81
净利润（亿港元）	0.02	-0.07	-0.43	-0.12	-0.78	-2.04	-0.20	1.54	-8.61	-10.88
盈利质量（健康值>1）	-0.80	0.50	-0.27	0.44	-0.28	-0.32	-2.00	-1.30	0.10	0.07

盈利质量=经营现金流净额/净利润

图105　中国家居历年盈利质量及经营现金流净额指标

（4）运营效率分析（图106）。

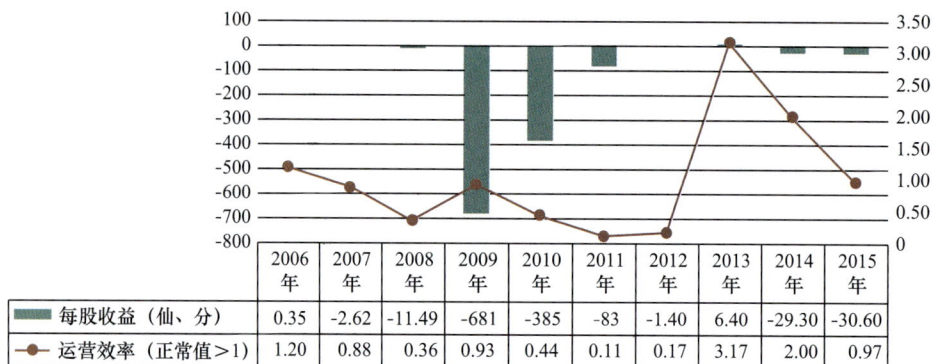

	2006年	2007年	2008年	2009年	2010年	2011年	2012年	2013年	2014年	2015年
每股收益（仙、分）	0.35	-2.62	-11.49	-681	-385	-83	-1.40	6.40	-29.30	-30.60
运营效率（正常值>1）	1.20	0.88	0.36	0.93	0.44	0.11	0.17	3.17	2.00	0.97

运营效率=主营业务毛利额/（销售费+管理费）

图106　中国家居历年综合运营效率指标

11. 宏诚家纺（SGX：COZ）

中国宏诚控股有限公司（股份简称China Hongc）于2007年8月8日在新加坡证券交易所主板上市（其于新加坡市场发行0.68亿股，每股发行价为0.50新加坡元），其设在中国的全资子公司为山东宏诚家纺有限公司，位于山东省邹平县城。

山东宏诚家纺有限公司始建于1977年，是一家集纺纱、织造、床品缝制于一体的大型综合性家用纺织品生产企业，专注于生产高档优质的家用纺织品。公司拥有2个生产基地，分别位于邹平县黄山三路8号和邹平经济技术开发区，厂房建筑面积共约15万平方米。公司拥有环锭纺20万余锭，特宽幅无梭织机1000余台，进口筒子染色机23台，缝制设备300余台。年产棉纱15000吨，棉布4000万米，色织布1000万米，床上用品300万套。公司产品出口到美国、加拿大、日本、中国台湾、韩国、中国香港、澳大利亚、泰国、新加坡、以色列、土耳其及部分欧盟国家如意大利、葡萄牙、西班牙等十几个国家和地区。

12. 绅花纺织（ASX：SHU）

2009年7月30日，绅花纺织国际有限公司在澳大利亚证券交易所上市，发行股票3260万股，每股发行价0.50澳元，共募集资金金额1630万澳元。

绍兴绅花纺织有限公司是一家集家用纺织品开发、生产、销售及成品加工为一体的外向型中外合资企业，公司位于浙江绍兴县杨汛桥工业园区，占地面积15万平方米，拥有各类高档进口织机1000余台，配套缝制设备200余台，年产各类装饰面料5000万米，各类家纺成品4500万件（套），是国内规模较大的从产品开发、设计、生产、销售为一体的生产基地之一。

产品主要用于各类宾馆、办公楼及家庭室内装饰。公司的主导面料有：装饰布、沙发布、雪尼尔、薄纱等；主导成品系列有：床上用品、窗帘、靠垫、台布（餐桌布）等。公司在1999年取得产品自营进出口权，产品销往英国、德国、意大利、瑞典、西班牙、美国、加拿大、巴拿马、日本、南非、乌克兰、智利等几十个国家和地区。公司经营模式：生产加工、经销批发。

中国纺织建设规划院

新三板为家纺企业发展带来新契机

花小伟

一、新三板市场综述

当前，多层次的资本市场已经成为社会资源配置和资产流动的有效途径，它对资产效益的发挥起到了重要作用。国有资本运营公司在大力推进存量资产资本化的运作中，可以通过收购、兼并、重组等手段，实现低成本扩张，提升公司规模，尽快将公司做大做强。还可以通过培育上市、买壳上市、收购上市公司控股权等方式，尽快实现资本证券化及提早进入资本市场。

作为多层次资本市场中重要的新生力量，新三板市场近年来呈现爆发式增长，其定位主要是为创新型、创业型、成长型中小微企业发展服务。新三板市场处于多层次资本市场体系的中间位置，起到承上启下的作用，是连接一板二板与四板的纽带，为自主创新国家战略提供融资平台，为多层次的资本市场体系建设添砖加瓦。2015年是新三板跨越式发展的一年，相关政策红利不断，分层制度将在下半年做好部署，新三板融资快速增长，挂牌速度飞升，吸引大量主板公司并购。

2015年新三板新增挂牌企业3557家，截至2015年12月31日，新三板市场挂牌公司总数5129家，相比2014年年末1572家上涨达226.27%，总股本2959.51亿股，相比2014年上涨349.53%，总市值约24584亿元，上涨435.44%。图1。

2015年新三板新增挂牌企业从行业分布来看，制造业以1247家牢牢占据首位，新三板以包容性的市场制度及市场化的运作模式，也吸引了大量家纺行业在此挂牌以打入全国资本市场。

二、家纺业登陆新三板公司概况

从资本市场看，家纺业目前在新三板上市的公司主要有天鹅家纺、凯盛家纺、古麒羽绒、晚安家纺、斯得福和华辰股份、芙儿优、优雅电商等。见表1。

天鹅家纺（832622）于2015年6月19日在新三板挂牌，主办券商为国元证券，公司总股本为3200万股，按照2014年7月最后一次定增价格，公司总市值为6400万元。

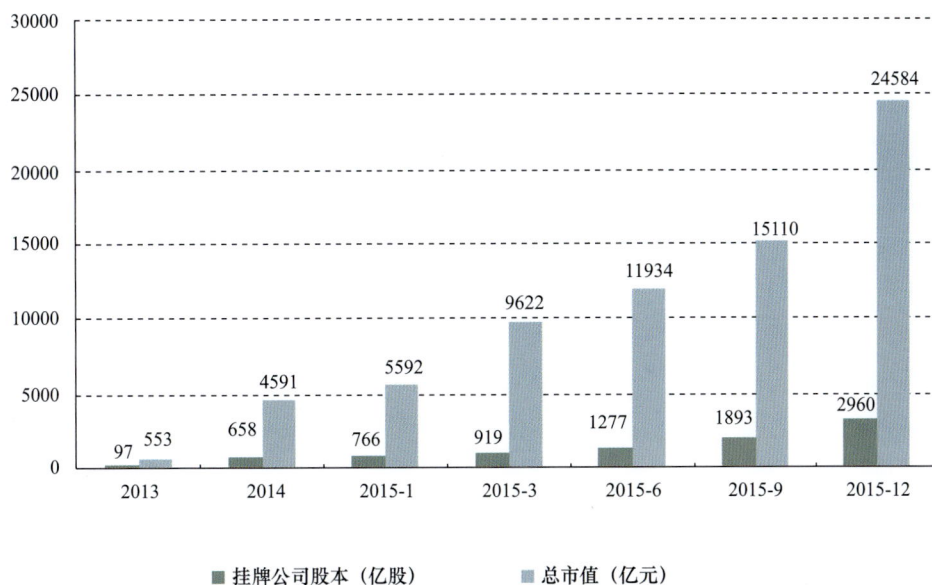

图1 2013~2015年度新三板市场概况统计
资料来源：WIND 中信建投证券研究发展部

凯盛家纺（833865）于2015年10月20日在新三板挂牌，主办券商为德邦证券，公司总股本为5570万股，按照2013年5月最新一次增资（债券转股权）价格，公司总市值为8914.96万元。

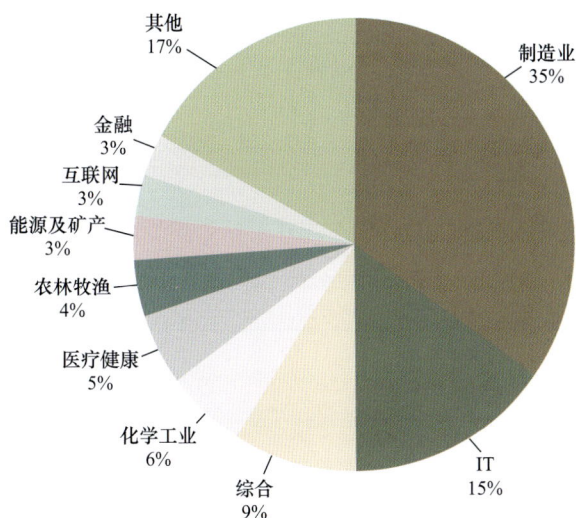

图2 2015年新三板新增挂牌企业行业分布统计
资料来源：WIND 中信建投证券研究发展部

古麒羽绒（831908）于2015年1月28日在新三板挂牌，主办券商为大通证券，公司总股本为9950万股，总市值为4.58亿元。

晚安家纺（831795）于2015年1月30日在新三板挂牌，主办券商为中山证券，公司总股本为3000万股，按照2014年股份变更，总市值为3000万元。

斯得福（834810）于2015年12月9日在新三板挂牌，主办券商为国信证券，公司总股本为4800万股，按照2015年5月股份变更，总市值为4800万元。

华辰股份（831876）于2015年2月6日在新三板挂牌，主办券商为方正证券，公司总股本为2100万股，按照2016年4月股份变更，总市值为1.47亿元。

芙儿优（835694）于2016年2月19日在新三板挂牌，主办券商为国联证券，公司总股本为5000万股。

优雅电商（836093）于2016年3月15日在新三板挂牌，主办券商为德邦证券，公司总股本为2127万股。

表1　新三板家纺公司财务概览（2015年度）

项目	天鹅家纺	凯盛家纺	古麒羽绒	晚安家纺	斯得福	华辰股份	芙儿优	优雅电商
证券代码（.OC）	832622	833865	831908	831795	834810	831876	835694	836093
总资产（万元）	9027.17	17108.80	34360.40	7258.12	14140.50	14031.62	9643.44	4581.67
总营收额（万元）	9613.22	19252.46	22495.99	11094.06	25029.49	13044.19	14926.49	6148.21
同比（%）	19.32	−9.56	55.09	40.39	−1.69	21.78	12.57	138.36
归母净利润额（万元）	727.38	721.92	1444.74	51.36	741.05	544.21	1009.41	−16.86
同比（%）	230.26	188.10	1314.73	−76.61	−22.73	921.36	−12.93	92.88
毛利率（%）	17.64	31.93	16.39	32.19	22.27	20.67	47.62	28.66
净利润率(%)	7.57	3.75	6.38	0.46	2.96	4.17	6.76	−0.27
资产负债率（%）	53.54	60.80	61.59	53.58	61.90	78.99	26.60	39.97
流动比率	1.67	1.22	0.78	1.61	1.41	0.69	3.53	2.49
经营性现金净流量/营业总收入（%）	10.55	18.25	−0.85	6.14	7.30	6.87	11.83	−1.87
应收账款周转率（次）	3.85	5.40	4.22	12.95	3.90	6.58	5.65	82.91
存货周转率（次）	3.43	2.05	7.22	2.10	4.24	3.74	2.08	2.60

资料来源：WIND 中信建投证券研究发展部

三、新三板家纺版块重点公司

（一）斯得福：瞄准酒店用纺织品，品牌优势、技术优势双驱带动业绩增长

斯得福2015年营业收入为2.50亿元，同比下降1.69%，归属于母公司股东的净利润为

741.05万元，同比下降22.73%。2015年床上用品类营业收入占比68.94%。

公司专注于酒店用纺织品这一细分市场，客户定位为国内中、高端单体酒店宾馆及有影响力的国内外连锁酒店，经过多年的积累和发展，公司的品牌"斯得福"在行业内具有一定的品牌知名度和客户认可度，并已被评为驰名商标，现已成为酒店纺织品行业中的领先企业之一。

公司作为高新技术企业，拥有领先的技术设计理念和实力雄厚的设计师团队，研发和设计实力在国内同行业处于领先水平。

（二）凯盛家纺：公司战略调整，业绩实现回升

凯盛家纺2015年营业收入为1.93亿元，同比下降9.56%，归属于母公司股东的净利润为721.92万元，同比增长188.10%。2015年受公司原直营业务改为加盟业务的影响，销售收入比上年同期减少2036万元；受原直营销售改为加盟销售以及严格管理影响，销售费用与管理费用同比下降2125.18万元。最终本年经营利润增加1746.02万元。从各类产品构成来看，套件类产品下降1491.11万元，降幅为13.82%，被子类产品增长323.27万元，增幅为4.67%。

（三）古麒羽绒：销售渠道扩展，产能稳步提升，公司规范战略助业绩提升

古麒羽绒2015年营业收入为2.25亿元，同比增长55.09%，归属于母公司股东的净利润为1444.74万元，同比大增1314.73%。公司新厂区一标段投入使用，使产能提高5倍，产能的释放实现了规模化生产以及产销能力的提升，带动了营业收入的增长，而公司固定成本、费用未同比例上升，使得营业利润同比增加573.18%。2015年度初值非流动资产产生损益425.84万元，因此实现了利润的大幅增长。

公司从多方着手，拓宽销售渠道，提高产能，增加产量，降低库存，降低成本，存货、应收账款周转加快，销售增加，多轮并驱推动2014年和2015年业绩连年增长。公司从2014年开始注重销售网络的建设和销售大户的培养，销售网络的建立，公司开始在江苏、浙江、上海等地选择重点客户，以点代面，扩大产品认知度，拓宽产品销售的地域范围，为下一步产能增长提供销售保证；为降低销售市场客户集中度过高带来的市场风险，培养新的销售大户企业，和一些知名羽绒耗用企业、销售企业、大型的羽绒制品生产企业建立销售关系。

（四）芙儿优：定位中高档婴童市场，盈利能力领先同类企业

芙儿优2015年营业收入为1.49亿元，同比增长12.57%，归属于母公司的净利润为1099.41万元，同比下降12.93%。

芙儿优是一家集研发设计、销售服务为一体的中高档婴童用品供应商，致力于婴幼儿睡眠科技领域内的技术开发。公司拥有的自主品牌"Dzone第一站"产品涵盖婴儿床、婴儿床品等，优质的产品和服务辅以一系列宣传推广活动使公司的知名度不断提高。公司定位中高

端市场，目标客户群为中高收入人群，注重产品质量把控，实现了高于行业平均水平的利润率。公司注重研发投入，2015年研发费用占企业销售收入比例为3.38%。完备的研发团队和专利保护进一步提升公司竞争力。公司营销渠道包括百货专柜、专卖店、网店，实现广泛的市场覆盖，保证销售畅通。

四、新三板最新政策对家纺行业的影响

新三板因为其挂牌速度快、能提高企业知名度及流通套现等特点，深受中小企业的青睐。企业在挂牌新三板后，可以吸引投资人，完善估值体系，达到财富增值的目的；可通过股权融资、定向增发、股权质押等方式增加企业资本流动性；还可以通过规范治理等增加授信和提高品牌效应。新三板的政策红利和政府补贴促使2015年挂牌数量迅速上升，中小规模的家纺企业得以走上资本市场。

随着新三板制度的不断完善，家纺企业将会面临更多机遇，未挂牌的企业将会加快挂牌步伐，已挂牌的企业将通过一系列政策加强资本流动和价值变现。

（一）分层制度：优质标的被发掘，交易活跃度上升

2015年11月发布《全国股转系统挂牌公司分层方案（征求意见稿）》，该意见稿显示，起步阶段将挂牌公司划分为创新层和基础层。创新层有三大准入标准，分别从净利润、营业收入复合增长率、市值等八个指标分三类进行筛选。三大准入标准为并列关系，也就是说，只要企业符合其中任何一个标准就可能进入创新层。未来，随着市场的不断发展和成熟，再对相关层级进行优化和调整，对于满足表2所示条件的公司将可进入创新层。

表2 新三板分层标准

分层标准	标准划分
标准一：净利润 + 净资产收益率 + 股东人数	最近两年连续盈利，且平均净利润不少于2000万元（净利润以扣除非经常性损益前后孰低者为计算依据） 最近两年平均净资产收益率不低于10%（以扣除非经常性损益前后孰低者为计算依据） 最近3个月日均股东人数不少于200人
标准二：营业收入复合增长率 + 营业收入 + 股本	最近两年营业收入连续增长，且复合增长率不低于50% 最近两年平均营业收入不低于4000万元 股本不少于2000万元
标准三：市值 + 股东权益 + 做市商家数	最近3个月日均市值不少于6亿元 最近一年年末股东权益不少于5000万元 做市商家数不少于6家

资料来源：《全国股转系统挂牌公司分层方案（征求意见稿）》中信建投证券研究发展部

在达到上述任一标准的基础上，须满足最近3个月内实际成交天数占可成交天数的比例不低于50%，或者挂牌以来（包括挂牌同时）完成过融资的要求，并符合公司治理、公司运营规范性等共同标准。如果选择标准一，须取得中国证监会核准在全国股转系统公开转让的批复；如果选择标准二，应补充提交一年期审计报告；如果选择标准三，应当在挂牌前一次性向六家（含）以上的做市商发行股票或者挂牌同时发行股票。

分层制度将于今年5月实施，是新三板的一个重大政策。分层后，新三板的挂牌企业将改变当前参差不齐的现状，做到差异化安排，各个发展时期的企业将在所属的层次上稳定下来，而以往估值体系"一刀切"的情况也将随之改变。

分层制度的主要作用包括四点：第一，打造明星效应，孵化更多优质企业；第二，平衡投融资双方的决策成本；第三，降低监管部门监管成本；第四，构建转板制度的基础。

进入创新层的股票就需要保持一定的流动性，而非备受指摘的"僵尸股"，投资者认可度成为进入新三板创新层的核心指标。有助于鼓励企业优化股权结构，参与做市交易，提升市场流动性。

从数量上看，以分层覆盖率来推测，首批进入创新层的企业可能会占到全市场企业总家数的10%~20%，未来进入分层的企业在500~600家。分层制度推出，创新层标的公司成为新三板基金集中投资的标的池，带来流动性和连续竞价的可能，好的标的会不断被市场发掘，标的交易活跃化，价格也相对市场化。按照标准二，古麒羽绒（831908）和晚安家纺（831795）在今年有望进入创新层。

（二）挂牌同时定增：股票发行快速增长，定增市场繁荣

证监会在2015年11月20日正式对外发布《关于进一步推进全国中小企业股份转让系统发展的若干意见》，提出探索放开公司挂牌同时向合格投资者发行股票新增股东人数35人的限制，加快推出储架发行制度和授权发行机制。

据全国股转系统发布的最新数据显示，2016年1月，新三板挂牌企业完成298次定向增发，总计募集资金144.36亿元，环比增长33.32%。今年新三板定增市场仍将延续迅猛增长态势，其中主要将受益于公司挂牌同时发行股票的模式（俗称"小IPO"）完成升级。

挂牌同时定增的升级，将吸引更多具有融资需求的中小家纺企业进驻新三板。尤其对于一些偏居一隅的中小家纺企业，利用新三板可以迅速登陆全国资本市场，提升自身知名度与企业价值。

（三）公司债：搭乘债券市场的快车，为新三板融资添翼

除了股票发行之外，今年新三板将丰富融资产品，其中将制定非公开发行债券业务细则，实现挂牌公司非公开发行公司债券并在新三板挂牌转让，在此基础上研究扩大非公开发行公司债券的发行人范围，结合市场分层研究推动挂牌公司公开发行公司债券试点。目前，《非公开发行公司债券业务细则（试行）》已起草完毕。

股转系统推出公司债业务指引并在新三板挂牌交易"正逢其时"，在发行和转让环节能

搭上市场的"顺风车",有利于债券市场扩容,从而推动直接融资发展,降低企业特别是中小企业融资成本。公司债的推广将改变新三板融资"单条腿走路"的尴尬现状,针对新三板家纺企业规模小、增长波动性较大等特点,公司债能增加其融资方式,以促进企业的资金流动和发展。

中信建投证券研究发展部

研发创新

幻自然之大美　展原创之生机
——2015年中国国际家纺创意设计大赛综述

贾京生

　　"海宁家纺杯"2015年中国国际家用纺织品创意设计大赛于7月10日顺利落下帷幕。历时两天的紧张、严格、公正、有序的评选，各类奖项已经"脱颖而出，名花有主"。2015年中国国际家纺创意设计大赛主题为"幻彩·生机"，主旨就是要在作品中"幻自然之大美、展原创之生机"。主题的具体内涵强调的是："从绿色森林到无垠沙漠，从蓝色海洋到浩瀚天空，自然界的无穷色彩和丰富元素具有其独特的魅力，为当代设计提供了深厚的滋养。让我们从大自然中发掘提取色彩组合、肌理变化、图案组织为设计元素，用幻化的色彩炫耀出自然的鬼斧神工之美，人与自然的和谐共生之美。"今年大赛组委会进一步完善了评比规则、评选方式，在浙江省海宁市公证处的全程公证下，经过专业评委对参赛作品的幅幅斟酌、层层遴选、优中选优，最终评出金奖1名、银奖3名、铜奖5名、优秀奖30名以及最佳创意设计应用奖4名、最佳设计创新意识奖2名、最佳设计题材奖2名、最佳手绘技法奖2名、最佳传统纹样表现奖2名，入围奖若干名。

大赛评比现场

　　作为中国最权威、最专业的中国国际家用纺织品创意设计大赛，组织者中国家用纺织品行业协会，针对全球经济持续的低迷和我国家纺产业转型升级的现状，确定了一系列具体的可持续发展战略方向、战略目标与战术举措。其中之一就是以大赛形式来全面激活中国家纺原创设计的自信心、自觉性及自主性，全力打造中国家纺原创设计的新形象与高品质，持续提升中国家纺原创设计品牌的整体影响力与国际知名度。创意设计大赛既给中国家纺企业、家纺市场、家纺设计师、家纺消费者以及艺术院校师生等带来了"春天般"的

2015中国家用纺织品行业发展报告

生命活力与创新激情——全面激活了中国家纺设计事业百花齐放的创新与百家争鸣的创意，也带来了"秋天般"的生命辉煌与创新硕果——整体提升了中国家纺事业可持续发展的创造后劲与创新水平。简而言之，2015年创意设计大赛，给我们带来的既是幻自然之大美的作品竞艺盛宴，也展现出原创之生机的创新发展态势。这种由大赛带来的作品竞艺盛宴与创新发展态势，充分彰显协会举措力度之大、参赛作品水平之高、新闻报道力度之强、社会影响领域之广。

一、突显家纺大赛举措力度之大

2015年大赛的主题，本身就是一个能够诱发人们文化思考、激发人们艺术创意、引领行业方向的好主题。从大赛主题确定到大赛主题宣传、解读，从大赛招赛、赛事的具体推广到赛事的宣传、赛事报道；从参赛作品的公正评比到作品的有效公示，从大赛作品集的出版到获奖作品的件件点评；从参赛获奖作品的解读、解析到大赛作品全国各地的巡展……今年大赛过程中举措之完美、专业之力度、策划之高度、效果之强度，可以说目标明确、措施到位、成果卓著、影响巨大。2015年所确定大赛的主题，不仅是设计创意的主题，更是具有指导性的中国家纺设计发展方向和价值标准：即生活方式发展、时尚审美趋势、产品设计方向的指导性。其导向性还显现出设计创新的科学评价标准（好与坏、美与丑、适用与不适用）等，以及企业、市场、消费者、设计师对产品设计是否满意。

中国家纺协会主办大赛的举措力度之大，提升了中国家纺设计师创新设计的水平。随着大赛的深入、广泛进行，参赛作品的创造意识、创新效果、艺术水平、适用性能、时尚情趣、文化意蕴等都在逐年提高。在作品的主题与内涵创新上更加广泛，既有抒发自然气韵的，也有传承民族文化的，还有混搭中西风格与创新时尚图案的……想法独特、思路开阔、素材丰富。在作品的形式创新上，既有具象写实的，又有抽象变形的，还有肌理组合与综合构成的，其效果新颖、形式多样、风格独特。

最佳创意意识奖《新·生》（作者：宋云杰）

最佳创意意识奖《木林森》（作者：关佩芳）

中国家纺协会主办大赛的举措力度之大，增强了家纺设计教育、家纺企业的创新设计意识。家纺设计大赛举行，不仅增强了中国家纺企业的设计创新意识，而且激活与深化了企业自主创造知识产权意识，有效提升了企业研发设计能力和创新设计能力。使企业通过强有力的产品设计来提升企业品牌知名度和有效实施企业品牌战略。大赛所产生的影响力与社会效应，吸引了中国家纺企业中的许多骨干企业、名牌企业积极参与大赛，如凯盛、卓泰、紫罗兰、蓝丝雨、富安娜等。

中国家纺协会主办大赛的举措力度之大，有效地搭建了企业与院校联动共进的大平台。中国国际家纺用品设计大赛，为院校和企业间搭起了一座沟通的桥梁。通过大赛的平台，院校可以看到企业对市场的把握，看到与了解社会与市场，防止闭门造车；同时，尽管参加大赛的学生作品并不成熟而显得稚嫩，但学生大胆的想象力、丰富的表现手法，会给企业一些启发。大赛激发了学习家纺设计的学生们的热情与积极性，使学生们看到了中国家纺原创设计空间巨大、前途光明，是值得为之奋斗的。同时，大赛建构成为一个交流的平台，不仅设计师与设计师交流，设计师与企业互动，设计师与市场沟通，设计师与消费者互通，而且还使学生们参与了国内与国外的家纺设计交流，不同设计文化的交流。

二、彰显了参赛作品水平之高

由于今年大赛主题设定为"幻彩·生机"，强调"从绿色森林到无垠沙漠，从蓝色海洋到浩瀚天空，自然界的无穷色彩和丰富元素具有其独特的魅力，为当代设计提供了深厚的滋养。让我们从大自然中发掘提取色彩组合、肌理变化、图案组织为设计元素，用幻化的色彩炫耀出自然的鬼斧神工之美，人与自然的和谐共生之美。"也就是说今年的大赛主题，已从过去更多注重创新传统文化、彰显民族文化、融合时尚文化、应用科技文化基础上的"流"的设计创新，转向注重"'法'自然之大道、'师'自然之大美、'和'自然之大法"的"源"的设计创新。因此，今年主题就是要将我们的设计思维、创意领域、创造审美引向"天地有大美而不言、四时有明法而不议、万物有成理而不说"（庄子语）的大自然。在这样主题设计与引领下，许多参赛作品都是从千姿百态、千变万化大自然的造型、色彩、肌质、组织、结构、功能中，汲取设计灵感、巧用自然元素与建构作品形式的创意亮点，有效地使设计者摆脱与改变旧有设计思维定势，拓展与提升了创意设计思维空间与领域，使参赛作品面貌呈现出的多元化、多样化、个性化的百家竞美与争奇斗艳的盛况。

首先，此次的参赛作品在设计题材上有了很大的拓宽。自然界中的宏观世界、中观世界、微观世界的题材多样而广泛，天上飞的、地上跑的、水中游的形象题材，在参赛作品中可以说应有尽有。这些应有尽有的自然题材，又与过去常用的人文题材巧妙地融合在一起。因为在多年来家纺创意设计大赛中，一直强调人文传统的弘扬而形成的设计思维惯性，自然而然地融汇于此次的参赛作品之中，由此构成了人与自然、人与人、人与社会题材交融共生的作品大量呈现。

大赛金奖作品《尚风》（作者：顾广娟／薛宁）

大赛银奖作品《丛林之旅》（作者：赵雪园）

大赛银奖作品《安之如素》（作者：唐梓琦）

其次，此次的参赛作品在主题上有了进一步的深化。"幻彩·生机"大赛主题，其本质主旨就是"'法'自然之大道、'师'自然之大美、'和'自然之大法"的"源"的设计创新。"法""师""和"是设计主题深层次的根基与本源，这需要参赛设计师以视觉图案的创意与创新形式来呈现，需要在可见的图案形式创意设计中，深化出不可见的图案精神——自然之大美、自然之大道、自然之大法。这在一些参赛作品中，可以见到努力在追求并力求达到的印迹。深化主题的创意设计，既需要在自然形象及元素的设计提炼、转化上下足功夫，更需要在设计创意的适用性、工艺性上做出扎扎实实的"落地性"的探索，在参赛的大赛作品中，很多"师"自然之大美而创作出的作品，也都展现出设计者的提炼之智慧、转化之创造及表现之魅力。

值得一提的是今年参赛作品的整体原创水平，较之以往呈现出形式多样化、风格多元化、表现个性化的较大提升。大赛中呈现的新花型、新构图、新色彩、新创意、新思路、新时尚的作品层出不穷，新材料、新手法、新工艺、新技术的应用作品大量涌现。每件参赛作品都在力求从"自然之大美"的角度切入，去诠释作品中的造型、色彩、材质、技法、风格、韵味等方面体现的形式美与内涵美。此次大赛作品中涌现出许多风格独特、品位高雅、实用且适用的设计佳作。这一切充分展现出90后设计者的勇于探索、勤于思考的精神及青春活力。当然，尽管有很多参赛作品不够成熟，甚至有些作品显得幼稚，在原创力度、设计修养、作品推敲方面，也存在有待提高的空间与拓展的余地，但是，其原创性的势头汹涌，探索性的表现突出，这种设计思路的发展，正是设计大赛引导性、前瞻性的具体体现。

大赛银奖作品《断桥》（作者：赵春燕）

三、体现了新闻报道力度之强

从媒体的宣传报道角度来说，"海宁家纺杯"2015年中国国际家用纺织品创意设计大赛全程及时性的、追踪性的报道与媒体人深度分析的撰文均达到盛况空前的境地。

从时间段上而言，大赛媒体的预告、宣传、报道、解读、分析，既有计划、有步骤，且理性而有序。前期做足了大赛主题解读、大赛招赛简章、大赛评比预告等功课准确而有序；

中期各大媒体在评比现场对高校、企业、专家等评委专家的实况采访报道，对参赛者来源、作品数量构成、作品展示现状、作品整体风貌的实况报道丰富而精彩；后期媒体对参赛作品的艺术形式、主题内涵、审美风格、设计水平与未来中国家纺创意设计的发展趋势的深度解析，以及对于大赛全国院校巡展的后期追踪报道等，使大赛的媒体宣传工作进行得有声有色、有节有度、有始有终。

从赛事报道的形式上来说，时间上是及时跟进，手段上是多元多样，内涵上是深入浅出。为了及时跟进评比现场实地报道，许多媒体记者两天时间全过程的身临其境的置身于大赛评比现场，采访各路各类评委专家，听取他们评比过程中的想法、看法与点评，将评委专家组的所见、所闻、所感、所获的评比信息，及时撰写成文并及时见报、见刊、见网络媒体。各路媒体记者充分利用自身的媒体资源与跨界媒体的方式进行宣传广泛系列报道，如：《中国纺织报》、《家纺时代》、《纺织服装周刊》、《中家纺网》、《中国纺织人才网》、《连杭网》、《中国家纺网》以及官方微信、私人朋友圈等。这些传播媒体，既有传统的纸媒（报纸、杂志），又有现代的各类形式的网媒（微信、微博）等，所进行及时而立体的传播、系列而深度的分析。使信息传播手段与信息接收方式多样化、准确化、及时化，最终达到了赛事报道的最佳化。

更值得一提的是，今年是大赛现况的报道不仅是新闻性的时讯报道，更重要的还有对参赛作品的专业分析，以及对中国家纺企业的家纺设计、中国高校的家纺设计教育深度思考与探讨，这无形之中也将对家纺创意设计大赛可持续发展的思考、探索起到巨大的作用与影响。如《纺织服装周刊》记者孟庆杰撰写的《掀起家居生活头脑风暴》，让我们思考大家纺时代的家居设计中头脑风暴与创新多元化的思考。《中国纺织报》记者何天黎撰写的《"海宁家纺杯"评委感叹：新生代大不同！》，通过各路评委专家评比作品时的感受，深度分析了"新生代"参赛作品的优势、不足，解析了未来中国家纺设计趋势与消费变化。作为大赛新闻发言人，笔者撰写并发表于《中国纺织报》、"中家纺网"的《"幻彩·生机"—2015年中国国际家用纺织品设计大赛主题解析》的文章，从文化、哲学、美学、设计、消费等层面，解读了今年大赛主题不可视的深层次内涵与可视的审美形式。还有一篇是两个标题但是同一内容的文章《家纺设计的"公婆"之争》、《家纺产品设计应遵循市场导向准则》，出自《中国纺织报》记者何天黎之笔，分别发表于《中国纺织报》与"中家纺网"，文章从此次创意设计大赛现状为切入点，延展到中国家纺生产企业的设计与中国艺术院校的家纺设计教育的对接问题，既阐述了现实中的现状问题，又分析了症结与瓶颈之所在，同时也提出了解决问题的思路与措施。

四、展现了社会影响领域之广

历练十三年的中国国际家纺创意设计大赛，所形成的学术性、水平性、权威性、引导性的影响力，已经得到中外家纺设计界、家纺企业、家纺商家、相关艺术院校等的一致认可与认同。这种认可与认同，从参赛作品数量上得到有力印证。从2010年的1500幅参赛作品、2011年的1398幅，到2015年的1883幅，参赛作品数量猛增，这充分说明了大赛的知名度越来越大、影响力越来越强。

大赛展现出的社会影响领域之广，还体现在参赛者的国际化、参赛者的多元化方面。改革调整后的创意设计大赛，不仅拓展了"大赛"的国际化参赛规模，并进一步加强了国际上的招赛力度，扩大国际的参赛规模，今年参赛作品中就有中国港台、美国、韩国近200余幅作品，比去年增加9.1%。近几年来分别有印度尼西亚、美国、韩国、荷兰、泰国、英国、日本、丹麦等国的优秀参赛作品出现在大赛之中，使中国举办的家纺创意大赛走出了国门、走向了世界。

大赛铜奖作品《大城小ci》（作者：李敏仪）

从参赛者的多元化方面，直接而如实地反映出大赛的社会影响力。从参赛作品的作者来看，不仅有专业艺术院校师生参与大赛，有综合大学的艺术院校师生参与，还有大批专业职业设计院校参与，同时，各地家纺企业的设计师、设计公司的设计师也踊跃参与家纺创意设计大赛。大赛所产生的巨大社会影响力，体现在行业影响面在扩大，院校影响力在加强，社会影响度在提升。

大赛展现出的社会影响领域之强，不仅是大赛设计作品水平在提升，也折射出中国家纺企业、家纺设计师、艺术院校准设计师的设计创新能力与设计水平。更为重要的是，大赛的社会影响领域之强，是通过大赛形式达到所设定的推动与提升中国家纺设计创造力与创新力的目标。即通过举办大赛，有力地推动中国家纺产业升级与产品更新换代，有效地繁荣家纺市场，全面地推动家纺产业从加工、销售时代逐步走向设计创新、品牌推广时代，加快中国家纺产品时尚化、国际化、品牌化的趋势，提升了中国家纺企业的自主开发与创新能力，推出一批批具有中国民族特色及广阔市场前景的标志性家纺产品，向社会推介一批批有成果、有才艺、有创新能力的设计师以及新企业与新品牌，建构出展示家纺设计综合水平、设计创新智慧及设计创造竞技平台。

大赛对家纺企业设计产生的影响力与所取得的成就，从影响力方面来说，创意设计大赛传播了家纺产品设计的原创理念，直接激活了全国家纺产业基地的设计原创意识，强化了中国家纺企业研发新产品以及创品牌的潜能，使优秀设计作品脱颖而出，不仅有直接用于企业生产推向市场的，还有其他行业看中获奖作品想要购买作品使用权的，大赛设计作品转化为产品生产力或衍生力已经成为一种趋势。

武汉纺织大学艺术与设计学院李万军教授则告诉《中国纺织报》记者："本次大赛为学生在设计创意和能力提高上提供了很多的帮助，平时他们在课堂上学习很多，但并没有多少实践经验。通过这次大赛，学生的设计能够有机会落地，能够具体地操作一次，有机会到贴近市场的环境中进行设计价值的检验。此外，院校虽然在创意与设计上更为见长，但就市场和可操作性而言，企业更为拿手，所以本次大赛同时吸引了很多的院校和企业，也提供了一个对接平台，能够让院校与企业更充分地互相了解、接触，让校企进行充分磨合。"

大赛铜奖作品*Floating people*【作者：河珍赫（韩国）】

大赛铜奖作品《等待》（作者：娄颖杰）

对于参赛个人来说，创意设计大赛是展示艺术创造力、彰显审美表现力的最佳平台；对于参赛企业来说，是展示企业创新力、产品品牌力、彰显产品影响力的最佳手段；对于组办大赛的行业协会来说，是激活中国设计创造意识、深化创新理念的最佳方式，也是促进中国家纺设计走入世界家纺舞台的最终目的。

清华大学美术学院

2015年"张謇杯·中国国际家用纺织产品设计大赛"综述

张毅

　　张謇是中国现代民族纺织工业的开拓者和实践者，其建立中国第一个棉纺原料基地，推广棉花改良品种种植，引进国际先进设备开办大生纱厂，并创办我国第一所纺织高等专业学校，为中国现代民族纺织工业的早期开创者。

　　从2006年开始，中国国际家用纺织产品设计大赛正式冠名"张謇杯"，至2015年，大赛举办正好十年，十年在历史长河中只是转瞬刹那，而对于南通乃至中国家用纺织品行业来说，设计大赛是中国家用纺织品行业各企业产品设计和品牌建设的风向标，十年来，大赛为家纺行业壮大了优秀设计师队伍，迅速提升了中国家纺产品的设计水平，激发了家纺企业的自主品牌建设，大赛成为引领中国家纺行业迅猛发展的强劲动力。

　　2015年"张謇杯·中国国际家用纺织产品设计大赛"的设计主题为"幻彩·生机"，吸引了来自美国、荷兰、英国、加拿大等13个国家和地区的500多套（件）参赛作品，参赛国家及参赛作品数量再创新高。大赛评审工作于2015年7月18~19日在江苏南通举行，意大利、韩国等国外评委与国内部分企业设计高管、清华大学美术学院、中央美术学院、鲁迅美术学院、江南大学、东华大学等19位院校评委参加了评选。评审分为床品与布艺、巾毯与国外产品、电商家纺产品三个评审小组，对来自国内外的500余套（件）参赛作品层层遴选、认真评审，最终在南通市公证处的公证下，评选出18个产品设计金银铜奖、30个优秀奖、8个品牌文化概念奖和流行风尚奖及百款电商家纺产品设计奖。

　　本届大赛有四个特点，一是国际化特征日益突出；二是品牌企业踊跃介入大赛活动；三是企业产品开发日臻成熟，参赛作品设计时尚、工艺精湛；四是首次在设计大赛中导入互联网营销渠道。

一、大赛的国际化特征日益突出

2015年是中国国际家用纺织品设计大赛举办的第十五年，也是"张謇杯·中国国际家用纺织产品设计大赛"启动的第十个年头。中国纺织品行业的蓬勃发展是中国经济改革开放的缩影，中国现代纺织品的国际化从20世纪初就已经开始，并在1949年之后，成为国家最重要的出口产品和外汇来源，是中华人民共和国建立之初少有的具有国际化特征的产业之一，这也使中国纺织品设计成为了新中国现代设计的开路先锋。中国国际家用纺织品设计大赛的举办，加快了中国家纺行业与国际家纺业融合的进程。十多年前，中国家纺行业纷纷赶往法兰克福参加展会，现在，国内和国际家纺企业蜂拥而至争夺中国国际家用纺织品博览会展位，中国家用纺织品行业的国际性得以充分展现。

2015"张謇杯·中国国际家用纺织产品设计大赛"启动之初，大赛组委会审时度势、积极推进大赛的国际化，将大赛信息知会相关国际家纺企业和国外知名设计院校，并得到积极响应，美国、荷兰、英国、加拿大、韩国、中国香港等13个国家和地区的相关国际家纺企业及院校积极响应，体现了家纺设计大赛向国际化迈进的新趋势。

二、品牌企业踊跃介入大赛活动，竞赛氛围热烈

中国国际家用纺织产品设计大赛历来是发现和培育中国家纺品牌的温床，十多年来，设计大赛推动了当代中国家纺行业的发展，并推进了中国家纺品牌的成长：罗莱、富安娜、梦洁等一大批中国家纺品牌正是从大赛中脱颖而出，并成长为中国家纺品牌的杰出代表。

本届大赛，组委会从中国家纺品牌升级转型的战略高度出发，多次奔赴各家纺产业集群地的相关品牌家纺企业调研走访。金太阳、富安娜、梦洁、南方寝饰、恒源祥、堂皇、芸祥、凯盛、梦兰、紫罗兰、孚日、大东、亚光、洁丽雅等国内著名品牌家纺企业积极响应设计大赛，大赛主办地南通的家纺企业更是踊跃报名参赛，纷纷拿出本年度的主打产品参加大赛评选，中国设计文化题材与时尚相结合成为本届设计大赛参赛产品的主要设计表现方式，各参赛品牌企业以其参赛产品设计充分践行了大赛的设计主题"幻彩·生机"。从产品设计大赛的最后获奖名单来看，既有国内一线家纺品牌再次荣膺奖项，又有大唐、图强、卓泰、雪仑尔、美罗、斯得福、豪申、三利、明远等新锐家纺品牌锋芒显露，展现出中国国际家用纺织产品设计大赛品牌孵化器的魔力。

三、企业产品开发日臻成熟，参赛作品设计时尚、工艺精湛

中国家纺行业从1990年代中期开始发力，相对于成熟的服装行业来说发展较晚，并且由于国内房地产行业启动所带来的爆发性市场需求等原因，对于产品设计及流行趋势的研究相对于服装行业来说较为滞后。从2006年中国国际家用纺织产品设计大赛启动开始，每届大赛各品牌在产品设计的流行趋势把握和品牌设计风格的展现上一届好于一届，本届大赛各参赛企业在全行业景气指数略显下调的时候，明显加强了对产品设计研发的重视，参赛作品充分展现了企业对家纺流行趋势的理解力，并在产品设计和品牌风格塑造中运用自如，紧随国际家纺流行趋势，甚至有更多产品从企业自身设计文化的角度出发，自信地表现了企业对流行的理解和演绎。如某获奖作品依托企业技术强项"小机绣"，以本季流行色彩表现精湛的传统缝纫机绣花卉题材，作品不仅大气时尚，同时又蕴藏着企业设计文化气质风韵。

设计与工艺相辅相成，家用纺织品最终必须依靠材质和工艺制作来表达，本届大赛各企业明显意识到品牌与品牌文化建设的迫切性与必要性，从本届大赛的参赛作品可以看到，床品的工艺设计与制作水平呈现出表现手段的丰富多样与制作精湛，并与服装、工艺品等不同门类纺织品的工艺制作手段有跨界融合的趋势。工艺设计表现手法的丰富多样与制作水平的提升，展现了中国家纺企业在品牌建设上已经发展到产品消费群体更加精确定位的细分阶段。

四、设计大赛导入互联网营销渠道

设计大赛导入互联网营销渠道是本届大赛在"互联网+"时代中与时俱进的亮点，大赛组委会与天猫家纺进行了充分沟通并在本届大赛展开战略合作，大赛增设"电商产品设计奖"，通过作品征集与评审，将一百件获奖作品以"组团上网"形式进入天猫家纺销售平台，打造获奖作品天猫平台网上销售"专区"，为家纺网销产品提供了一个具有针对性的市场渠道，推进设计大赛作品向市场转化进程。正如杨兆华会长所指出的：为了与行业发展趋势结合更加紧密，大赛选择与淘宝天猫合作，这是今年大赛的全新突破，也适合了整个家纺电商行业的发展。电商平台非常热门，越来越多的企业正在参与进来。

通过本届大赛的改革和首次"触电"尝试，大赛所评选出的一百件电商家纺获奖作品，在评审结束之后，迅速安排进入天猫网络平台获奖作品销售专区，随后的销售跟踪数据表明，获奖作品销售成绩喜人，该结果从侧面证明电商家纺产品评审活动是一项符合时代发展需要、贴近市场销售终端并接地气的大赛改革举措。

　　2015"张謇杯·中国国际家用纺织产品设计大赛"在新的改革发展中顺利结束，大赛举办十年以来，见证了中国家纺的设计进步，加快了中国家纺的品牌建设步伐。正如中国家用纺织品行业协会会长、大赛组委会主任杨兆华先生总结大赛所说："张謇杯·中国国际家用纺织产品设计大赛"十年的丰硕成果主要体现在三个方面，一是大赛聚拢和发展了家纺设计队伍，提高了行业的设计能力和水平；二是大赛推动了整个家纺行业的发展，使产品与市场结合更为紧密；三是大赛对区域品牌的发展发挥了强有力的推动作用，促进了南通家纺集群的快速前进。

江南大学

2015年家纺行业科技成果与科技推广的进展与探究

王舟

2015年我国经济进入新的发展阶段，家纺行业正处于转型升级的关键时期，由低成本优势向创新优势的转换、实现生产型制造向服务型制造的转变，科技进步则发挥着重要的作用。大力促进具有高科技含量、高文化附加值、资源节约和环境友好的家用纺织品生产技术与产品的研发，提高行业企业的核心竞争力，构建产业规模优、技术含量高、质量效益好、综合实力强、发展潜力足的家纺产业新格局是行业未来发展的目标。2015年家纺行业除在品牌、品质、渠道等方面取得了可喜的成绩外，在科技进步与推广方面更取得了新的进展与突破。

一、家纺领域科技成果新进展

由中国纺织工业联合会科技部发起的"纺织之光"科技进步奖，是经中华人民共和国科学技术部、国家科学技术奖励工作办公室批准设立的奖项。旨在奖励全国纺织行业基础研究、技术创新、科技成果推广及产业化等方面做出突出贡献的单位或个人。

2015年度的科技进步奖评选工作从3月开始发起，中国家用纺织品行业协会协助对家用纺织品行业的企业单位及人员进行活动推广和项目征集。历时半年多的时间，经过申报、审核、评选、公示等环节，共8项家纺技术成果获得2015"纺织之光"科技进步奖，其中二等奖2项、三等奖6项。内容涉及家纺产品的整理新技术、印花染色新技术及家纺新产品、新装备在技术创新方面取得的成果。

（一）家纺印染新工艺

"家纺宽幅高档面料湿蒸无盐染色工艺的研究用于产业化开发"技术是由华纺股份有限公司研发的，项目获三等奖。该项目通过大量理论实践，对家纺高档面料湿蒸无盐染色的装备、工艺、染料进行了原始创新和集成创新，系统化地研究湿蒸无盐染色智能化装备、织物带液率及碱浓度自动监测装置和均匀混合液循环装置，突破了因设备问题、染液不匀、染料水解造成的布面透染性差及前后差等问题。创立全新的活性染料和固色碱剂体系，具有快速、可靠、符样率高的特点。创新工艺参数在线监测装置，追踪染液高位槽液位压力，保证比例泵配送系统的稳定性。轧槽染液的循环系统，解决轧槽左中右、前后染液浓度的均匀性，改进染料与碱剂混合后的形成，降低染料水解概率，保证染色工艺的稳定性、可靠性及快速反应能力。创新的研发快速打样方法，并建立最佳工艺参数数据库，提高符样率和生产效率。

该技术省去了打底机烘干工序，节省土建和设备投资，减少工艺控制点、擦车工作量和操作人员，降低用工成本。该工艺染色无须无机盐，从根本上消除了印染污水中的盐难以去除的难题，且浮色不易回沾，改善了染色布的洗涤性，减少10%以上的污水排放，提高染色牢度。项目符合市场化需求，市场前景广阔。

"特宽幅圆网高精细环保四分色印花技术"由山东欧化印染家纺有限公司研发，获三等奖。该项目技术是印染行业国内首家使用特宽幅圆网CMYK四分色印花，即以C（青色）、M（品红）、Y（黄色）、K（黑色）四分色（四种原色）为色度坐标，通过撞色合成各种丰富多彩颜色的一种新型印花技术，分色设计中独创专用四分色网点技术，采用目前业内少有的特宽幅超高网目金属圆网镍网高精细制网，通过分色、制网、配色调浆、机台印制及各原料选择、工艺参数的调整，达到更多色调层次，接近数码照片喷印效果。该项目中，印花浆方和有效的生产工艺控制，成功地解决了高网目印花带来的堵网问题，是印染技术的一种创新和突破。该印花技术仅CMYK四套花版，分色套数少，与传统印花工艺相比，大大减少了用网、配浆的数量时间。浆料的反复使用，使得几乎没有废浆产生。减少镍网、蜡或墨汁、胶片、感光胶的使用，对降低生产成本、节能减排具有十分重要的意义。该项目通过特殊的后整理，使面料具有极佳的手感。该项目所用的染料助剂均通过Oeko-Tex Sandard 100认证，各项理化指标经检测都达到了国标水平，符合环保性要求。其产品印制花型色彩丰富靓丽、层次分明，非常适合印制丰富的色彩，与平网四分色印花相比印制效果相当，但生产成本大大降低。其应用前景良好。

研发单位山东欧化印染家纺有限公司拥有雄厚的技术力量和新产品开发能力，追求环保、健康、舒适、功能性家纺的开发理念，长期致力于新产品的研发、设计和生产。已成功开发并大批量生产多种新型纤维家纺面料产品，如Lyocell、Modal、Promodal、Viloft、竹、空调、冰凉纤维产品等。研发新型印染技术和技术改进的印染家纺面料备受市场青睐，如环保超柔印花、异彩真丝、特宽幅圆网高精细四分色印花、Modal/T超柔防羽绒、特宽幅精细数码印花等。公司是"兰精中国印染企业联盟"成员，获"中国百佳自主创新品牌奖""全国印染家纺面料研发中心"。

（二）家纺产品整理新技术

"多功能家用纺织品生态整理关键技术"由南通大学、南通斯恩特纺织科技有限公司和江苏圣夫岛纺织生物科技有限公司研发，获三等奖。该项目通过采用冷轧堆生物酶前处理技术、pH滑移等技术，确定了纯棉面料最佳染色工艺。开发出具有低黏度、低黄变、亲水、自乳化、抗静电等性能的超柔整理剂，应用于纯棉家纺面料的超柔整理。芯材采用香精类物质，长效缓释，使家纺面料持久芳香。织物多层结构设计，构建织物导湿快干通道，形成由内而外逐渐增强的织物紧度梯度，增强面料的导湿快干能力。通过天然抗菌整理剂处理，使织物具有长久抗菌性能。选择合适的相变材料，采用乳液聚合方法制备出相变潜热大、化学稳定性好的相变材料微胶囊乳液，然后与远红外负离子纤维絮片结合，根据人体不同部位的保暖需求，"多段式"分区结构设计，制得兼具远红外、负离子、双向调温、抗静电的被芯。最终形成三类产品：芳香超柔助眠套件、远红外负离子储能保暖型被芯及抗菌导湿保健型套件。该项目属于家纺染整加工领域。将生态前处理和染色技术应用于家纺面料，开发出多种适合于家纺面料的各种纺织化学品，并将其推广应用于家纺套件，进一步提升家纺产品的高科技含量和附加值，丰富家纺文化内涵，是目前家纺业新的经济增长点和发展方向。

"抗菌消臭复合清洁化家纺面料的后整理技术"是由紫罗兰家纺科技股份有限公司和南通大学共同研发的，该项目获三等奖。该项目采用环保安全的等离子无水活化和多元羧酸对纤维进行改性处理，增加纤维上的可反应基团，提高其对后续整理剂的吸附反应性和耐久性。通过机械与超声结合的分散技术，选择适当的分散剂制备纳米二氧化钛环糊精复合抗菌消臭整理剂，整理后织物同时具有环糊精包合消臭和纳米二氧化钛光催化抗菌消臭功能。利用接枝棉纤维上环糊精的空腔结构进行薄荷加香抗菌消臭。通过纳米二氧化钛、环糊精及薄荷的光催化、包合、释香三者协同抗菌消臭整理工艺和自主研制的家纺服装产品多功能加压营养素整理设备，开发适用于家纺公司生产的抗菌消臭复合清洁化家纺面料。项目通过生产工艺与设备的研制及开发的抗菌消臭复合清洁化整理后的家纺面料在家纺行业属于领先水平，所生产开发的家纺面料对金黄色葡萄球菌的抑菌率可达99%，大肠杆菌达96%；消臭（氨臭）率达99%。且项目成果有广泛的适用性，不仅适用于家用纺织品，也适用于一般的纺织面料和非织造布及医用纺织品。抗菌消臭复合清洁化家纺面料后整理技术具有较高的科技含量，填补了国内空白，为消费者提供了健康、卫生的适用环境，增加了产品的附加值，提高了公司在家用纺织品的市场竞争力，经济效益显著。产品质量稳定，市场反应良好。

该项目研发单位紫罗兰家纺科技股份有限公司，一直致力于纺织新材料、新面料的研发和科技健康产品的研发、生产及销售，目前公司的功能性家纺产品研发水平和市场占有率均居全国前列，是国内科技健康家纺的领先品牌，科技创新能力处于家纺行业领先地位。

（三）家纺装备新技术

2015年有两项家纺新装备获奖。"RFJA33型毛巾喷气织机"是由山东日发纺织机械有限公司开发的一款高档喷气毛巾织机，该项目获二等奖。该织机除能织造普通毛圈织物外，还可织造高低毛、波浪毛、凸凹毛、单面毛等高档毛圈织物，广泛应用于纺织行业。由主传动系统、机架系统、开口系统、打纬系统、引纬系统、地经送经、毛经送经、卷取系统、起圈系统、毛经电子摆杆、探纬辅助装置、中央润滑系统、电气控制系统等组成。该项目为国内首创，达到了国际先进的技术水平。主要创新点为：毛经电子摆梁可时时感应毛经张力，保证了毛圈的匀称性；整体移动式织口装置，可彻底避免毛圈与织口托板之间的摩擦，大幅提高了毛圈品质；高速PLC控制核心，配以彩色触摸显示屏，数据采用EtherNet/IP工业以太网技术实现远程监控和管理。织机整体稳定，并可显示织机各种参数，并具有自我诊断功能。获得国家专利8项，其中发明专利2项。该项目的研发制造，打破了国外产品长期垄断的局面，完全可替代进口，成本仅为国外同档产品的70%。该机型的开发成功，增强了企业自主创新的能力，具有良好的经济效益。

"全伺服电机驱动及箔动起毛剑杆毛巾织机"由广东丰凯机械股份有限公司研发，获三等奖。该项目基于大功率无刷永磁同步电机，利用伺服电机矢量控制技术，实现了剑杆毛巾织机的驱动，简化了产品的传动结构；采用独立伺服电机驱动箔动式起圈装置，通过空间连杆控制钢箔精确定位，实现长打纬与短打纬和毛圈高度的控制；引纬由"球型曲柄"驱动柔性剑杆实现，确保剑头在高速运转状态下，准确平稳地交接纬纱；采用旋转变压器作为角度传感器，采用32位CPU微处理器，通过嵌入式软件实现多个伺服电机的精确同步技术，从而确保整机的安全、稳定性能。

（四）家纺产品新技术

"地毯静电性能检测关键技术"是由山东生纺织科学研究院等单位研发的，获二等奖。该项目针对化纤类地毯的降低静电技术。降低静电危害的最有效手段就是预防，只有对地毯静电性能进行定性、定量测试分析，才能指导在生产制造地毯时如何对材料改性，最大限度降低地毯静电的产生。针对地毯的静电检测目前国内已经制定了相应的国家标准与国标准际接轨，但是没有相应的检测仪器，在经过深入的市场调研和技术研究的基础上，该项目进行地毯静电性能检测关键技术研究及仪器的研制。

该项目主要应用于地毯等铺地材料静电的研究，可供地毯生产企业、地毯纤维生产企业、纺织品检验机构、航空和汽车内饰行业及科研院所用于质量检验和技术评价使用。

该项目的研制摆脱了国外在该项目上对我国的技术壁垒，可为地毯的静电性能检测提供精准的检测手段，确保进入市场的地毯产品防静电性能合格。为确保工作人员生命安全和减少国家财产的损失提供了技术保障，随着人们对地毯静电重要性的认识，市场前景十分广阔。

"多功能生态型竹纤维地毯加工关键技术"由江苏工程职业技术学院、南通华普工艺纺织品公司研发，属于纺织新材料应用及新型地毯开发领域。通过生态竹纤维织造、载银纳米二氧化钛复配抗菌剂，整理设备的研发，开发多功能生态型舒适、吸水、抗菌、除臭、防螨、阻燃竹纤维地毯。

项目利用40/60竹棉混纺，采用无机载银纳米二氧化钛抗菌整理剂协同有机硅季铵盐和以脂肪族含卤有机化合物为主要成分的专用阻燃剂进行复合整理，解决载银纳米二氧化钛无机抗菌剂与精选有机抗菌剂进行复配在偶然中求成功的盲目性，提升无机抗菌剂与有机抗菌剂复配的相容性、稳定性、时效性，提高整理效果的耐久性。项目在整理液中添加了环保型交联剂，选用了植物性黏合剂作为地毯背胶助剂，产品的加工过程无污染。同时项目开发了多功能连续喷淋设备、手工地毯连续轧水烘干装置和手工宽幅簇绒地毯割绒装置，实现了产品的规模化生产。项目研发系统化的产业化设备，为确保产品质量的稳定性、有效提高生产效率、较好地控制生产成本奠定了坚实的基础。项目进行抗菌、防螨、阻燃、水萃取液pH、游离甲醛含量、色牢度进行第三方测试，均满足国家标准要求。

二、科技推广活动取得新突破

中国家用纺织品行业协会一直十分重视家纺领域的科技推广工作。除了每年积极组织企业申报"科技进步奖"项目以外，近两年更是配合中纺联科技部组织开展多种纺织新技术的推广活动。

2014年，协会共配合中纺联科技部开展两次推广活动，分别为：山西永济市召开的"棉织物连续快速冷堆练漂工艺技术"现场推广活动和"纺织之光"重点科技成果"服装生产数字化、智能化技术"现场推广活动。两次活动都倍受家纺企业的重视。

2015年，协会继续配合中纺联科技部进行科技推广活动。6月在山东淄博举办了"纺织信息互联、智能制造、数字化技术"现场推广活动。该活动共推广"筒子纱智能化、数字化自动染色成套技术解决方案""网络智能生产与管理""服装智能定制与生产全面解决方案"和"智能物流系统"四项科技成果。

其中，筒子纱智能化、数字化自动染色成套技术解决方案项目涵盖了从原纱到成品的筒子纱染色全流程自动生产，实现了100多台套设备、2000多个参数在线检测和实时全流程闭环控制，建立了数字化染色车间。该成果可减少用工70%，提高生产效率15%，染色一次合格率从80%提高到95%以上；实现节水27%、节气19%，节电12%，减少污水排放26%，该成果荣获2014年国家科技进步一等奖。为实现纺织生产的智能化管理和建立无人智能车间提供了技术支持。

网络智能生产与管理技术是由THEN染厂网络提供多元化系统组件，相互调节建立完善的染厂网络；染厂网络向染色机提供快速、准确和定量的颜料、化学品及热水，可使染色质量和重现性更佳完美，使染厂实现网络化、智能化生产。

智能物流系统解决了运送物品信息绑定与校验、堆垛机高速运行和高精度定位、机器人手爪柔性化、物品和纸箱智能分道、智能跟踪调度软件、物流系统综合集成等关键技术，实现了从丝车上线、落筒、输送、储存、检验分类、包装到码垛的全程自动化，物料传送灵活、高效、便捷，实现物流系统的自组织，取代了人工分级、拣选、包装等作业，减少线上用工数量。项目通过了中国纺织工业联合会的鉴定，在化纤行业内得到了推广应用。

此次会议很好地结合了"大数据""互联网+"等时代背景，积极探索和展现了纺织领域在智能科技方面的新进展新成果。

2015年8月，中国家纺协会再次配合推广"新溶剂法再生纤维素纤维加工技术及产品"推介会。该技术以N-甲基吗啉氧化物（NMMO）的水溶液为溶剂溶解纤维素后进行仿丝制得再生纤维素的生产工艺。其纤维素原料来源丰富，在自然界可循环再生；纤维产品具有良好的舒适性，且易染色，废弃后可生物降解，是国际领先的绿色生产工艺，符合全球资源可再生环保理念。进一步实施《建设纺织强国纲要（2011–2020年）》，加快新溶剂法再生纤维素纤维产业技术的推广与应用。

中国家用纺织品行业协会

相关产业

2015年中国棉纺织行业运行分析报告

中国棉纺织行业协会

2015年全球经济回暖乏力，国内经济增速放缓，我国棉纺织行业承受巨大的发展压力，由高速发展向中高速发展转变。国内外棉花内外价差逐渐缩小，新疆优惠政策的持续，电价下调等利好政策推动行业发展。行业企业根据市场需求积极进行产品和管理创新、技术升级，自我调整产业结构，行业发展稳中向好。

一、棉纺织行业市场价格情况

1. 国内棉花价格下跌，内外价差逐渐缩小

2015年受国际和国内外经济压力影响，国内棉花价格持续回落，国外棉花价格较为平稳，内外棉花价差逐渐缩小。

（1）国内棉花持续走低。一季度，下游市场疲软，春节期间，企业棉花备货较少，市场交易清冷，国内棉价持续2014年下跌势头，3128B级棉花累计跌幅达2.23%；二季度初，国家发改委公布2015/2016年度棉花目标价格，由2014/2015年度的19800元/吨下调至19100元/吨，调幅为700元/吨，市场预期棉价进一步下探，仅4月上旬棉花价格下跌1.50%，中棉行协调研了解，企业购棉意愿同比下降，库存量为15天左右，截至6月底累计下跌5.44%；三季度初，国家以公开竞价的方式安排储备棉轮出，供应量增加，但市场需求不足，棉花现货市场持续走低，截至9月底，累计下跌9.04%；四季度，新棉花集中上市，但是质量堪忧，企业采购谨慎，尤其是"双28"以下的棉花成交量较少，10月价格跌至本年度最低，约为12930元/吨。棉农惜售情绪浓厚，"双28"以上优质棉花短缺，价格坚挺，年底小幅上涨，截至12月底约为13082元/吨，国内棉花价格全年下跌8.37%。如图1所示。

（2）国际棉花价格总体稳定，价差逐渐缩小。2015年一季度，国外棉花价格指数小幅波动上涨。截至3月底，标准级cotlookA指数价格70.13美分/磅，折1%关税后，约为11030元/吨，内外棉花价差由3328元/吨缩小至2927元/吨，跌幅达12.05%，外棉优势依然存在；二季度初受国内棉花下跌影响，外棉4月小幅下跌后价格迅速回调，截至6月底，上涨至本年度的最高值，折1%关税后约为11250元/吨，内外棉花价差下调至2249元/吨，外棉优势减弱；三季度，国际棉花波动下跌，9月底最为明显，内外棉价差首次小于2000元/吨；四季度，外棉价

格小幅上调，国内外价差在10月底达到本年度最低值约为1433元/吨。截至12月底，内外价差为1600元/吨，全年累计跌幅达51.51%，国外棉花价格优势明显下降。如图2所示。

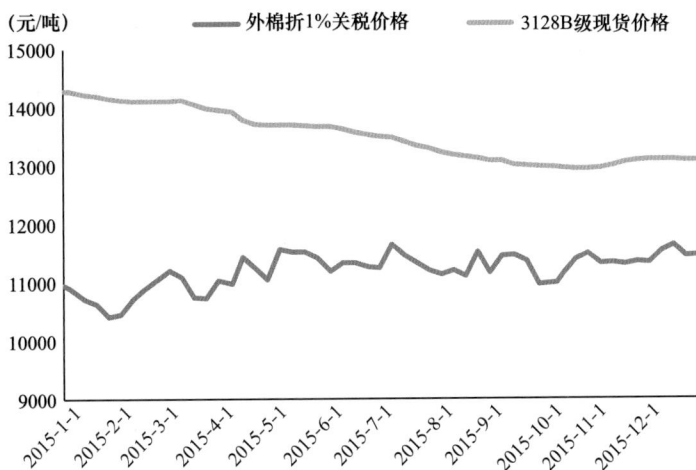

图1　2015年国内外棉花价格走势图
数据来源：中国棉纺织行业协会

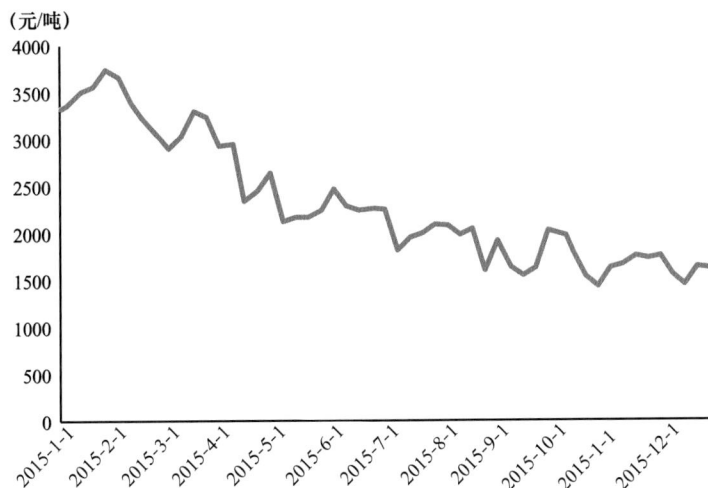

图2　2015年国内外棉花价差走势图
数据来源：中国棉纺织行业协会

2. 国际原油价格下跌，涤纶短纤价格下行

2015年涤纶短纤维全年受石油价格影响，走势基本与石油价格走势相同。上半年国际油价波动上涨特征明显，上半年原油WTI期货价格分别于1月中旬、3月中旬创下45.89美元/桶和43.46美元/桶的上半年油价调整低点，1.4旦直纺涤纶价格成为上半年的两个低点，约为6860元/吨和7165元/吨。随后，原油价格呈波浪上扬走势，于6月上旬达到本年度最高值61.26美元/桶，同时，涤纶短纤维价格也达到最高，约为8045元/吨。下半年原油价格震荡下跌，截至12月底，报价为37.01美元/桶，全年下跌约30%，涤纶短纤维价格达到最低6230元/吨，全

年价格下跌14.07%。在涤纶短纤价格变化较大时企业购买较为谨慎，尤其是在下半年，企业为减少因价格下跌原料贬值的损失，随买随用。如图3所示。

图3　2015年国际石油价格与涤纶短纤维价格走势图
数据来源：中国棉纺织行业协会

3. 粘胶短纤供需矛盾，纤维价格下半年上涨

2015年一季度，主流粘胶短纤维受需求疲软影响，小幅下跌。二季度，部分粘胶短纤生产企业开始检修，产能下降，供需结构发生变化，原料价格止跌回涨。6月，大企业陆续检修完毕，但产能未能达到正常运转水平，外加市场少部分原料供应商借机炒作，价格一路飙升至10月下旬的14550元/吨，累计涨幅达26.08%，甚至超过3128B级棉花到厂价格1600元/吨，随后供需结构再次转变，高位价格支撑乏力，迅速下调，截至12月底，报价约为12660元/吨，全年涨幅9.71%。在粘胶短纤维价格上涨初期，部分企业加大了原料的采购量从而获得了一定的利润，但到中后期，价格超出了预期，企业均不敢大规模采购，库存维持最低。如图4所示。

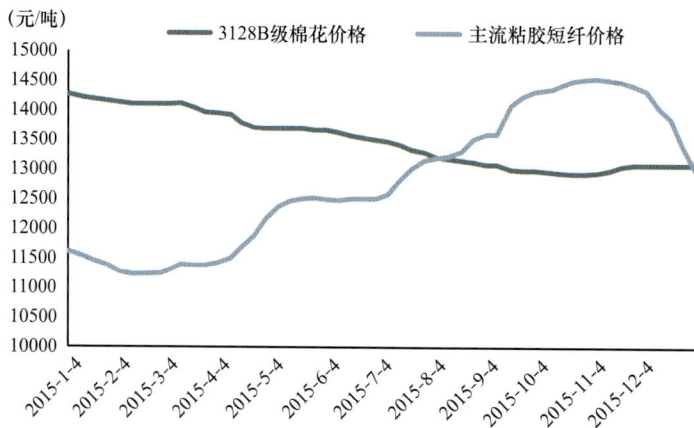

图4　2015年国内棉花与主流粘胶短纤价格走势图
数据来源：中国棉纺织行业协会

4. 纯棉纱布价格弱势下行

2015年，纯棉纱布市场受棉花原料价格下行影响，全年呈下跌趋势。其中，CY C32（纯棉普梳32英支）纱线价格走势与国内棉花价格走势基本一致，由21438元/吨跌至19560元/吨，全年下跌8.76%。CY G32（32英支，130x70，47英寸）价格走势可以分为两个阶段，第一阶段为1～5月，价格下跌幅度较为缓慢，从5.97元/米下跌至5.88元/米，累计下跌仅为1.5%。主要原因为在市场低迷的背景下，1～5月国内外棉花价格差异较大，国外纱线价格较低，织造企业可以进口价格较低的国外棉纱来生产，受国内棉花影响小于纱线企业，因此跌幅比纱线缓和。随着国内外棉花价差逐渐缩小，进口棉纱的优势逐渐减弱，织造企业受国内棉花影响较大，因此从6月开始，纯棉布价格走势与纱线一致，截至12月底，跌至5.41元/米，全年下跌9.38%。如图5所示。

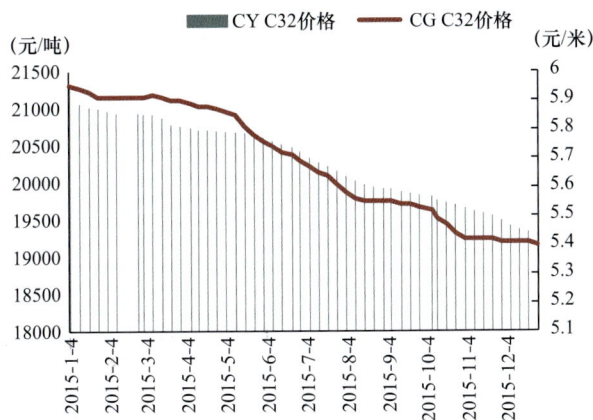

图5　2015年国内主要纯棉纱布品种价格走势
数据来源：中国棉纺织行业协会

5. 化纤纱布涨跌不一

化纤纱受原料影响较大。其中，CY T32（涤纶短纤32英支）价格走势基本与石油价格同相，由年初12138元/吨小幅下跌至11255元/吨，继而波动攀升至年度最高值12650元/吨，随后迅速进入下行通道，截至12月底，约为10039元/吨，全年下跌17.29%。CY R30（主流粘胶短纱32英支）全年呈上涨趋势，一季度价格平稳，4月开始进入本年度第一个快速上涨期，由15716元/吨，上涨至5月底16750元/吨，涨幅达6.58%。随后价格稳中有升，截至7月底累计涨幅约为7.32%，继而进入本年度第2个快速上涨期，直到10月底达到本年度最高值18150元/吨，最后由于粘胶短纤维的价格下跌，粘胶纱线价格随之下降，截至12月底，累计涨幅高达14.35%。

CG T/C45 价格上半年走势缓慢上涨，在涤纶短纤价格上涨的拉动下，价格于5月下旬达到最高值，约为4.77元/米，累计涨幅为3.02%，随后受涤纶短纤和棉花价格双重影响，价格一路走低，截至12月底，累计跌幅为2.41%。CG R30 坯布价格走势与CY R30同步，截至12月底累计涨幅约为5.02%。如图6、图7所示。

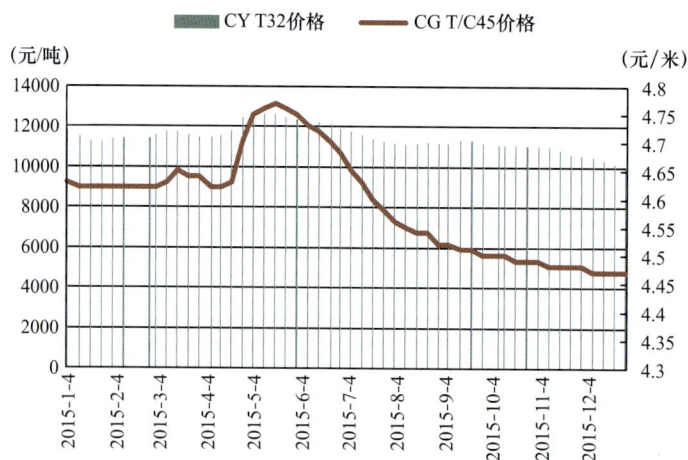

图6　2015年国内主要涤纶短纤纱布品种价格走势
数据来源：中国棉纺织行业协会

图7　2015年国内主要粘胶短纤纱布品种纤价格走势
数据来源：中国棉纺织行业协会

二、行业运行质效

1.全年原料价格波动，库存从紧

全年棉花下行，棉纱企业采购棉花较为谨慎，库存一般为15天左右，棉纺企业原料来源以新疆棉为主，特殊产品则需进口高等级棉花。

化纤短纤维价格波动较大，企业随买随用，库存低位运行。其中，涤纶短纤维价格波动下跌，企业为减少贬值损失，一般采用少量多次的方式购买；粘胶短纤维在价格上涨初期，很多企业加大了采购量，库存量也随之增加，但随着价格的大幅上涨，超出了企业购买预期，且原料占用资金量较大，企业不再大批量囤货生产，逐渐压缩了购买量，库存从紧。

2. 企业产销疲软，库存压力较大

2015年，在全球经济增速放缓的背景下，棉纺织企业发展速度由高速转为中高速，中国棉纺织行业协会对全国重点棉纺省份调研了解到 1~6月棉纺企业的开工率平均为80%，较2014年略有上升，发展较为平稳。7月，企业订单突然减少，主要原因一方面欧美等国家经济回暖乏力，外加中南亚低成本竞争，外单明显减少；另一方面受国内经济下行压力影响，需求拉动力度不足，国内订单少于去年同期。从纺纱企业来看，生产中低纱支纱线的企业一方面受国内外棉花价差影响，在国际市场竞争力较弱；另一方面国内同质恶性竞争导致利润极薄。而生产高纱支纱线的企业，由于国产棉花存在三丝等问题，需要进口棉花来保证产品质量。但进口棉受配额限制，数量有限，全关税进口棉，纺织企业无法承担成本压力。在质量要求可能满足的情况下，有些企业开始用新疆较高品质的机采棉来替代。当内外棉价差较大时，尤其是生产常规坯布的织造企业，购买价格较低的进口棉纱进行生产，从而降低成本。随着价差缩小，进口纱优势减弱，织造企业更多选择质量稳定的国产纱。从柯桥坯布景气指数来看，全年以下跌为主，下游市场需求不足，产销压力巨大。

中国棉纺织行业协会跟踪企业数据显示，2015年纱和布的产量均较去年有所上升，纱产量累计同比上升1.39%，其中纯棉纱同比下降1.09%；布产量累计同比上升2.47%。

跟踪数据显示，纱累计销售量同比上升1.23%，其中纯棉纱下降0.62%，布累计销售量同比下降0.33%。纱累计库存量同比下降2.12%，布累计库存量同比上升2.49%。

3. 企业利润增幅下降，发展速度放缓

市场原料下跌过程中，库存产品的跌价损失和资金占用成本也影响企业经济效益的重要因素。国家统计局数据显示，2015年棉纱规上企业实现主营业务收入1.59万亿元，同比增长7.46%，高于2014年增长率0.53个百分点，增速稳中有升；棉织造规上企业实现主营业务收入6050亿元，同比增长2.27%，低于2014年增长率1.10个百分点，棉布收入增长速度连续三年放缓，从协会跟踪数据分析，2015年跟踪骨干型企业主营业务收入增速较2014年减小0.08个百分点。棉纺纱规上企业利润自2013年连续三年增长，但增速逐年放缓。如图8、图9所示。

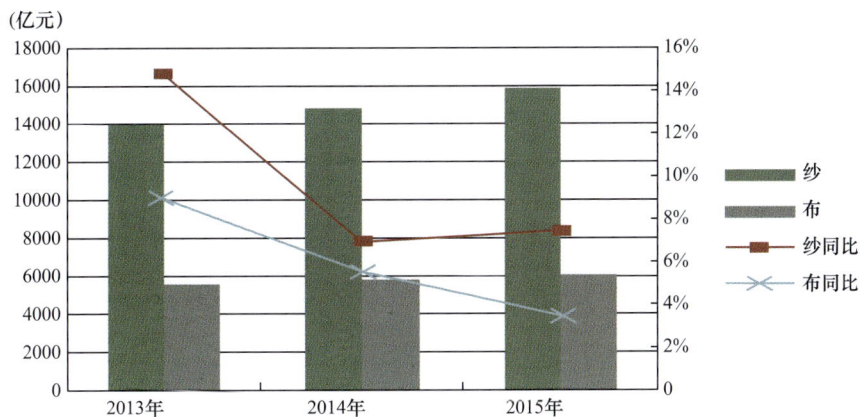

图8　2015年棉纺企业纱、布主营业务收入

数据来源：国家统计局

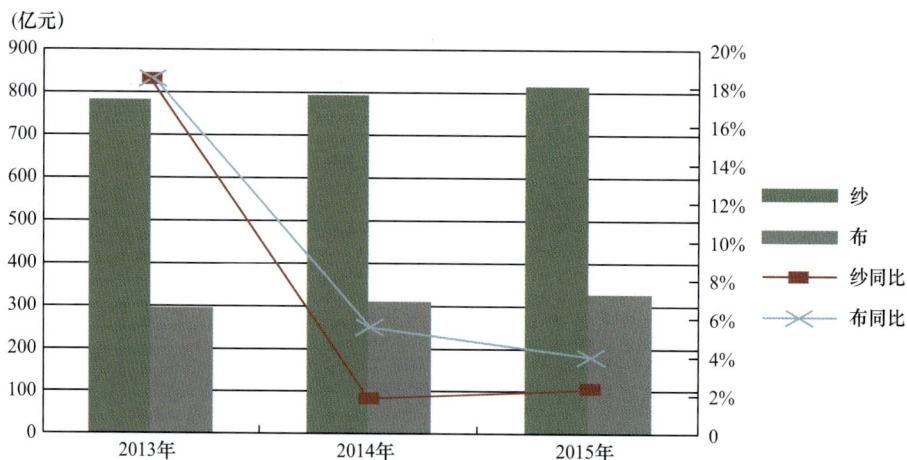

图9　2015年棉纺企业纱、布利润总额
数据来源：国家统计局

三、棉纺织品进出口情况

1. 棉花进口逐年下降

由于棉花配额减少，棉花进口量大幅下降。国内用棉企业受原材料、人工成本不断上升，出口竞争力下降，外贸订单减少，2015年我国全年累计进口棉花147万吨，同比下降38.61%。2015年我国进口棉花前五位的市场依次为美国、澳大利亚、印度、乌兹别克斯坦、巴西，其中美国、澳大利亚、印度市场依然占据绝对优势，特别是进口美国棉花的比例已经占到35.37%，以绝对优势重新回归第一进口大国，如图10所示。

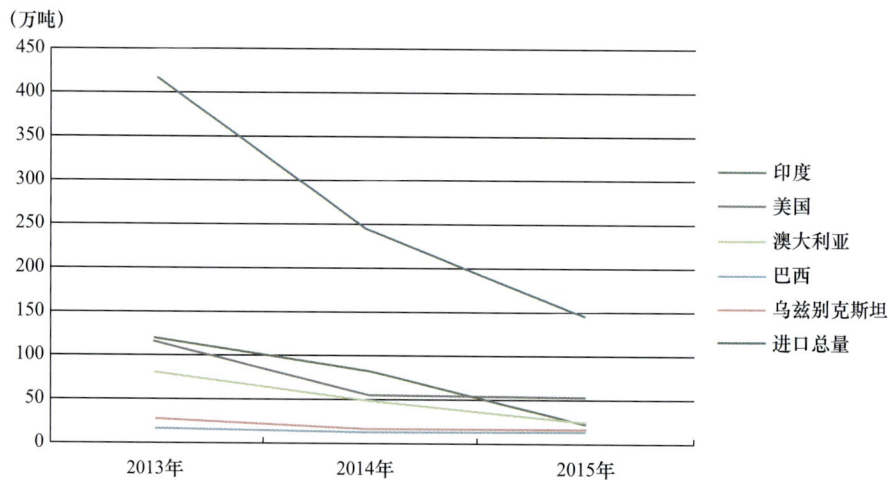

图10　中国近3年从主要进口国进口棉花量走势
数据来源：国家统计局

2. 棉纱线进口高速增长

2015年我国累计进口棉纱线234万吨，同比上升16.61%，进口量依然巨大。进口棉纱前三位的国家依次是印度、巴基斯坦和越南，印度依然成为中国第一棉纱进口国，三个国家已经连续三年成为中国的前三位棉纱进口国家，分别占比29.91%、23.07%、21.37%。值得一提的是排在第三位的越南，近年棉纺纱行业发展迅速，天虹、鲁泰等一批国内优秀企业入园办厂，而且带动了当地经济的发展，进口数量与巴基斯坦相差无几，如图11所示。

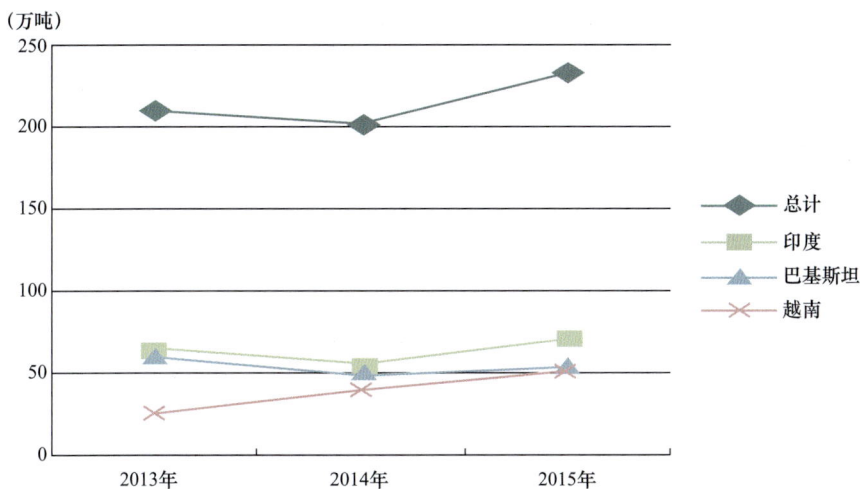

图11　中国近3年从主要进口地区进口棉纱量走势
数据来源：国家统计局

3. 棉织物进出口大幅下降

2015年全年我国累计进口棉类织物5.78亿米，同比下降11.52%，已是连续三年下降。出口数量为83.1亿米，同比下降0.87%。如图12、图13所示。

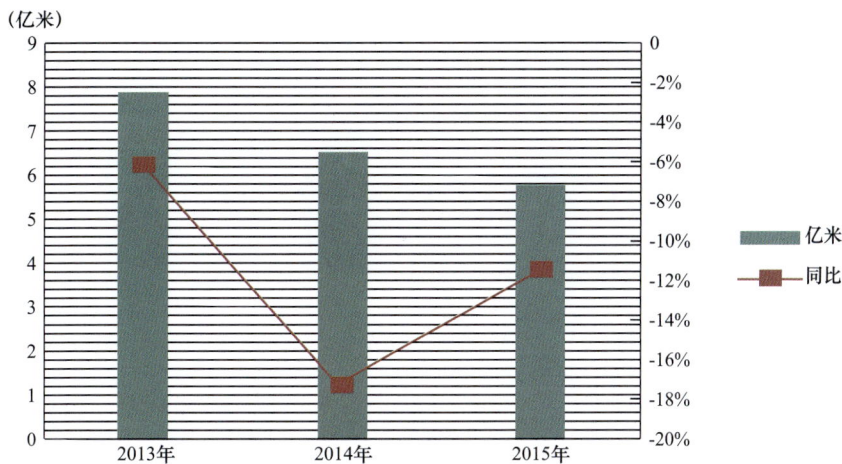

图12　近3年棉纺织品进口走势
数据来源：国家统计局

我国棉织物进口前三位的国家中：巴基斯坦，占进口比例为39.6%，创历史新高，处于绝对的优势，其次是日本和韩国。出口前三位的国家依次是越南、孟加拉、贝宁，越南依然成为最大的棉织物出口国。

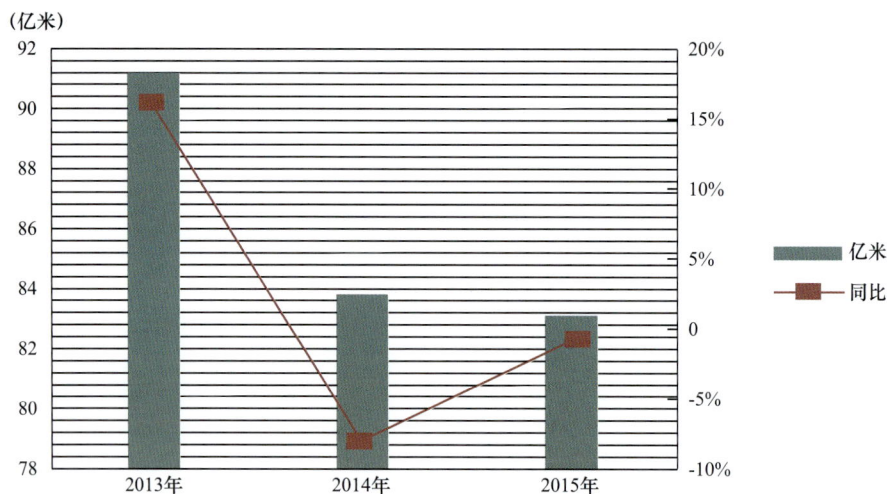

图13 近3年棉纺织品出口走势
数据来源：国家统计局

四、2016年我国棉纺发展趋势

1. 棉花问题仍然突出

2015年是"棉花目标价格改革"的第二年，棉价市场机制的建立和完善，逐渐缩小了国内外棉花价格的差距，企业用棉贵的现状有所缓解，但是国内棉花质量下降的问题依然突出。全国棉花公证检验数据显示，9～12月共检验约1446万包，长度28mm及以上棉花占78.69%，小于去年同期10.84个百分点；马克隆值为C档，占比为38.66%，大于去年同期21.90个百分点，高品质的棉花短缺。如何依靠国家政策通过市场机制引导棉农种植高品质棉花还需全产业链的共同努力。

2. 转型升级是时代要求

当前，纺织上游原料的价格已经大大降低，但是下游需求不旺，同质化产品出现了一定的阶段性、结构性过剩，企业转型升级、优化产业结构成为时代要求。国际方面，以越南、巴基斯坦为代表的东南亚国家纺织行业迅速崛起，依靠廉价的生产要素成本占领了一部分国际市场，给中国棉纺织行业带来了前所未有的压力。国内方面，以新疆、宁夏等中西省份为代表，依靠当地相关纺织补贴政策的优势，生产成本大幅下降，也成为内地棉纺织企业强劲的竞争对手。因此，企业生产常规产品占领市场，获得发展的难度加大。充分发挥企业主动性的基础上，通过整合业内资源，紧跟市场做出快速反应，做特色产品提高销售附加值，从而提高核心竞争力，成为企业生存和发展的有效途径。

3. 储备棉投放对市场影响未知

国家已经将储备棉投放事宜提上日程，而且基本确定了以市场价格为导向的轮出方案，储备棉投放后对棉花价格走势影响难以研判，而且棉花质量的好坏更是行业关心的焦点。

总之，棉纺织行业还面临着各种风险和挑战，在国家"供给侧改革"的大方针下，改变结构性的产能过剩和消化库存成为国家当下的主要任务。棉纺织行业在转型升级的关键时期，中国棉纺织行业协会将积极响应国家政策，引导和促进我国棉纺织经济平稳健康发展。

2015年中国化纤行业运行分析与2016年运行预测

吴文静

2015年是"十二五"规划的收官之年，是全面深化改革的关键之年，中国经济在艰难中前行，保持了中高速增长。化纤行业面对复杂严峻的内外部环境，进一步深入推进产业结构调整和转型升级，较为平稳地度过了又一年的调整期，行业运行总体实现平稳发展，生产、效益恢复性增长。

一、2015年化纤行业运行情况

（一）生产

据国家统计局统计，2015年化纤产量继续保持增长，全年累计完成产量4831万吨，比2014年4390万吨增长10.07%。见表1。

表1　2015年、2014年化纤产量

纤维	2015年（万吨）	2014年（万吨）	2015年比2014年增长（%）
化学纤维	4831.71	4389.75	10.07
人造纤维	385.20	372.29	3.47
其中：粘胶短纤	371.70	309.67	2.59
粘胶长丝	18.33	19.10	-4.03
醋酸纤维	36.40	36.85	-1.22
合成纤维	4446.37	4017.46	10.68
其中：涤　纶	3917.98	3565.80	9.88
锦　纶	287.28	259.16	10.85
腈　纶	72.00	67.57	6.56
维　纶	10.00	11.07	-9.67
丙　纶	25.94	26.70	-2.85

纤维	2015 年（万吨）	2014 年（万吨）	2015 年比 2014 年增长（%）
氨　纶	51.20	49.30	3.85

资料来源：根据国家统计局数据整理。

但据协会抽样调查和分板，化纤产量同比增长约7.0%，小于表1中10.07%的增速，原因如下：

（1）聚酯涤纶产业规模占化纤全行业的80%以上，是影响化纤产量增速的最主要行业。2015年聚酯涤纶行业运行较为困难，数家企业出现停产、破产情况，行业实际新增产能仅3%，行业平均开工率较2014年也无明显提升，因此实际产量增速应小于表1计算数据。

（2）化纤产量增速参考氨纶行业。氨纶企业厂家数少，统计数字相对准确。近两年氨纶行业由于经济效益较好，其发展速度高于化纤全行业，因此化纤产量实际增长速度应小于或者接近氨纶产量增速。

（3）由于每年统计样本有所差异，导致同比的基数有所变化，影响产量同比增速的大小。

（二）市场

2015年化纤市场需求较为低迷，国际油价大跌对化纤行业影响深刻，化纤市场行情上半年总体好于下半年。

在经历过2014年原油价格大幅下跌之后，化纤产品特别是合成纤维产品价格跌至历史较低水平，因此2015年一季度基本处于低位盘整走势。3月下旬开始，国际油价出现较大幅度反弹，之后PX、EG装置事故等接二连三的突发事件对涤纶市场行情产生很大影响，4月涤纶产品价格快速攀升，产生库存盈利。5月之后，短期刺激性利好释放完毕，加之下游需求低迷，涤纶产品价格快速回落。下半年，国际油价跌跌不休，再三跌破市场预期，受其影响，合成纤维价格持续走低。而粘胶纤维却走出独立行情，行业处于供应偏紧状态，因此价格稳步攀升，但随着开工率的提升，供需关系转变，11月开始粘胶短纤价格快速回落（图1~图6）。

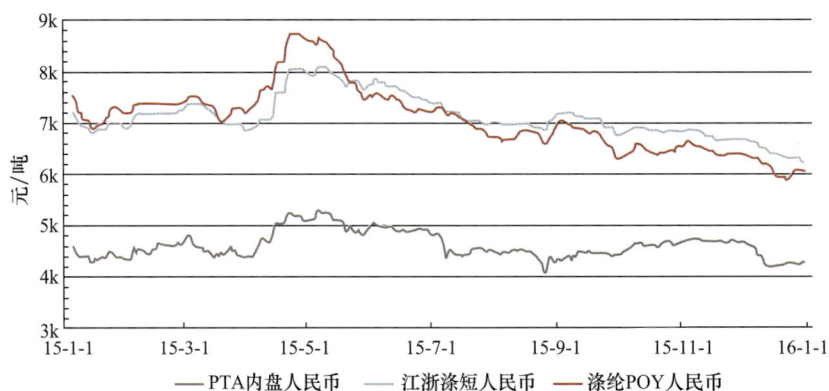

图1　2015年涤纶长丝、涤纶短纤与PTA价格走势
资料来源：中纤网

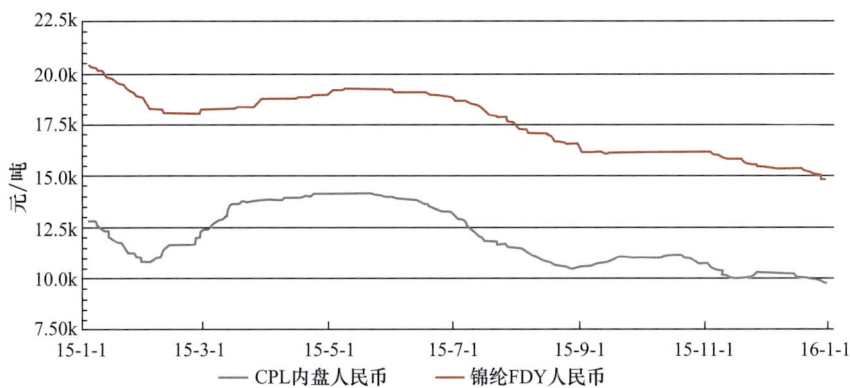

图2　2015年锦纶与CPL价格走势图

资料来源：中纤网

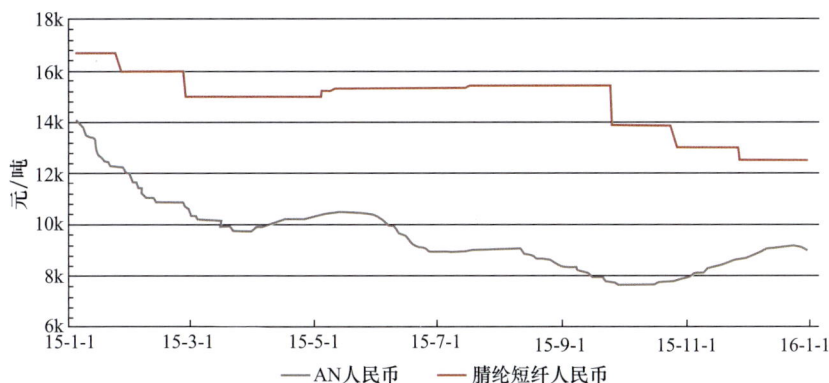

图3　2015年腈纶与AN价格走势图

资料来源：中纤网

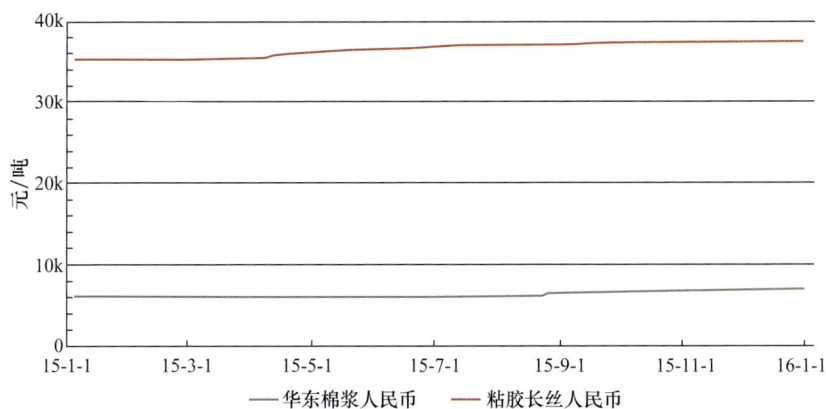

图4　2015年粘胶长丝与棉浆价格走势图

资料来源：中纤网

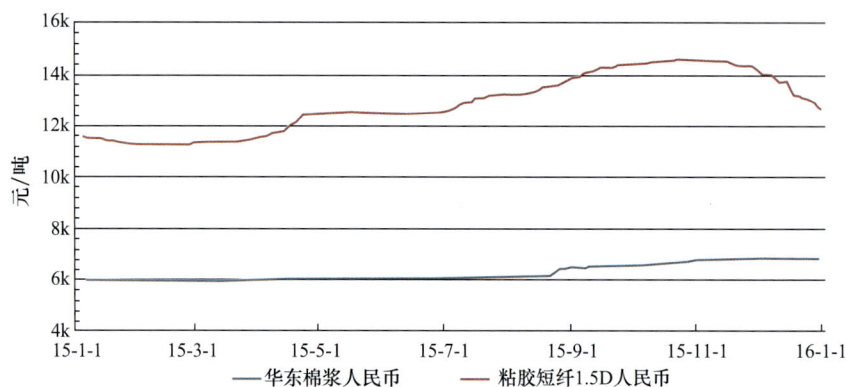

图5　2015年粘短纤与棉浆价格走势图
资料来源：中纤网

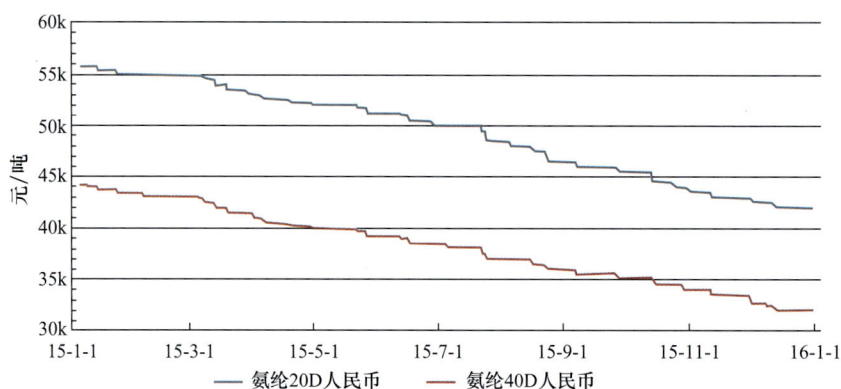

图6　2015年氨纶价格走势图
资料来源：中纤网

2015年，受国际油价大跌的影响，合成纤维原料和产品价格全部出现不同程度的下跌，全年跌幅在20%~30%居多。聚酯涤纶产品在5月出现年内高点，而锦纶、腈纶和氨纶产品价格年初即高点，全年呈一路下滑走势（表2）。

表2　2015年化纤主要产品价格变化表

项目	单位	年初	年中高点	年末	年末比年初	年末比高点
原油	美元/桶	53	61	35	-34.0%	-41.7%
PX 韩国	美元/吨	836	977	738	-11.7%	-24.5%
PTA	元/吨	4610	5290	4200	-8.9%	-20.6%
涤纶 POY150D	元/吨	7550	8675	5900	-21.9%	-32.0%
涤纶短纤	元/吨	7230	8100	6300	-12.9%	-22.2%
CPL	元/吨	12800	14100	9850	-23.0%	-30.1%
锦纶 FDY	元/吨	20130	—	14800	-26.5%	—
AN	元/吨	14000	—	8900	-36.4%	—

续表

项目	单位	年初	年中高点	年末	年末比年初	年末比高点
腈纶	元／吨	16675	—	12475	-25.2%	—
PTMEG	元／吨	20600	—	16000	-22.3%	—
氨纶	元／吨	44200	—	32000	-27.6%	—

资料来源：中国化学纤维工业协会

（三）库存

2015年，化纤产品库存大多在4月末是全年最低点，说明3、4月的需求恢复还不错，另外，聚酯涤纶受PX、EG突发事件的影响，加速了库存的消化。但是化纤下半年行情并不好，价格持续下跌，库存也大幅增加。一方面是因为供需不平衡，另一方面下游"买涨不买跌"的心理导致库存向化纤企业转移（表3）。

表3 化纤主要产品月末库存天数变化   单位：天

月份	1月	2月	3月	4月	5月	6月	7月	8月	9月	10月	11月	12月
涤纶POY	6	10	14	8	19	18	14	10	16	13	15	11
涤纶FDY	6	11	15	10	20	22	20	14	17	18	20	17
涤纶短纤	5	8	11	3	9	16	12	9	11	9	10	15
锦纶	32	33	26	21	23	26	33	33	33	32	33	35
腈纶	7	8	10	8	7	7	7	8	9	13	11	8
氨纶	38	45	48	37	38	39	42	46	47	50	50	57
粘胶长丝	82	90	84	78	77	75	73	72	71	76	78	80
粘胶短纤	21	24	19	13	12	12	9	9	9	8	12	18

资料来源：中国化学纤维工业协会

（四）进出口

2015年，共进口化纤84.12万吨，同比微增2.27%。分品种看：粘胶短纤进口量达21.47万吨，同比增长幅度达25.38%，分析显示主要是来自奥地利的莫代尔纤维进口量增加；锦纶长丝国内供应量已能满足需求，因此进口量继续下降，进口集中在部分高品质产品；腈纶反倾销申诉和立案抑制了进口的增长，进口量基本与2014年持平（表4）。

表4 2015年化纤产品进口情况

纤维	进口数量			进口金额		
	2015年（万吨）	2014年（万吨）	同比（%）	2015年（亿美元）	2014年（亿美元）	同比（%）
化学纤维	84.12	82.26	2.27	26.93	29.95	-10.07
其中：涤纶长丝	10.71	10.78	-0.69	2.87	3.20	-10.44

纤维	进口数量			进口金额		
	2015 年（万吨）	2014 年（万吨）	同比（%）	2015 年（亿美元）	2014 年（亿美元）	同比（%）
涤纶短纤	12.68	13.25	-4.32	1.90	2.40	-20.88
锦纶长丝	11.59	14.01	-17.22	4.47	5.89	-24.20
腈纶	15.85	15.86	-0.09	4.25	5.20	-18.21
粘胶长丝	0.54	0.66	-17.21	0.43	0.59	-27.06
粘胶短纤	21.47	17.13	25.38	4.66	4.13	12.74
氨纶	2.56	2.46	4.05	2.20	2.23	-1.39

资料来源：据中国海关数据整理

2015年，化纤出口340.03万吨，是进口量的4倍，同比增长4.74%。在国际市场低迷的情况下，纺织品服装出口量都下降了3.46%，化纤直接出口能实现近5%的正增长实属不易，反映出化纤产品竞争力的提高。分品种看，涤纶长丝出口169.01万吨，占化纤出口总量的49.7%；涤纶短纤出口95.79万吨，占28.17%；锦纶长丝出口量同比增长10.27%，占化纤出口总量比重提升到4.8%；粘胶长丝和粘胶短纤出口量同比均出现明显下降，主要是由于内销市场表现比国际市场好（表5）。

表5　2015年化纤产品出口情况

纤维	出口数量			出口金额		
	2015 年（万吨）	2014 年（万吨）	同比（%）	2015 年（亿美元）	2014 年（亿美元）	同比（%）
化学纤维	340.03	324.64	4.74	62.72	69.00	-9.10
其中：涤纶长丝	169.01	157.34	7.41	25.42	28.39	-10.47
涤纶短纤	95.79	89.10	7.50	10.11	11.32	-10.69
锦纶长丝	16.34	14.82	10.27	5.64	5.99	-5.77
腈纶	1.95	1.93	1.06	0.43	0.52	-17.37
粘胶长丝	6.79	8.60	-21.03	3.83	4.86	-21.08
粘胶短纤	22.00	26.30	-16.37	3.82	4.55	-16.08
氨纶	5.22	4.55	14.81	3.25	3.17	2.34

资料来源：据中国海关数据整理

化纤出口市场以美国、土耳其、巴基斯坦、越南和印度尼西亚为主。特别是对美国出口同比大幅增长17.81%，占我国化纤出口比重由2014年的9.75%提高到10.96%，提高了1.21个百分点，由2014年的第三大市场跃居第一，进一步证明了我国化纤产品国际竞争力的提高，同时也说明美国纺织产业出现了复苏的迹象。对土耳其、巴基斯坦和越南等国出口量继续有不同程度的增长，说明国际纺织产业布局的调整带动了我国化纤出口市场的变化。如图7所示。

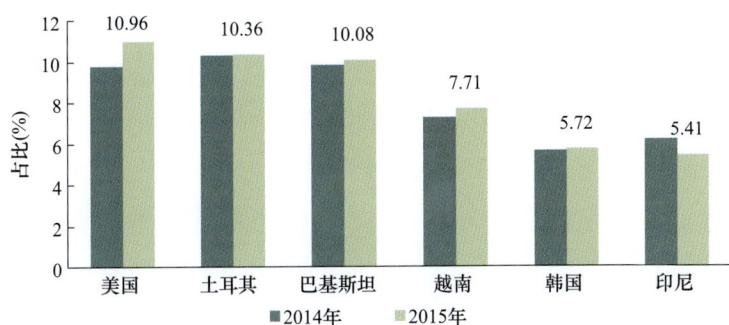

图7 我国主要化纤出口市场结构变化
资料来源：据中国海关数据整理

（五）投资

2015年，化纤行业投资增速基本呈现一路下滑的态势，反映出企业投资热情逐渐冷却。新开工项目数736个，同比增长12.54%；实际完成投资额1112.21亿元，同比仅增长2.87%，比2014年增速进一步下降。其中，涤纶行业新开工项目数出现负增长，实际完成投资额也仅增长2.75%；而锦纶和氨纶行业投资增速依然偏快，应引起行业警惕（表6）。

表6　2015年化纤行业固定资产投资情况

行业	新开工项目数（个）	同比（%）	实际完成投资额（亿元）	同比（%）
化学纤维制造业	736	12.54	1112.21	2.87
纤维素纤维原料及纤维制造	172	12.42	210.20	0.54
化纤浆粕制造	25	8.70	29.89	-3.76
人造纤维制造	147	13.08	180.31	1.29
合成纤维制造	564	12.57	902.01	3.43
锦纶制造	61	38.64	181.83	12.80
涤纶制造	166	-0.60	325.59	2.75
腈纶制造	14	40.00	22.63	83.53
维纶制造	8	0.00	33.47	-25.75
丙纶制造	16	23.08	24.08	9.53
氨纶制造	48	45.45	63.56	30.86
其他合成纤维制造	251	11.06	250.85	-5.72

资料来源：国家统计局

（六）质效

国家统计局数据显示，2015年化纤行业工业增加值增长速度为11.2%，比全国规上工业增加值增速（6.1%）高5.1个百分点。化纤行业实现利润总额313.4亿元，同比增长15.23%，是纺织子行业中增长最快的行业，但比1~6月50.59%的增长率下降了35.36个百分点，与我们上半年时预测的趋势是一致的。行业亏损面19.89%，同比扩大1.88个百分点，但亏损企业亏损额同比减少21.51%。说明化纤行业转型升级和洗牌加快，企业盈利能力两极分化态势明显。部分中小企业盈利恢复到2011年的水平，进一步佐证了两极分化的现象。

分行业看：涤纶、人纤行业效益相对较好，利润总额同比分别增长17.67%和23.3%；锦纶行业虽然总体利润总额实现增长，但亏损企业亏损额却大幅增加63.27%；腈纶行业实现扭亏为盈；氨纶行业效益下滑明显，利润总额同比减少13.75%，同时亏损企业亏损额同比增加44.31%（表7）。

表7　2015年化纤行业经济效益情况

纤维	利润总额			亏损企业亏损额		
	2015年（亿元）	2014年（亿元）	同比（%）	2015年（亿元）	2014年（亿元）	同比（%）
化学纤维	313.40	271.98	15.23	39.63	50.49	-21.51
其中：人造纤维	97.34	78.95	23.30	5.10	12.39	-58.86
锦纶	45.22	39.89	13.38	6.21	3.81	63.27
涤纶	121.11	102.92	17.67	20.11	26.26	-23.42
腈纶	1.83	-0.96	—	0.31	1.59	-80.66
维纶	0.22	2.40	-90.90	1.62	0.46	254.22
丙纶	2.40	2.55	-5.60	0.22	0.28	-22.77
氨纶	22.62	26.22	-13.75	1.29	0.90	44.31
其他合成纤维制造	15.25	12.60	21.05	1.61	1.76	-8.76

资料来源：国家统计局

从化纤行业运行质量来看：行业平均负债水平有所下降，应是和投资增速放缓、原料成本下降有关，偿债能力有所提高；从营运能力看，资金使用效率有所下降；盈利能力有所提高，主营业务利润率为4.3%，同比提高0.52个百分点；销售增长率下滑，是由于产品价格大幅下降所致；百元销售收入三项费用均有不同程度的增加（表8）。

表8　2015年化纤行业运行质量情况

项目		2015年	2014年	同比
偿债能力	资产负债率（%）	60.82	62.50	-1.68
	产权比率（%）	155.21	166.64	-11.44
	已获利息倍数	3.66	3.16	0.50
营运能力	应收账款周转率（次）	15.06	15.51	-0.45
	产成品周转率（次）	16.68	17.54	-0.85
	流动资产周转率（次）	2.22	2.29	-0.07
	总资产周转率（次）	1.08	1.11	-0.03

项目		2015 年	2014 年	同比
盈利能力	主营业务利润率（%）	4.30	3.77	0.52
	成本费用利润率（%）	4.46	3.90	0.55
	总资产报酬率（%）	5.79	5.47	0.32
	净资产收益率（%）	11.82	11.14	0.68
发展能力	销售增长率（%）	1.21	3.46	-2.25
	总资产增长率（%）	3.96	5.23	-1.27
百元销售收入三项费用	销售费用（元 / 百元）	1.0949	1.0479	0.0470
	管理费用（元 / 百元）	2.6422	2.4759	0.1663
	财务费用（元 / 百元）	1.8697	1.8075	0.0622

资料来源：据国家统计局数据整理

    化纤行业自2012年进入调整期，行业利润率较2010年大幅下降。但行业也清醒地认识到2010年那样的繁荣是金融危机后大规模复苏政策刺激所致，不可能成为常态，化纤行业只有持续不断地推进结构调整和产业升级、打造核心竞争力才是提升盈利能力的关键。可喜的是我们已经看到行业提质增效的成果，近三年来行业利润率在逐渐恢复，2015年4.3%的利润率水平已超过十年来的平均水平。如图8所示。

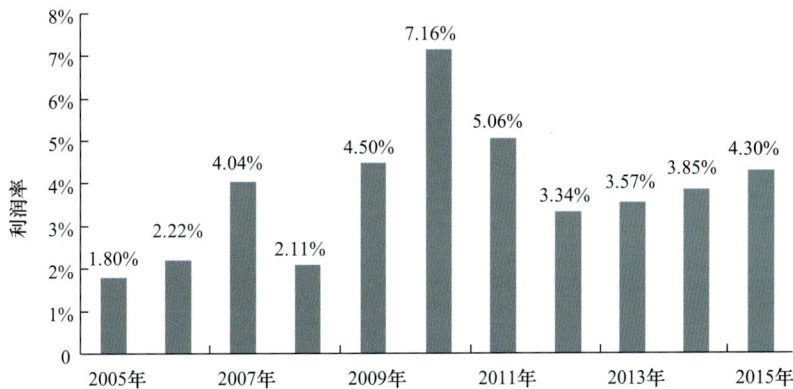

图8　2005~2015年化纤行业利润率
资料来源：据国家统计局数据整理

二、关注的几个问题

（一）油价大幅下跌降低行业成本

    在全球石油供应过剩的大背景下，国际油价下行压力巨大，从2014年6月开始暴跌。在此之前的几年中基本在85~105美元/桶波动，同期PTA和EG在8000元/吨左右。2015年底，原油一度跌破35美元/桶，PTA和EG也跌至4300元/吨左右。原油跌幅超过60%，PTA和EG跌幅也近50%，直接降低了行业的原料成本。同时，也减少了企业流动资金的占用，以一个产能40万吨的涤纶长丝企业为例，假设库存不变的情况下，占用流动资金可能比油价高位时减少40%，这大大减轻了企业的财务负担和融资压力。因此，对于油价下跌，短期看会造成库存损失而影响企业利润，长期看有利于降低企业运营成本，以及和天然纤维的竞争。

（二）新增产能速度放缓

2015年，化纤产能依然呈惯性增长态势，但相比前两年，投资节奏有所放缓，部分项目建设计划推迟或取消，也有部分项目虽已建成，但根据市场情况并未释放全部产能。初步统计，2015年实际投产聚酯产能248万吨，是年初统计预计投产的2/3。同时，聚酯涤纶行业也逐渐加快去产能，2015年有四家企业停产清算，涉及产能90万吨。2015年聚酯净增产能158万吨，增速3%左右。但锦纶行业仍是化纤行业中投资意愿最强的行业，氨纶行业新建和拟建项目仍然较多，应加以警惕。

（三）贸易摩擦加剧

随着我国化纤产品出口增加，化纤行业贸易摩擦加剧，反倾销案件频发。2015年，他国对我国化纤产品发起的反倾销调查或日落复审案件13起，我国对他国发起反倾销1起。我国化纤行业应进一步规范进出口市场秩序，企业应努力提高出口产品附加值和竞争力，避免单纯依靠价格竞争，同时也应用好政策和法律来维护自身权益。

（四）色丝的机遇

随着国家对环保整治力度的不断加大，化纤有色产品（黑色除外）显现出优势，大大节省了印染后整理的成本，更重要的是对节能减排的意义重大。无论直纺、切片纺、再生，色丝的销售和效益都好于同类常规产品。

（五）再生纤维行情低迷

由于石油价格大幅下跌，作为石化下游产品的聚酯涤纶产品价格也快速下降，导致塑料瓶回收后的处理再生料与石油新料的价格差距优势消失殆尽，再生化纤市场受原生产品挤压，致使再生行业开工率不足6成，行业运行十分困难，2015年再生长丝、短纤的破产、倒闭、转产的产能约100万吨。

（六）锦纶行业规范赊销欠款

困扰行业多年的赊销及应收款问题一直是影响锦纶行业健康发展的顽疾。8家龙头企业2014年销售额160亿元，其中欠款30亿元，占销售额的18.75%。巨额应收款导致锦纶企业增加银行负债和财务费用，增加了企业的经营风险。为纠正产业无序发展的模式，避免企业间的恶性竞争，化纤协会于2015年全面展开规范锦纶行业赊销工作，倡议停止赊销、逐步回笼应收账款，呼吁锦纶企业和下游客户共同维护锦纶产业链的健康运行。

三、2016年化纤行业运行预测

（一）行业运行背景

1. 世界经济

2016年世界经济仍将呈现复苏乏力态势。联合国报告指出，世界经济依然面临5大方面的困境，分别是宏观经济不确定持续，大宗商品价格走低和贸易疲软，汇率和资本流动波动加剧，投资生产增长停滞以及金融与实体经济活动走势分离。不过报告认为，其受益于更加协调的财政和货币政策，2016年、2017年两年世界经济将出现温和回暖。国际货币基金组织（IMF）1月最新报告也认为全球经济增长将较2015年提速，但较之前发布的预测有所下调。全球经济前景面临的风险仍然偏于下行，这与全球经济的调整有关，即新兴市场经济体的增长普遍减缓，中国经济正处于再平衡调整之中、大宗商品价格的下跌以及美国预期将逐步提高利率都将产生不确定影响。

2. 中国经济

2016年是我国"十三五"的开局之年，中国将继续深化改革，扩大对外开放，拓展国际经济合作。改革必然伴随着阵痛，2016年将是中国经济持续探底的一年，经济增长速度或将进一步下滑，但随着加快推进供给侧结构性改革、一带一路、中国制造2025等增长引擎的拉动，将逐步支撑中国经济在合理区间保持增长。

3. 国际油价

在美国页岩油的冲击下，国际油价2015年下跌了约31%，石油产业感到了阵阵寒意，但即便如此，为了争夺市场份额，美国、OPEC、俄罗斯依然不愿意通过大规模减产来缓解供应过剩，美国原油出口禁令的取消，伊朗石油禁运被解除，或使供应过剩形势变得更为严峻。此外，美元仍有可能维持强势。因此，国际油价回暖阻力巨大，看跌2016年油价仍是"主流预期"，不出意外的话预计保持低位震荡，但油价已降至开采成本，继续下行的空间不大。

4. 人民币汇率

长期来看，我国经济基本面仍然向好，经常项目仍将保持加大顺差，人民币国际化进程加快，以及人民币汇率市场化形成机制改革进程推进，未来人民币汇率弹性增强，双向波动特征明显。由于国内货币金融环境稳中偏松，中美利差收窄加剧人民币贬值预期；而且美元走强，新兴市场和发展中国家的资本外流和本币贬值压力进一步加大。因此，2016年人民币仍有贬值压力，但幅度温和可控。

5. 纺织行业

全球经济缓慢复苏和人民币贬值利好纺织出口，预计2016年纺织行业出口将逐渐企稳实现正增长，内需市场总体也将保持平稳增长，原料棉花和化纤价格将保持相对低位，这些将能够支撑纺织行业运行基本保持平稳，产业用领域仍会是亮点。

（二）化纤行业运行预测

化纤结构性产能过剩仍将是2016年要面对的主要问题，随着加快推进供给侧结构性改革，化纤行业新增产能增速将继续放缓，去产能化逐步加快；油价低位盘整，化纤原料价格可能保持在低位相对平稳的运行态势，有利于化纤行业降低成本；但是需求难见明显起色；预计2016年化纤行业不会比2015年更差，但也不会明显回暖，化纤价格低位运行，可能会有小幅回升。预计化纤产量增长5%左右，效益比2015年有所增长。

中国化学纤维工业协会

2015/2016年中国印染行业发展报告

中国印染行业协会

一、2015年印染行业经济运行情况

2015年，是"十二五"规划的收官之年，在全球经济低速和我国经济换挡调速的背景下，我国印染行业加大结构调整和转型升级力度、推动产业科技进步、提高产品研发水平、落实节能减排措施，全行业实现了减速增效的平稳发展。经济运行主要呈现以下特点：

（一）产量持续负增长

2015年，规模以上印染企业印染布产量509.53亿米，同比减少5.07%，增速较2014年同期回落2.57个百分点。其中浙江、江苏、福建、广东、山东等东部沿海五省产量488.06亿米，占全国总产量的95.79%。五省中仅江苏省印染布产量同比小幅增长1.37%，浙江、广东、福建和山东省印染布产量同比分别下降1.97%、5.25%、19.14%和8.54%，见表1。

表1　2015年主要省份印染布生产情况

产地	单位	全国	浙江	江苏	广东	福建	山东	五省合计
产量	亿米	509.53	317.63	64.47	40.23	38.22	27.51	488.06
同比	%	-5.07	-1.97	1.37	-5.25	-19.14	-8.54	
占全国比重	%	100	62.34	12.65	7.9	7.5	5.4	95.79

资料来源：国家统计局

"十二五"以来全国印染布产量呈持续负增长态势，由2010年的593.03亿米下降至2015年的509.53亿米，如图1所示。受市场需求减少、生产成本上涨和环保压力加大等因素的影响，印染行业生产增速放缓，印染布产量下降。

2015年，东南沿海五省中，浙江省产量占全国比重达62.34%，江苏、广东、福建和山东占全国比重分别为12.65%、7.90%、7.5%和5.40%，其他省市印染布产量仅占全国4.21%，如图2所示。"十二五"以来，东南沿海五省印染布产量占全国比重逐年增大，由2011年的92.43%上升到2015年的95.79%，提高了3.36个百分点，如图3所示。东南沿海地区继续发挥印

染产业发展的主力军作用。

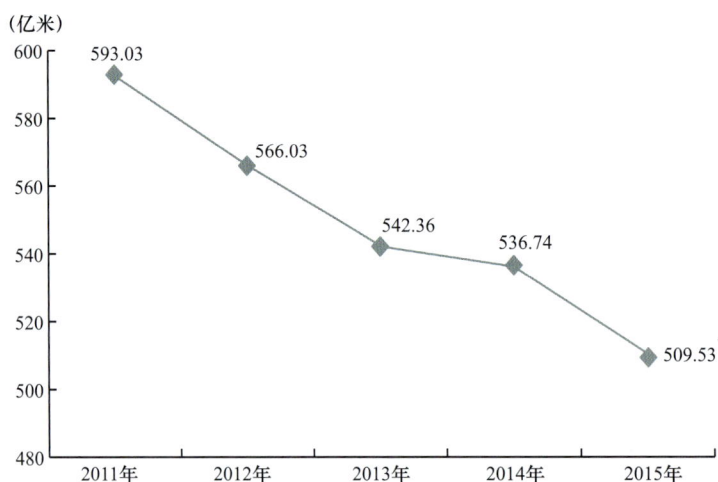

图1　2011～2015年规模以上印染企业印染布产量情况

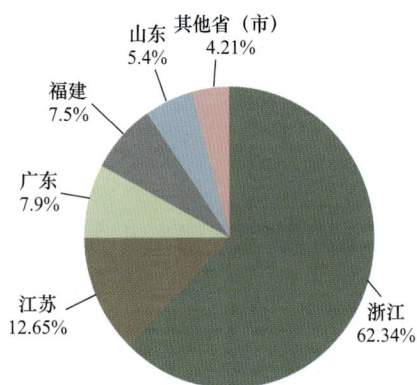

图2　2015年主要省（市）印染布产量占比情况

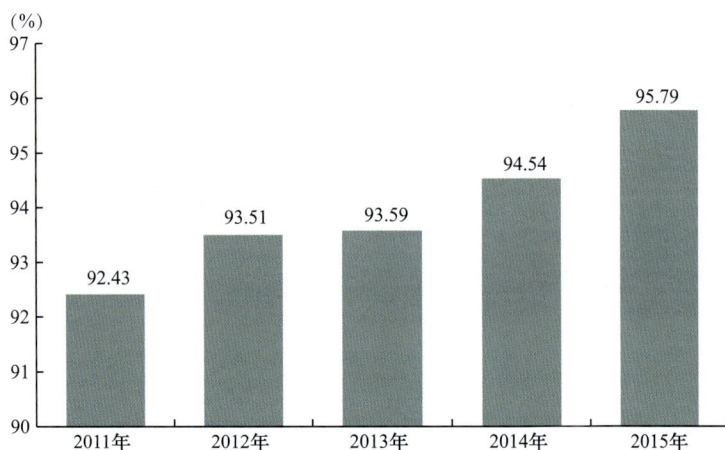

图3　2011～2015年东南沿海五省印染布产量占比情况

资料来源：国家统计局

（二）固定资产投资保持较高增速

2015年，印染企业500万元以上项目固定资产实际完成投资429.73亿元，同比增加16.80%；施工项目数818个，同比增加9.95%；新开工项目数697个，同比增加19.76%；竣工项目数687个，同比增加18.04%。其中，棉印染精加工企业的实际完成投资额、施工项目数、新开工项目数及竣工项目数的增速同比分别为16.70%、16.39%、28.78%和26.33%，化纤织物印染精加工企业实际完成投资额同比增长17.08%，但施工项目数、新开工项目数及竣工项目数同比均有所减少，分别下降6.76%、1.74%和6.28%，见表2。

表2 2015年印染企业500万元以上项目固定资产投资情况（不含农户）

项目	单位	棉印染加工		化纤织物印染精加工	
		数值	同比（%）	数值	同比（%）
实际完成投资	亿元	341.65	16.70	88.08	17.08
施工项目数	个	625	16.39	193	-6.76
新开工项目数	个	528	28.78	169	-1.74
竣工项目数	个	523	26.33	164	-6.28

资料来源：国家统计局

近几年，印染行业固定资产投资增速较快，2015年有所回落，但幅度不大，如图4所示。2015年，实际完成投资增速较2014年同期回落5.56个百分点。

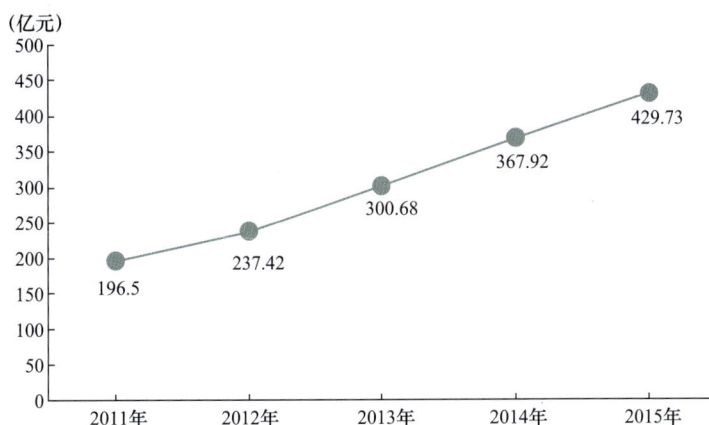

图4 2011~2015年印染企业500万元以上项目固定资产实际完成投资情况
资料来源：国家统计局

（三）质量效益稳步提升

1.运行质量提高

2015年，规模以上印染企业三费比例6.05%，同比增长0.06个百分点，其中，棉印染企业为5.94%，低于化纤织物印染企业1.95个百分点。成本费用利润率5.49%，同比增加0.22个百分点；产成品周转率27.31次/年，同比增加3.56%；应收账款周转率10.85次/年，同比增加1.53%；总资产周转率1.4次/年，同比增加3.09%，见表3。表明行业整体管理水平改善，运行质量有所提高。

表3 2015年印染行业运行效益指标

印染企业	三费比例（%）	同比（百分点）	成本费用利润率（%）	同比（百分点）	销售利润率（%）	同比（百分点）
规模以上印染企业	6.05	0.06	5.49	0.22	5.19	0.19
棉印染精加工	5.94	0.07	5.45	0.21	5.15	0.19

印染企业	三费比例（%）	同比（百分点）	成本费用利润率（%）	同比（百分点）	销售利润率（%）	同比（百分点）
化纤织物染整精加工	7.89	-0.17	6.16	0.34	5.76	0.27
印染企业	产成品周转率（次/年）	同比（%）	应收账款周转率（次/年）	同比（%）	总资产周转率（次/年）	同比（%）
规模以上印染企业	27.31	3.56	10.85	1.53	1.4	3.09
棉印染精加工	27.32	4.25	11.05	2.05	1.44	3.04
化纤织物染整精加工	27.21	-8.77	8.23	-4.98	1.01	4.00

资料来源：国家统计局

2. 盈利能力增强

2015年，规模以上印染企业实现主营业务收入3905.6亿元，同比增长4.25%，增速较2014年同期提高1.34个百分点；实现利润总额202.6亿元，同比增长7.25%，增速较2014年同期增加4.52个百分点；销售利润率5.19%，较2014年同期增长0.19个百分点。表明随着转型升级和结构调整的深入推进，行业盈利能力稳中有进，见图5~图7。

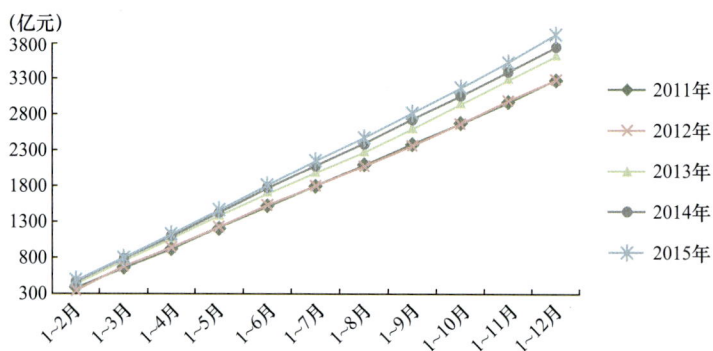

图5 2011~2015年规模以上印染企业主营业务收入情况
资料来源：国家统计局

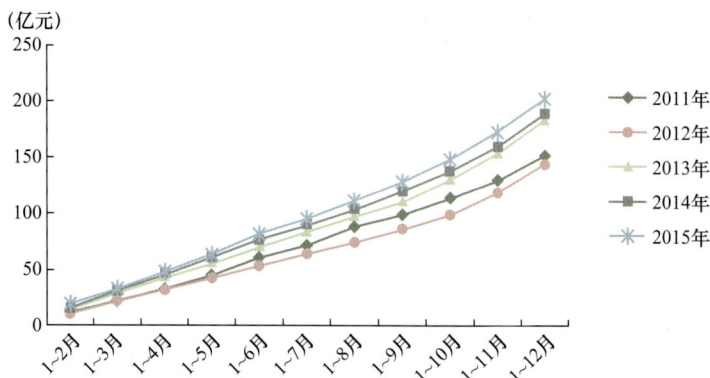

图6 2011~2015年规模以上印染企业利润总额情况
资料来源：国家统计局

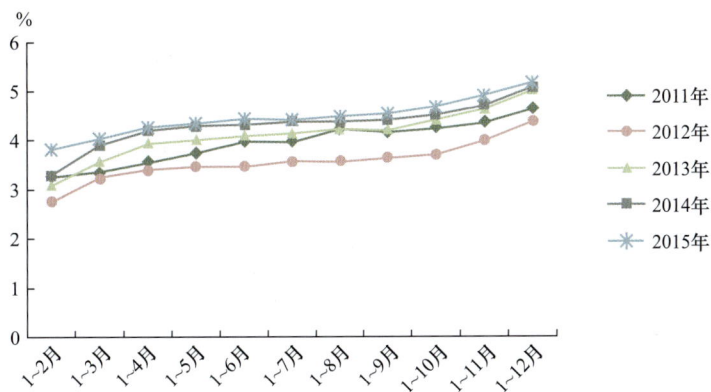

图7　2011～2015年规模以上印染企业销售利润率情况
资料来源：国家统计局

3. 亏损面小幅上升，亏损额增加

2015年，规模以上印染企业亏损企业户数220家，亏损面12.17%，较2014年扩大0.93个百分点。亏损企业亏损总额10.38亿元，同比增长31.39%，增速较2014年同期大幅提高30.93个百分点。表明行业两极分化进一步加剧，部分企业生产经营困难，见图8。

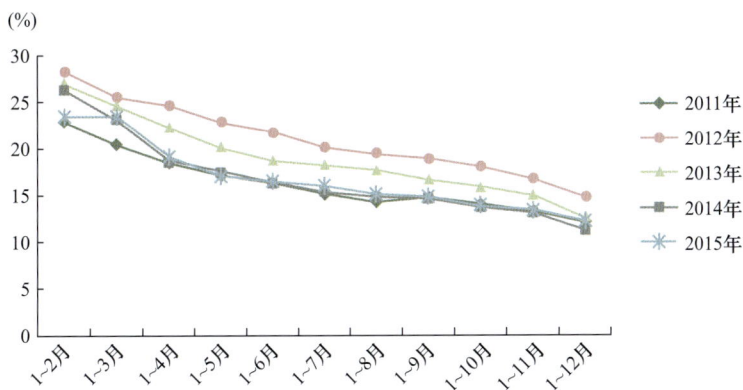

图8　2011～2015年规模以上印染企业亏损面变化情况
资料来源：国家统计局

（四）出口保持小幅增长，增速回落

2015年，印染八大类产品进出口总额266.24亿美元，同比减少1.93%，增速较2014年同期回落10.49个百分点；贸易顺差219.96亿美元，同比增加0.51%，增速较2014年同期回落12.69个百分点。

1. 进口量价齐跌

2015年，印染八大类产品进口数量11.73亿米，同比减少7.50%，增速较2014年同期增加3.68个百分点；进口金额23.14亿美元，同比减少12.06%，增速较2014年同期回落4.82个百分点；进口平均单价1.97美元／米，同比减少4.93%，增速较2014年同期回落

9.37个百分点。

2. 出口增速继续回落

2015年，印染八大类产品出口数量206.59亿米，同比增长1.79%，增速较2014年同期回落6.41个百分点；出口金额243.10亿美元，同比减少0.84%，增速较2014年同期回落11.42个百分点；出口平均单价1.17美元／米，同比减少3.31%，增速较2014年同期回落13.89个百分点。由图9可知，2011年以来印染八大类产品出口数量、金额逐年增加，2011～2014年出口平均单价逐年上升，2015年出现价格下降现象。

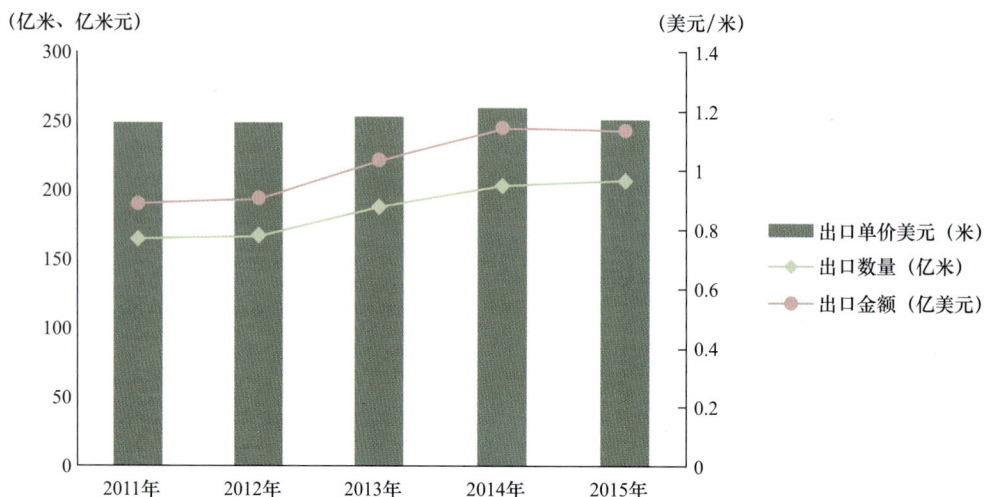

图9　2011~2015年印染八大类产品出口情况

（1）印染八大类产品出口情况。2015年印染八大类产品出口情况如表4所示。八大类产品中，棉混纺印花布出口占比最小，出口数量同比增长10.58%，金额同比减少12.84%。合成长丝织物出口占比最大，出口数量同比增长2.1%，金额同比减少1.21%。八大类产品中，除人纤短纤织物出口平均单价同比增加4.1%，T/C印染布与去年持平以外，纯棉染色和印花布、棉混纺染色和印花布、合成长丝织物和涤纶短纤织物平均单价同比都有不同幅度的降低。

表4　2015年印染八大类产品出口情况

品种	数量（亿米）	金额（亿美元）	单价（美元／米）	数量同比（%）	金额同比（%）	单价同比（%）
纯棉染色布	13.05	27.84	2.13	2.42	-0.79	-3.18
纯棉印花布	17.33	21.55	1.24	-13.15	-19.5	-7.46
棉混纺染色布	3.32	7.31	2.2	26.78	20.6	-4.76
棉混纺印花布	0.73	1.42	1.94	10.58	-12.84	-2.51
合成长丝织物	114.78	113.88	0.99	2.1	-1.21	-3.88
涤纶短纤织物	15.44	12.8	0.83	7.37	4.68	-2.35

续表

品种	数量 （亿米）	金额 （亿美元）	单价 （美元/米）	数量同比 （%）	金额同比 （%）	单价同比 （%）
T/C印染布	18.23	28.21	1.55	5.26	-5.61	0
人纤短纤织物	23.69	30.08	1.27	14.1	19.19	4.1
合计	206.59	243.1	1.17	1.79	-0.84	-3.31

资料来源：中国海关

（2）主要出口市场情况。印染八大类出口市场前十位依次为越南、孟加拉国、贝宁、阿联酋、尼日利亚、巴基斯坦、印度尼西亚、巴西、墨西哥和美国。前十位出口数量合计88.58亿米，占总出口数量的42.87%；出口金额116.12亿美元，占总出口金额的47.77%，见表5。越南仍是最大的出口市场，但受全国市场低迷、需求不足等因素影响，出口数量增速比2014年同期回落26.2个百分点；出口金额增速同比回落63.75个百分点。

表5　2015年印染布出口主要市场情况

国家及地区	数量 （亿米）	金额 （亿美元）	单价 （美元/米）	数量同比 （%）	金额同比 （%）	单价同比 （%）
越南	20.06	39.53	1.97	16.2	20.48	3.69
孟加拉国	10.33	15.4	1.49	22.8	12.22	-8.62
贝宁	9.18	8.64	0.94	-12.8	-31.82	-21.82
阿联酋	8.41	9.59	1.14	-10.92	-14.56	-5.23
尼日利亚	8.07	6.20	0.77	26.16	20.86	-4.20
巴基斯坦	7.81	11.33	1.45	4.67	-0.15	-4.61
印度尼西亚	7.69	8.92	1.16	-5.92	-8.93	-3.2
巴西	6.97	6.22	0.89	-28.16	-27.87	0.42
墨西哥	5.35	4.37	0.82	15.22	3.99	-9.75
美国	4.71	5.92	1.26	4.28	4.07	-0.20

资料来源：中国海关

（3）传统出口市场情况。对欧盟市场出口数量同比增长3.94%，出口金额同比减少1.65%。对欧盟、美国、中国香港和日本市场出口平均单价同比分别下降5.37%、0.20%和2.02%和0.35%，见表6。"十二五"以来，印染布出口欧盟和美国市场占总出口数量的比重基本稳定，出口中国香港和日本市场占比逐年下降，如图10所示。

表6　2015年印染布出口传统市场情况

国家及地区	数量 （亿米）	金额 （亿美元）	单价 （美元/米）	数量同比 （%）	金额同比 （%）	单价同比 （%）
欧盟	15.07	17.66	1.17	3.94	-1.65	-5.37

国家及地区	数量 （亿米）	金额 （亿美元）	单价 （美元／米）	数量同比 （％）	金额同比 （％）	单价同比 （％）
美国	4.71	5.92	1.26	4.28	4.07	-0.2
中国香港	3.24	5.4	1.66	-17.66	-19.32	-2.02
日本	1.51	1.23	0.82	-7.27	-7.59	-0.35

资料来源：中国海关

（4）新兴市场出口情况。对东盟和印度出口数量分别增长6.75%和8.24%，出口金额保持了两位数的增长速度，分别增长10.59%和11.07%；对俄罗斯的出口数量和出口金额同比均呈现负增长，分别减少21.4%和12.24%。对东盟、俄罗斯的出口平均单价同比分别增长3.60%和2.62%，见表7。自2012年起，印染八大类产品出口印度市场占比逐年上升、出口俄罗斯市场占比逐年下降。2008～2015年以来出口东盟市场占总出口数量的比重呈逐年上升态势，如图11所示。

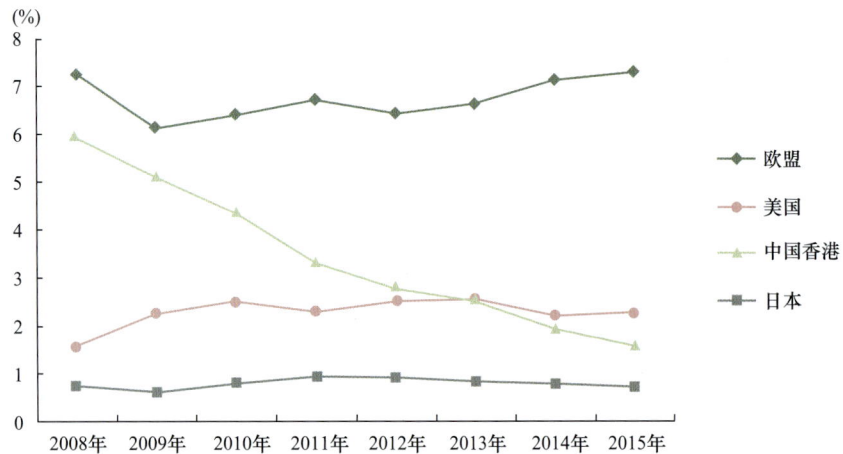

图10　2008～2015年印染布传统出口市场占比情况
资料来源：中国海关

表7　2015年印染布出口新兴市场情况

国家及地区	数量 （亿米）	金额 （亿美元）	单价 （美元／米）	数量同比 （％）	金额同比 （％）	单价同比 （％）
东盟	46.62	70.31	1.51	6.75	10.59	3.60
俄罗斯	4.72	4.88	1.03	-10.44	-21.4	-12.24
印度	4.49	3.83	0.85	8.24	11.07	2.62

资料来源：中国海关

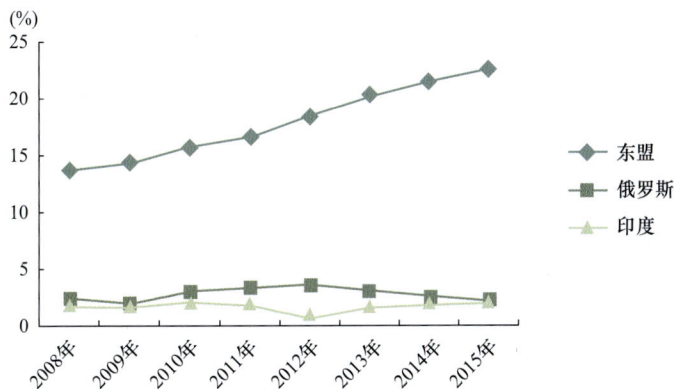

图11　2008～2015年印染布新兴出口市场占比情况
资料来源：中国海关

二、2015年印染行业面临的主要问题

2015年，全球经济复苏仍显疲弱，国际市场需求整体回升动力不足，我国经济增速下行压力依然突出。在宏观经济调速换挡的大背景下，印染行业发展速度放缓，但运行总体平稳。面对经济发展低速、出口市场低迷、环保压力日趋严峻的新常态，印染行业面临前所未有的挑战，如果企业不抓住转型升级的时间窗口和战略机遇，必将被竞争淘汰、被市场抛弃。

（一）环保成本不断上升

随着新环保法的实施和印染企业准入公告工作的开展，各级政府部门不断提升监管标准，扩大监管范围。《纺织染整工业水污染物排放标准》（GB 4287—2012）实施更加严格，2015年又增设"总锑"的排放控制要求；《水污染防治行动计划》对纺织印染污染防治实行严格控制；《纺织印染业工业大气污染物排放标准》将对印染废气排放进行有效控制；一些地方政府推行的"煤改气"政策进一步增加了企业的环保投入和运行成本。在当前国内外经济形势下，印染行业经济发展面临下行压力，2015年印染布产量同比减少5.07%，增速较2014年同期回落2.57个百分点，许多企业由于资金短缺、技术支撑不足，节能减排水平的提升受到制约。行业急需加大技术和资金的投入，提升企业管理水平和创新能力，同时，相关管理政策以及环保管理制度也应根据行业发展的实际情况科学合理制定，确保行业平稳健康发展。

（二）国际竞争压力不断增大

2015年全球经济复苏缓慢，需求增长疲软，国际竞争日趋激烈。2015年，我国印染八大类产品出口数量同比小幅增加1.17%；出口金额同比减少0.84%；出口单价1.17美元/米，同比减少2.59%，呈现近年来的较低水平。自TPP协议生效以来，受关税降低和原产地原则等因素的影响，美国和日本更倾向于从TPP成员国进口，我国印染布出口国际竞争压力不断加大。

2015年我国纺织品占美市场份额30.28%，同比2014年提高1.46个百分点，印度尼西亚、马来西亚、孟加拉占美市场份额分别增加0.2、2.39和0.15个百分点，越南下降0.24个百分点。我国纺织品占欧盟市场份额34.71%，较2014年的34.03%提高0.68个百分点，越南、马来西亚占欧盟市场份额分别提高0.05和0.03个百分点，孟加拉、印度尼西亚同比均回落0.08个百分点。我国纺织品占日本市场份额56.08%，较2014年的56.46%下降0.38个百分点，同期，越南、印尼、孟加拉占日本市场份额分别扩大0.81、0.19和0.08个百分点，马来西亚下降0.12个百分点。以上数据表明，我国纺织品在美国和欧盟市场所占份额基本保持稳定，但占日本市场份额呈逐年下降态势。

三、2016年印染行业发展趋势展望

2016年，全球经济仍处于弱复苏的新常态，针对环境压力和市场需求缺乏向好动力等问题，印染行业将进一步加快结构调整和转型升级的步伐，稳中有进。预计印染行业经济增速将继续处于低位，但保持在合理的范围内，质量效益提升将在2016年进一步显现。

（一）国际国内形势对印染行业的影响

从国际形势来看，2016年美国经济前景不容乐观，经济增速阻力较大，另两大经济主体欧洲和日本仍难走出衰退阴影。在新兴经济体增速放缓的背景下，如果美国经济也停滞不前，国际市场需求必然受到影响。对印染行业而言，需求可能会进一步减弱。由于西方对俄罗斯的制裁和国际油价下跌等影响，俄经济发展缺乏动力，发展陷入停滞期，而另一新兴出口市场印度的经济却依旧保持快速增长的态势，预计2016年我国印染产品对俄罗斯的出口将继续走低，对印度的出口将保持增长态势。从国内形势来看，国际环境恶劣对我国经济发展带来阻力。尽管增速有所放缓，但印染行业正朝着更多立足内需和创新驱动的方向发展。

（二）先进技术推动印染行业健康绿色发展

"十三五"期间要以生态文明建设统领经济社会发展全局，节能环保是企业的基本功和准入门槛，技术进步才是行业发展的主旋律。2016年，印染行业将继续保持经济与环保协同发展，节能减排工作将继续深入推进，更多企业采用高效短流程前处理技术、低浴比的染色技术和印染废水、废气治理及回收利用等技术；采用环保、节能、短流程、数字化监控与智能化的印染设备，有效减少资源消耗和污染物排放，在节能环保的同时提高产品的附加值，促进印染行业健康绿色的发展。

（三）供给侧结构性改革助力印染行业转型升级

2016年，政府在适度扩大总需求的同时，着力加强供给侧结构性改革，在减税、金融改革等方面，帮助企业降低成本，有利于提高企业发展能力，增加有效供给。印染行业将进一步推进节能减排，加大环保新技术的应用，走绿色印染的道路，同时更加注重产品的生态安全和功能性；加强企业信息化和精细化管理，全面推广和应用信息技术，加强管理与互联网

的融合，实现管理模式创新和发展方式的转变；加快技术改造和新产品的设计与研发，提高自主创新和品牌建设能力，进一步提升装备信息水平，优化产业链条，使产品结构更加符合市场需求。通过管理模式的转变、装备技术升级以及产品结构的调整，行业的整体水平和竞争力有望提高。

（四）行业总体运行平稳，增速放缓

2016年，印染行业所面临外部形势的复杂严峻性仍然不会改变。全球经济复苏仍显疲弱，国际市场需求整体回升动力不足。随着国内供给侧结构性改革进程的推进，降成本、扩大有效供给等一些有利于制造业的政策将逐步实施，以及国内需求的支撑作用的影响，预计印染行业将保持平稳运行，生产缓中趋稳，质量效益进一步提升。

附 录

2015年中国纺织工业联合会奖项

2015年全国纺织行业质量奖（家纺）

江苏堂皇集团有限公司

愉悦家纺有限公司

2015年全国纺织行业质量杰出人物（家纺）

陈建华　江苏梦兰集团有限公司

2015年中国纺织工业联合会产品开发贡献奖（家纺）

江阴市红柳被单厂有限公司

河北瑞春纺织有限公司

浙江和心控股集团有限公司

2015年纺织服装品牌价值前50强（家纺）

安徽鸿润（集团）股份有限公司

滨州亚光家纺有限公司

孚日集团股份有限公司

江苏堂皇集团有限公司

罗莱家纺股份有限公司

山东金号织业有限公司

上海水星家用纺织品股份有限公司

浙江洁丽雅纺织集团有限公司

2015年纺织服装行业品牌价值50强——企业品牌（家纺）

浙江洁丽雅纺织集团有限公司
罗莱家纺股份有限公司
上海水星家用纺织品股份有限公司
山东金号织业有限公司
江苏堂皇集团有限公司

2015年纺织服装行业品牌价值50强——产品品牌（家纺）

孚日集团股份有限公司
滨州亚光家纺有限公司
安徽鸿润（集团）股份有限公司

2015年纺织服装行业自主创新品牌价值20强（家纺）

紫罗兰家纺科技股份有限公司

国家工业和信息化部消费品工业司授予2015年度纺织服装十佳品牌故事企业（家纺）

浙江洁丽雅纺织集团有限公司

2015年度品牌培育管理体系有效运行企业（家纺）

福建龙岩喜鹊纺织有限公司

2015年度品牌培育示范企业（家纺）

福建龙岩喜鹊纺织有限公司
南方寝饰科技有限公司
紫罗兰家纺科技股份有限公司

2014~2015年度中国纺织服装企业竞争力500强名单（家纺）

500强位次	企业名称	500强位次	企业名称
16	愉悦家纺有限公司	175	绍兴小轩窗居室用品有限公司
19	罗莱家纺股份有限公司	201	江苏康乃馨织造有限公司
21	深圳市富安娜家居用品股份有限公司	211	江苏宝缦卧室用品有限公司
29	江苏梦兰集团有限公司	216	宁波维科精华集团股份有限公司
32	孚日集团股份有限公司	229	浙江双灯家纺有限公司
34	滨州亚光家纺有限公司	234	海宁金永和家纺织造有限公司
36	浙江洁丽雅纺织集团有限公司	240	杭州中亚布艺有限公司
51	东方地毯集团有限公司	248	杭州华辰植绒有限公司
54	南通大东有限公司	282	福建佳丽斯家纺有限公司
56	江苏红柳床单有限公司	260	龙福环能科技股份有限公司
59	达利丝绸（浙江）有限公司	262	青岛利晔家纺有限公司
64	浙江巴贝纺织有限公司	275	越美集团有限公司
69	东升地毯集团有限公司	280	浙江怡通工艺有限公司
70	湖南梦洁家纺股份有限公司	287	山东滨州豪盛巾被有限公司
81	宁波博洋控股集团有限公司	298	上海珍奥生物科技有限公司
83	上海水星家用纺织品股份有限公司	315	绍兴绅花纺织有限公司
112	安徽鸿润（集团）股份有限公司	317	烟台北方家用纺织品有限公司
114	杭州柯力达家纺有限公司	323	文登市芸祥绣品有限公司
143	大连东立工艺纺织品有限公司	328	青岛金泰家纺有限公司
148	江苏悦达纺织集团有限公司	330	海宁市玛萨琪纺织有限公司
150	江苏蓝丝羽家用纺织品有限公司	334	江苏金太阳纺织科技有限公司
157	江苏三联家用纺织品有限公司	347	兰溪市圣宇毛巾有限责任公司
166	江苏堂皇集团有限公司	421	山东诚谊家居有限公司
172	上海小绵羊实业有限公司		

2015中国家用纺织品行业发展报告

"纺织之光" 2015年度中国纺织工业联合会科学技术进步奖获奖名单（家纺）

三等奖

项目名称	主要完成单位	主要完成人
特宽幅圆网高精细环保四分色印花	山东欧化印染家纺有限公司	戴志健、刘晓龙、欧翠英、全亦然、刘忠、王震、裴晓博
多功能家用纺织品生态整理关键技术	南通大学、南通斯恩特纺织科技有限公司、江苏圣夫岛纺织生物科技有限公司	王海峰、管永华、严雪峰、刘其霞、黄惠标、季涛、王春梅
抗菌消臭复合清洁化家纺面料的后整理技术及产业化	紫罗兰家纺科技股份有限公司、南通大学	张瑞平、刘金抗、汪明星、陈永兵、陈凤、韩硕、王晓燕
功能生态型竹纤维地毯加工技术	江苏工程职业技术学院南通华普工艺纺织品公司	陈志华、马顺彬、张韦栋、蔡永东、王生、贺良震、汪祖华

"海宁家纺杯" 2015年中国国际家用纺织品 创意设计大赛获奖名单

金奖

序号	姓名	作品名称	所在单位	指导教师
1	顾广娟 / 薛宁	尚风	南京艺术学院	邬烈焰 / 龚建培

银奖

序号	姓名	作品名称	所在单位	指导教师
1	唐梓琦	安之如素	广州美术学院	林绮芬
2	赵春燕	断桥	武汉纺织大学	李明娟
3	赵雪园	丛林之旅	清华大学美术学院	贾京生

铜奖

序号	姓名	作品名称	所在单位	指导教师
1	河珍赫	*Floating people*	国立韩京大学	
2	李敏仪	小城大 ci	北京服装学院	孙一楠
3	娄颖杰	等待	北京服装学院	史文莉
4	杨帆	丛林奇迹	江苏工程职业技术学院	姜冬莲
5	Zixuan Gong	秋日幻彩	University of Houston	无

最佳创意设计应用奖

序号	姓名	作品名称	所在单位	指导教师
1	杜之汇	中东佩兹利魅惑	浙江理工大学科学与艺术学院	董洁

序号	姓名	作品名称	所在单位	指导教师
2	唐梓琦	安之如素	广州美术学院	林琦芬
3	顾广娟 / 薛宁	尚风	南京艺术学院	邬烈焰 / 龚建培
4	Zixuan Gong	秋日幻彩	University of Houston	无

最佳设计创意意识奖

序号	姓名	作品名称	所在单位	指导教师
1	关佩芳	木林森	广州美术学院	林琦芬，杨颐
2	宋云杰	新生	南京艺术学院	龚建培

最佳设计题材奖

序号	姓名	作品名称	所在单位	指导教师
1	董亭亭	童话城堡	江苏工程职业技术学院	姜冬莲
2	金 Da Som	*Maze in Love*	国立韩京大学	

最佳手绘技法奖

序号	姓名	作品名称	所在单位	指导教师
1	李森	菊韵	常州纺织服装职业技术学院	沈国元
2	石向飞	律动	山东轻工职业学院	龚建培

最佳传统纹样表现奖

序号	姓名	作品名称	所在单位	指导教师
1	于睿智	古欧风韵	鲁迅美术学院	庄子平
2	赵春燕	断桥	武汉纺织大学	李明娟

"张謇杯" 2015年中国国际家用纺织产品设计大赛获奖名单

金奖

作品名称	参赛作者	参赛企业
彩墨丹韵	钱彩红	江苏堂皇集团有限公司
彩虹格	烟台明远家用纺织品有限公司	烟台明远家用纺织品有限公司
盎然	薛丽华	江苏金太阳纺织科技有限公司
世外桃源	深圳市富安娜家居用品股份有限公司	深圳市富安娜家居用品股份有限公司
笑语心缘	刘俊霞	江苏卓泰微笑艺术家居营销股份有限公司

银奖

作品名称	参赛作者	参赛企业
禅茶一味	三利集团服饰有限公司	三利集团服饰有限公司
7 days	Reiko Nakazawa（日）	
孩子的礼物	孙庚希（韩）	
Table Shower	孙在顺（韩）	
迷幻丛林	占琴	江苏金太阳纺织科技有限公司
璀璨世界	江苏豪申家纺布艺科技有限公司——豪申创意中心	江苏豪申家纺布艺科技有限公司——豪申创意中心
陌上花开	赵艳	孚日集团股份有限公司
深邃	滨州亚光家纺有限公司	滨州亚光家纺有限公司

铜奖

作品名称	参赛作者	参赛企业
塞外情	丁杰飞	浙江洁丽雅股份有限公司

作品名称	参赛作者	参赛企业
梦幻天空	柴丽艳	孚日集团股份有限公司
海底世界	冷晓康	南通大东有限公司
缂丝团扇	曹美姐	苏州工业园区仁和织绣工艺品有限公司
境	金桂兰、于二玲	南通斯得福纺织装饰有限公司

优秀奖

作品名称	参赛作者	参赛企业
圣尼古拉斯	袁伟	江苏蓝丝羽家用纺织品有限公司
加洛林	李珂谬	上海凯盛床上用品有限公司
蓝色港湾	吴灵姝、倪沈键	南通大学蓝印花布艺术研究所
奥利维拉	史玲玲	上海凯盛床上用品有限公司
绚	江苏大唐纺织科技有限公司	江苏大唐纺织科技有限公司
迷蒙森林	潘丽君	江苏卓泰微笑艺术家居营销股份有限公司
羽	顾菁菁	紫罗兰家纺科技股份有限公司
蓝·蕴	张振亚	江苏美罗家用纺织品有限公司
荷塘月色	赵京	紫罗兰家纺科技股份有限公司
叶蕴	朱文峰	江苏蓝丝羽家用纺织品有限公司
树的赞歌	曹华	江苏卓泰微笑艺术家居营销股份有限公司
俊雅清姿	江苏大唐纺织科技有限公司	江苏大唐纺织科技有限公司
众彩星驰	滨州亚光家纺有限公司	滨州亚光家纺有限公司
蕴·彩	金玲玲	浙江洁丽雅股份有限公司
竹阶	赵艳	孚日集团股份有限公司
梦中的城堡	唐雅	江苏康乃馨织造集团——上海雪仑尔家纺有限公司
欢欢喜喜	赵艳	孚日集团股份有限公司
青花	滨州亚光家纺有限公司	滨州亚光家纺有限公司
荷·和	汤怀东	南通大东有限公司
褶布枕巾	保定图强纺织股份有限公司	保定图强纺织股份有限公司
星月夜	保定图强纺织股份有限公司	保定图强纺织股份有限公司
新乌托邦	Jeanne Tan、赵铖程、黄颖聪	香港理工大学
玉枝莺歌	田世科	山东芸祥绣品有限公司
小森林	傅鹏瑾	东华大学
被时光隐藏的秘密	赖潇丽	浙江纺织服装职业技术学院

作品名称	参赛作者	参赛企业
Blanket Top	Kim Myeong Hee（韩）	
古窗帘	Pauline O'conner（英）	
Love	Yoko Kaji（日）	
O'na's Gallery	金志妍（韩）	

品牌文化设计奖

作品名称	参赛企业
喜气羊羊	上海恒源祥家用纺织品有限公司
蘸潇湘	滨州亚光家纺有限公司
达克斯圆舞曲	孚日集团股份有限公司
隽永新生	江苏梦兰集团有限公司
霓裳新韵	江苏大唐纺织科技有限公司
龙凤呈祥	南方寝饰科技有限公司

电商产品设计奖

作品名称	参赛企业
彩墨丹韵	江苏堂皇集团有限公司
安德利亚	江苏堂皇集团有限公司
绿野	江苏堂皇集团有限公司
秘密花园	江苏堂皇集团有限公司
花颜初妆	江苏堂皇集团有限公司
幻彩鸳鸯	江苏堂皇集团有限公司
N3	南通富玖纺织品科技有限公司
卡洛儿	乔德（南通）纺织品有限公司
伊丽莎白	乔德（南通）纺织品有限公司
迷人长颈鹿 1281	湖南梦洁家纺股份有限公司
世外桃源	深圳市富安娜家居用品股份有限公司
馥郁芬芳	深圳市富安娜家居用品股份有限公司
绿野蝶绣	深圳市富安娜家居用品股份有限公司
清谷唤春	深圳市富安娜家居用品股份有限公司
雀翎戏话	深圳市富安娜家居用品股份有限公司

作品名称	参赛企业
蕊香蝶迷	深圳市富安娜家居用品股份有限公司
桑菲尔德庄园	深圳市富安娜家居用品股份有限公司
夏娃的诱惑	深圳市富安娜家居用品股份有限公司
地中海蓝调	江苏康乃馨织造集团—上海雪仑尔家纺有限公司
冬日贵妃羽绒被	江苏康乃馨织造集团—上海雪仑尔家纺有限公司
英伦皇家风范	江苏康乃馨织造集团—上海雪仑尔家纺有限公司
国·韵	江苏圣夫岛纺织生物科技有限公司
海洋之心	江苏圣夫岛纺织生物科技有限公司
圣安德鲁	江苏圣夫岛纺织生物科技有限公司
泰勒的旋律	江苏圣夫岛纺织生物科技有限公司
花颜	山东省艺达有限公司
花的海洋	山东省艺达有限公司
金斯顿	山东省艺达有限公司
阿里安娜	山东省艺达有限公司
锦瑟	山东省艺达有限公司
豪华弗莱雅	山东省艺达有限公司
韵	山东省艺达有限公司
柔媚馨香	山东省艺达有限公司
暗香	山东省艺达有限公司
挚爱庄园	山东省艺达有限公司
梦境	山东省艺达有限公司
爱永恒	山东省艺达有限公司
幸福遇见你	上海宝缦家纺有限公司
蕴	北京大朴至向家居设计有限公司
曦	北京大朴至向家居设计有限公司
谧	北京大朴至向家居设计有限公司
卡维多	紫罗兰家纺科技股份有限公司
邂逅左岸	紫罗兰家纺科技股份有限公司
小龙哈比	上海凯盛家纺股份有限公司
杰米庄园	上海凯盛家纺股份有限公司
皇家庆典	上海凯盛家纺股份有限公司
情定米兰	上海凯盛家纺股份有限公司
米兰绽放	上海凯盛家纺股份有限公司
米兰盛放	上海凯盛家纺股份有限公司

作品名称	参赛企业
奥利维拉	上海凯盛家纺股份有限公司
路易斯花园	上海凯盛家纺股份有限公司
加洛林	上海凯盛家纺股份有限公司
芭芭拉公主	江苏蓝丝羽家用纺织品有限公司
锦绣	江苏蓝丝羽家用纺织品有限公司
乐羊羊	江苏蓝丝羽家用纺织品有限公司
馨香未艾	江苏蓝丝羽家用纺织品有限公司
圣尼古拉斯	江苏蓝丝羽家用纺织品有限公司
启航	江苏蓝丝羽家用纺织品有限公司
叶蕴	江苏蓝丝羽家用纺织品有限公司
莉迪亚	紫罗兰家纺科技股份有限公司
禅茶一味	三利集团服饰有限公司
落英缤纷	上海恒源祥家用纺织品有限公司
霓漫	上海恒源祥家用纺织品有限公司
风吹草低见牛羊	保定图强纺织股份有限公司
六层纱布被	保定图强纺织股份有限公司
无染毛巾礼盒	保定图强纺织股份有限公司
千鸟格毛巾礼盒	保定图强纺织股份有限公司
星月夜	保定图强纺织股份有限公司
海底世界	南通大东有限公司
荷—和	南通大东有限公司
蝶舞花间	南通大东有限公司
邂逅花语	南通大东有限公司
sweet love	南通大东有限公司
四季之渐变	滨州亚光家纺有限公司
甜蜜蜜	滨州亚光家纺有限公司
苎麻健康毛巾浴巾礼盒	保定图强纺织股份有限公司
怒放	河北卡缦纺织品制造有限公司
多彩童年	河北卡缦纺织品制造有限公司
百家布	河北卡缦纺织品制造有限公司
万花重生	河北卡缦纺织品制造有限公司
海之吻	河北卡缦纺织品制造有限公司
POLO 毛巾	北京棉田纺织品有限公司
大兰花毛巾	北京棉田纺织品有限公司

作品名称	参赛企业
大马士革毛巾	北京棉田纺织品有限公司
非洲草原 & 虫虫派对	北京棉田纺织品有限公司
高尔夫毛巾	北京棉田纺织品有限公司
古乐茶香毛巾	北京棉田纺织品有限公司
开心农场毛巾	北京棉田纺织品有限公司
曼妙藤萝毛巾	北京棉田纺织品有限公司
美泉宫	北京棉田纺织品有限公司
棉花虎毛巾	北京棉田纺织品有限公司
棉花马毛巾	北京棉田纺织品有限公司
泡泡毛巾	北京棉田纺织品有限公司
新 POLO 毛巾	北京棉田纺织品有限公司
新高尔夫毛巾	北京棉田纺织品有限公司
佛罗里达	上海恒源祥家用纺织品有限公司
流金岁月	海宁市金佰利纺织有限公司
星夜	海宁市金佰利纺织有限公司
雍廷秀	海宁市金佰利纺织有限公司
梦中的城堡	江苏康乃馨织造集团——上海雪仑尔家纺有限公司
彩墨丹韵	江苏堂皇集团有限公司

2015年国民经济和社会发展统计公报数据汇编

2015年年末人口数及其构成

指　标	年末人口数（万人）	比重（%）
全国总人口	137462	100
其中：城镇	77116	56.1
乡村	60346	43.9
其中：男性	70414	51.2
女性	67048	48.8
其中：0~15岁（含不满16周岁）	24166	17.6
16~59岁（含不满60周岁）	91096	66.3
60周岁及以上	22200	16.1
其中：65周岁及以上	14386	10.5

2015年居民消费价格比上年涨跌幅度

指　标	全国（%）	城市（%）	农村（%）
居民消费价格	1.4	1.5	1.3
其中：食品	2.3	2.3	2.4
烟酒及用品	2.1	2	2.3
衣　着	2.7	2.8	2.3
家庭设备用品及维修服务	1	1	0.9
医疗保健和个人用品	2	1.9	2.3
交通和通信	-1.7	-1.6	-1.9

2015年房地产开发和销售主要指标及其增长速度

指 标	单位	绝对数	比上年增长（%）
投资额	亿元	95979	1
其中：住宅	亿元	64595	0.4
其中：90平方米及以下	亿元	24646	21.2
房屋施工面积	万平方米	735693	1.3
其中：住宅	万平方米	511570	-0.7
房屋新开工面积	万平方米	154454	-14
其中：住宅	万平方米	106651	-14.6
房屋竣工面积	万平方米	100039	-6.9
其中：住宅	万平方米	73777	-8.8
商品房销售面积	万平方米	128495	6.5
其中：住宅	万平方米	112406	6.9
本年到位资金	亿元	125203	2.6
其中：国内贷款	亿元	20214	-4.8
其中：个人按揭贷款	亿元	16662	21.9

2015年居民消费价格月度涨跌情况

项目	单位	1月	2月	3月	4月	5月	6月	7月	8月	9月	10月	11月	12月
月度同比	%	0.8	1.4	1.4	1.5	1.2	1.4	1.6	2.0	1.6	1.3	1.5	1.6
月度环比	%	0.3	1.2	-0.5	-0.2	-0.2	0	0.3	0.5	0.1	-0.3	0.0	0.5

2011~2015年国内生产总值

项目	2011年	2012年	2013年	2014年	2015年
数值（亿元）	484124	534123	588019	635910	676708
增幅（%）	9.5	7.7	7.7	7.3	6.9

2011~2015年全部工业增加值及增长速度

项目	2011年	2012年	2013年	2014年	2015年
数值（亿元）	191571	204540	217264	228123	228974
增幅（%）	10.8	7.9	7.6	6.9	5.9

2011~2015年社会消费品零售总额及增速

项目	2011 年	2012 年	2013 年	2014 年	2015 年
数值（亿元）	183919	210307	237810	262394	300931
增幅（%）	17.1	14.3	13.1	12.0	10.6

发布权威信息

服务家纺企业

推动产业发展

中家纺

www.hometex.org.cn

中国家纺协会官网

中家纺微信号
hometex_org

微信二维码

电话：010-85229459
传真：010-85229371

张謇 DESIGN COMPETITION

中国国际家用纺织品
产品设计大赛
China International Home Textiles
Design Competition Awards

2016

DESIGN
张謇杯 ZHANGJIANCUP

主办单位

中国家用纺织品行业协会
中国国际贸易促进委员会纺织行业分会
法兰克福展览（香港）有限公司
南通市人民政府

承办单位

中国家用纺织品行业协会设计师分会
南通市名牌战略推进委员会
南通市通州区人民政府
海门市人民政府

支持单位

中国版权协会
中国版权保护中心

更多详细信息请登录中家纺官网：www.hometext.org.cn

海宁家纺杯

2016

中国国际家用纺织品创意设计大赛

2016 China International Home Textiles
Design Competition Awards

中西·风物

主办单位

中国家用纺织品行业协会
中国国际贸易促进委员会纺织行业分会
法兰克福展览（香港）有限公司
海宁市人民政府

承办单位

中国家用纺织品行业协会设计师分会
凤凰出版集团 凤凰空间
中国布艺名镇·许村

支持单位

中国版权协会
中国版权保护中心

更多详细信息请登录中家纺官网：www.hometext.org.cn

"2017/18中国家用纺织品流行趋势"产品征集

活动介绍 →

2016年8月，中国家用纺织品行业协会将在上海"中国国际家用纺织品及辅料（秋冬）博览会"上发布"2017/18中国家用纺织品流行趋势"。我们诚邀具有创新精神的企业、院校、设计工作室和设计师参与流行趋势的发布活动，借助展会及相关行业活动的良好商业平台，推出家纺新品，展示研发实力，扩大自身影响力并拓展国内外商机。倾力打造出具有创新精神的优秀中国家纺品牌。

组织单位 →

中国家用纺织品行业协会

推广单位 →

江苏叠石桥市场管理委员会

参与流程 →

1. 自2016年5月10日起登陆中家纺官网（www.hometex.org.cn）获取"2017/18中国家纺流行趋势主题概要"，针对主题内容和色彩选送符合趋势要求的产品。

2. 报送的面料类产品，送样规格为1m×幅宽——3m×幅宽，每件产品附上"参选产品登记表"（中家纺官网下载打印）寄送至指定地址。

3. 登陆中家纺官网（www.hometex.org.cn）下载"趋势产品选送登记表"，按照"产品手册之企业介绍"准备好相关文字和图片，发送至邮箱jiafangqushi@163.com

报送要求 →

1. 参与发布的产品由企业自愿报送，产品不存在知识产权纠纷，由多人或机构共同研发的面料产品须在申报中详细注明。

2. 送样产品须是报送单位开发的新产品或参展展品；

3. 送样产品将分别用于存档、展示、宣传及推广等用途，概不退还，不符合送样要求的不予选用。

推广活动 →

1. 入选产品将在2016年上海"中国国际家用纺织品及辅料（秋冬）博览会"4.2馆专设的"2017/18中国家用纺织品流行趋势"发布区展出；

2. 入选产品连同企业信息将被收入"2017/18中国家纺流行趋势"产品手册，每家入围企业在手册中均享有介绍专页。手册通过展会及其他相关活动广泛发放（如：上下游企业对接会、家纺面料供应商采购商对接会、流行趋势全国巡讲等一系列活动），使国内外专业买家认识、了解并采购；

3. 入选产品将被授予"2017/18中国家纺流行趋势入围产品"称号，其生产单位则同时获得"2017/18中国家纺流行趋势入围企业"荣誉，并同时获得入选证书和企业入围挂牌；

4. 入选单位将优先获邀参加中国家用纺织品行业协会举办的一系列企业活动，如"中国家用流行趋势解析讲座"、设计师培训等。

截止日期 →   2016年8月1日

垂询联络 →

中国家用纺织品行业协会流行趋势研究与推广工作室

沈婉瑜 女士

电 话：010-85229764

传 真：010-85229660

地 址：北京市东长安街12号169室 中国家用纺织品行业协会

邮 编：100742

E-mail：jiafangqushi@163.com

intertextile
SHANGHAI home textiles
中国国际家用纺织品及辅料(秋冬)博览会
China International Trade Fair for Home Textiles and Accessories – Autumn Edition
2016.8.24-27
中国 国家会展中心(上海)
National Exhibition and Convention Center (Shanghai), China
www.intertextile-home.com.cn
中家纺
CHTA
纺织贸促会
CCPIT TEX
messe frankfurt

inter**textile**

SHANGHAI home textiles

中国国际家用纺织品及辅料(春夏)博览会

China International Trade Fair for Home Textiles and Accessories – Spring Edition

2017.3.15-17

中国 国家会展中心（上海）
National Exhibition and
Convention Center (Shanghai), China

www.intertextile-home.com.cn

中家纺 CHTA · 纺织贸促会 CCPIT TEX · messe frankfurt